In der Fortsetzung seiner Lebensgeschichte berichtet Hans J. Massaquoi davon, wie er sich nach seiner Emigration einen Platz in Amerika erkämpft, in einem demokratischen und freien Land, das zu dieser Zeit trotz des schönen Scheins auch von Rassismus geprägt ist. Wieder erfährt er Diskriminierung am eigenen Leib, doch nun ist er einer unter Millionen anderen Schwarzen, mit denen er gemeinsam kämpfen und sich solidarisieren kann. Als Mitarbeiter und schließlich Chefredakteur von »Ebony«, der größten schwarzen Zeitschrift Amerikas, findet er seine Berufung und seine Identität, nicht zuletzt dank seiner Begegnungen mit so herausragenden schwarzen Persönlichkeiten wie Martin Luther King, Malcolm X, Jesse Jackson, Muhammad Ali, Diana Ross und vielen anderen.

Hans J. Massaquoi wurde 1926 in Hamburg als Sohn einer weißen Mutter und eines schwarzen Vaters geboren. 1950 emigrierte er in die USA. Nach dem Studium der Publizistik und Kommunikationswissenschaft begann er als Journalist zu arbeiten. Zuerst für das Magazin »Jet«, dann bei der Zeitschrift »Ebony«, deren Chefredakteur er später wurde. Er lebt heute mit seiner Frau in Florida.

Unsere Adresse im Internet: www.fischerverlage.de

Hans J. Massaquoi

Hänschen klein, ging allein …

Mein Weg in die Neue Welt

Aus dem Amerikanischen von
Ulrike Wasel und Klaus Timmermann

Fischer Taschenbuch Verlag

3. Auflage: Oktober 2006

Veröffentlicht im Fischer Taschenbuch Verlag,
einem Unternehmen der S. Fischer Verlag GmbH,
Frankfurt am Main, November 2005

Published by arrangement with Hans Massaquoi
c/o Sarah Lazin Books, 126 Fifth Ave., Suite 300,
New York, NY 10011, USA

Dieses Werk wurde vermittelt durch die
Literarische Agentur Thomas Schlück GmbH, 30827 Garbsen
Redaktion: Lektorat TEXT+STIL, Sybil Volks, Wichertstr. 14, 10439 Berlin
Druck und Bindung: Ebner & Spiegel, Ulm
Printed in Germany
ISBN-13: 978-3-596-16420-2
ISBN-10: 3-596-16420-6

Einleitung

Seit 1999 meine Autobiographie *Neger, Neger, Schornsteinfeger!* erschien, in der ich meine recht ungewöhnlichen Erfahrungen als Kind mit schwarzer Hautfarbe in Nazideutschland schildere, wurde ich immer wieder aufgefordert, eine Fortsetzung zu schreiben. Viele Leserinnen und Leser schrieben mir, dass sie neugierig seien, wie mein Leben weiterging, nachdem ich Naziterror und Bombardierungen durch die Alliierten wie durch ein Wunder überlebt hatte. In einem Brief an mich heißt es: »Ihr faszinierendes Buch hat mich tief bewegt. Aber jetzt würde es mich brennend interessieren, ob Sie mit dem Gedanken spielen, ein zweites Buch zu schreiben, das da beginnt, wo Ihr erstes aufhört. Ich bin sicher, viele Menschen würden gern wissen, wie Sie es zum Chefredakteur der weltweit größten Zeitschrift für Schwarze gebracht haben und was Sie als Journalist bei Ihren Begegnungen mit einigen der berühmtesten Menschen unserer Zeit erlebt haben.«

Nach langem Ringen mit den zwei Seelen in meiner Brust – meiner Sehnsucht nach einem wohlverdienten Ruhestand ohne Termindruck und meinem als Profischreiber tief sitzenden Bedürfnis zu schreiben – entschloss ich mich wider besseres Wissen, ein zweites Buch in Angriff zu nehmen. Zum Glück war mein Erwachsenenleben bei weitem nicht so traumatisch und auch nicht so gefährlich wie meine Jugend in Nazideutschland und später in Afrika. Aber es war dennoch voller Abenteuer und unvergesslicher Erlebnisse, die es mir ermöglichten, einige der bedeutendsten Ereignisse unserer Zeit aus nächster Nähe mit zu verfolgen. Bei meiner zweiten Reise in die Vergangenheit und dem damit zwangsläufig verbundenen erneuten Einblick in mein Privatleben ging es mir nicht allein darum, in meinen bewegten Erinnerungen zu schwelgen. Nein, ich wollte auch, wie ich es seit neununddreißig Jahren tue, über interessante Menschen schreiben – berühmte und weniger berühmte, bewundernswerte und weniger bewundernswerte – und den Leserinnen und Lesern meine persönlichen, ungeschminkten Eindrücke von diesen außergewöhnlichen Männern und Frauen vermitteln, die kennen zu lernen mir vergönnt war und von denen einige in den nahezu vier Jahrzehnten journalistischer Arbeit meine Freunde geworden sind.

Rückblick

Nach meiner ehrenhaften Entlassung aus der United States Army in Fort Bragg, North Carolina, im Frühjahr 1953 packte ich meinen Armeesack, verabschiedete mich von meinen Kameraden und stieg in den ersten Zug nach Norden. Ich hatte die Nase voll von dem Leben als einfacher Soldat und der »Gastfreundschaft«, die den Schwarzen in den konservativen Südstaaten entgegenschlug. Ich wollte endlich wieder Zivilist sein, und zwar im Norden, wo ich zwei Jahre zuvor zum Militär eingezogen worden war. Als ich die Landschaft North Carolinas vorbeiziehen sah, schwor ich mir hoch und heilig, dass mich keine zehn Pferde je wieder auf den Boden der ehemaligen Konföderierten Staaten bringen würden. Das war einer der beiden Schwüre, die ich letztlich brechen sollte, denn als ich mich zur Ruhe setzte, zog ich ausgerechnet in den guten alten Süden, zuerst nach New Orleans, Louisiana, dann nach Ponte Vedra Beach in Florida.

Auf der langen Zugfahrt von Fayetteville, North Carolina, nach Chicago, Illinois, hatte ich reichlich Muße, über mein Leben nachzudenken – wo ich gewesen war und wo ich hinwollte. Mit meinen sechsundzwanzig Jahren, die mich auf drei Kontinente geführt hatten, hatte ich bereits genug erlebt, um hundert Jahre damit zu füllen.

In Deutschland hatte ich, der »rassisch minderwertige Nichtarier«, unter der ständigen Angst, in einem der Konzentrationslager ermordet zu werden, das unmenschliche Naziregime überlebt; die Bomben der Alliierten, die 1943 meine Heimatstadt Hamburg nahezu dem Erdboden gleichmachten und in nur drei Nächten 41 000 Menschen in den Tod rissen, während meine Mutter und ich wie durch ein Wunder verschont blieben; einen wütenden deutschen Mob, der mich nach einem Luftangriff auf die Stadt Harburg für einen abgeschossenen amerikanischen Piloten hielt und mich beinah gelyncht hätte; die Hungersnot in ganz Deutschland während der Besatzungszeit; die unsichere Existenz als reisender Saxophon- und Klarinettenspieler; die Verlockungen eines Lebens als Schwarzmarkthändler in den Gassen von Hamburgs Hafenviertel St. Pauli; schließlich die traumatische Trennung von meiner liebevollen und fürsorglichen »Mutti«, die mich dazu ermutigte, sie und Deutschland zu verlassen, als mich mein wohlhabender Vater, den ich seit meiner frühesten Kindheit nicht mehr gesehen hatte, zu sich nach Liberia einlud. Meine Mutter war die Erste, die mich drängte, mir diese Chance auf ein besseres Leben nicht entgehen zu lassen, so ungeheuer schmerzhaft die Trennung auch für sie sein musste. Noch bis ganz kurz vor meiner Abreise hatte ich insgeheim gehofft, sie würde mich bitten zu bleiben. Doch ihr Entschluss stand fest, denn nur das Ausland, so ihre Überzeugung, würde mir eine glücklichere Zukunft bieten können.

»Wenn es dir in Liberia gefällt«, sagte sie optimistisch, »komme ich vielleicht in ein paar Monaten nach.« Ich würde ihr zwar fehlen, so versicherte sie mir, aber sie hatte ja ihre Stelle als Krankenschwester im St.-Georg-Krankenhaus zurückbekommen, die sie nach Hitlers Machtergreifung »aus politischen Gründen« verloren hatte. Wir konnten damals nicht ahnen, dass wir uns erst vier lange Jahre später wieder sehen würden.

Als wir uns voneinander verabschiedeten und beide mit den Tränen kämpften, kam mir das Kinderlied »Hänschen klein, ging allein« in den Sinn, das für mich mit einem Mal einen ganz persönlichen Beiklang hatte.

Die Begegnung mit meinem Vater in Afrika war verhältnismäßig kurz, denn nach nur neun Monaten, in denen es übrigens recht turbulent zwischen uns zuging, kam er bei einem Autounfall ums Leben. Der plötzliche Tod meines Vaters mit nur neunundvierzig Jahren stürzte mich erneut in arge Not, da er für den Fall seines Ablebens keine Vorsorge für mich getroffen hatte. Zum Glück wurde mir von unerwarteter Seite Hilfe, Ermutigung und Liebe zuteil: von einem Bruder, von dessen Existenz ich keine Ahnung gehabt hatte. Obwohl wir voneinander getrennt auf verschiedenen Kontinenten aufgewachsen waren, schlossen mein acht Jahre älterer Bruder Morris und ich uns gegenseitig ins Herz, als hätten wir uns seit der Kindheit gekannt.

Mit Hilfe deutsch-amerikanischer Verwandter mütterlicherseits konnte ich schließlich meinen lang gehegten Traum verwirklichen, in die USA zu gehen, wo ich mir ein neues und besseres Leben aufbauen wollte. Doch das ein Jahr gültige Studentenvisum, das mir eine wohlmeinende Tante besorgt hatte, erlaubte es mir nicht zu arbeiten. Daher sah ich mich gezwungen, ohne Papiere zu jobben, was ziemlich riskant war. Derweil wohnte ich auf der Farm einer älteren Schwester meiner Mutter. Früher oder später, so fürchtete ich, würde mir die Einwanderungsbehörde auf die Schliche kommen und mich zurück nach Afrika oder Deutschland schicken. Doch das Glück war auch diesmal auf meiner Seite. Ich wurde nach Ausbruch des Koreakrieges zum Militärdienst einberufen und folgte der Einberufung, obwohl man mich mit meinem befristeten Studentenvisum nicht hätte zwingen können. Denn ich rechnete mir aus, dass ich als waschechter amerikanischer GI wohl kaum des Landes verwiesen werden würde. Außerdem, so wurde mir bei der Rekrutierung versichert, hatte ich nach zwei Jahren ehrenhaftem Dienst automatisch Anspruch auf sofortige Einbürgerung. Also erklärte ich mich bereit, gegen Unterkunft und Verpflegung bei der Armee mein Leben für ein Land aufs Spiel zu setzen, das ich noch nicht einmal meine Heimat nennen durfte.

Während meiner Militärzeit hatte ich sogar kurz überlegt, mich für zwanzig Jahre zu verpflichten, doch dann erfuhr ich, dass ich ohne amerikanischen Pass keine Chance gehabt hätte, Offizier zu werden, und eine Laufbahn ohne Aufstiegschancen kam für mich nicht in Frage. Also kehrte ich ins Zivilleben zurück, als die zwei Jahre um waren. Dank der Tatsache, dass ich beim Militär war, konnte ich dafür sorgen, dass der Antrag meiner Mutter auf Einreise in die Vereinigten Staaten beschleunigt bearbeitet wurde. Sie traf 1952 als legale Immigrantin in Chicago ein, als ich noch in Uniform war.

An all das musste ich denken, als ich im Zug nach Norden saß.

Mir wurde bewusst, dass ich trotz meiner häufig gefährlichen Odyssee auf drei Kontinenten bis auf ein paar unorthodoxe Erlebnisse und einige, wie meine Mutter gesagt hätte, brotlose Künste herzlich wenig vorzuweisen hatte. Mit meinen sechsundzwanzig Lenzen war ich nicht mehr der Jüngste, und die Zeit drängte, wenn noch etwas Anständiges aus mir werden sollte.

Der Mohr hat seine Schuldigkeit getan

Als Erstes wollte ich nach Bartlett in Illinois, wo ich vor meiner Einberufung auf der Farm meiner Tante Hedwig Galske und ihres Mannes Gus gewohnt hatte, die mich wieder zu sich eingeladen hatten. Dort würde ich dann entscheiden, wie es weiterging. Ich konnte es kaum erwarten, meine Mutter wieder zu sehen, die inzwischen in Elgin, Illinois, einem kleinen Provinzstädtchen nicht weit von Bartlett wohnte. Jetzt, wo das Leben beim Militär, das jedes ruhige Nachdenken unmöglich gemacht hatte, keine ständige Belastung mehr für mich war, spürte ich, wie sehr sie mir fehlte. Für mich stand außer Frage, dass ich den Psychoterror, dem ich in zwölf meiner prägendsten Jahre durch den Rassismus der Nazis ausgesetzt war, ohne meine Mutter niemals ausgehalten hätte. Als ich per Gesetz von heute auf morgen zu menschlichem Abschaum erklärt wurde, für den in dem neuen arischen Deutschland, das die Nazis errichteten, kein Platz mehr war, als alles um mich herum unmissverständlich klar machte, dass »Rassereinheit« das Fundament des Dritten Reiches bildete, bläute meine Mutter mir immer wieder ein, dass ich genauso gut war wie jeder andere und in mancher Hinsicht noch besser. Es war nicht leicht, mich davon zu überzeugen, erst recht nicht, nachdem ich bei meinem Versuch, dem »Jungvolk« beizutreten – wie alle meine Klassenkameraden –, eine erniedrigende Ablehnung erfahren hatte. Doch da meine Mutter nicht zuließ, dass ich in Selbstmitleid verfiel, und da sie selbst unbeirrt an mich glaubte, erreichte sie es schließlich, dass ich Selbstbewusstsein entwickelte und mich als wertvollen Menschen betrachtete.

Es wird mir immer ein Rätsel bleiben, woher meine Mutter die Kraft nahm, erhobenen Hauptes durchs Leben zu gehen und in den finsteren Zeiten des Hitlerwahns ihre Würde und Heiterkeit zu bewahren, obwohl sie als »Rassenschänderin« gebrandmarkt worden war. Genauso schleierhaft ist mir nach wie vor, woher sie den Mut nahm, mich völlig allein aus den Fängen einer Horde betrunkener Braunhemden zu befreien, die mich einmal, als ich acht Jahre alt war, buchstäblich von der Straße weg auf eine SA-Versammlung im Saal einer Kneipe verschleppt hatte. Und ich werde nie begreifen, wie sie es fertig brachte, aus unserer kleinen schäbigen Mansardenwohnung ohne warmes Wasser ein gemütliches Heim zu schaffen, in dem ich mich sicher und geborgen fühlte. Mutti war zwar nicht sonderlich religiös in dem Sinne, dass sie regelmäßig in die Kirche ging, aber sie glaubte an die Existenz eines Gottes und erzog mich im Sinne der christlichen Grundsätze, nicht zu stehlen, nicht zu lügen und andere so zu behandeln, wie wir selbst behandelt werden möchten. Auch wenn sie nicht immer mit meinen Entscheidungen einverstanden war, zum Beispiel als ich unbedingt zum Jungvolk wollte, unterstützte und ermutigte sie mich so gut sie konnte in allem, was ich mir vorgenommen hatte.

Kein Wunder also, dass unser Wiedersehen auf der Farm ihrer Schwester äußerst gefühlvoll verlief, auch wenn wir uns bereits ein Jahr zuvor kurz nach ihrer Ankunft aus Deutschland gesehen hatten. Während ich mich nach dem harten, aufreibenden Dienst in der 82. Luftlandedivision allmählich entspannte und an die ländliche Umgebung von Wiesen, Scheunen, Hühnern und Kühen gewöhnte, sprachen meine Mutter und ich angeregt über die schlechten und guten Tage in Hamburg, und ich erzählte ihr von Afrika. Das Zusammensein mit meiner Mutter und das beschauliche Leben auf der Farm versöhnten mich schließlich wieder mit der Welt und mit mir selbst. Doch mein seliger Zustand sollte nicht von Dauer sein. Gerade als ich das Gefühl hatte, dass nichts mein Glück trüben könnte, wurde ich von neuem attackiert: Die Einwanderungsbehörde, meine alte Widersacherin, schickte mir eine Vorladung und drohte, meine Träume von einer Zukunft in den Vereinigten Staaten zu zerstören. In dem Schreiben hieß es, dass ich, da ich nicht mehr dem US-Militär angehöre und mein auf ein Jahr befristetes Studentenvisum längst abgelaufen sei, keine Aufenthaltsberechtigung mehr habe und mit Abschiebung rechnen müsse.

Ich wurde fuchsteufelswild. Zwei Jahre lang hatte ich als Fallschirmspringer Kopf und Kragen riskiert und eine der härtesten Militärausbildungen in Kauf genommen, um mich auf den Einsatz in Korea vorzubereiten, und das alles war für die Katz gewesen. Ein bekanntes Zitat aus Schillers *Die Verschwörung des Fiesco zu Genua*, das ich in meiner Kindheit oft gehört hatte, nahm für mich plötzlich eine traurige Wahrheit an: »Der Mohr hat seine Schuldigkeit getan, der Mohr kann gehen.«

Auf meinen Einspruch, dass mir bei meiner Einberufung damals versprochen worden sei, der Militärdienst würde mir nach einer ehrenhaften Entlassung ein Anrecht auf sofortige Einbürgerung verschaffen, erwiderten die Beamten der Einwanderungsbehörde lediglich, es tue ihnen Leid, aber da sei ich falsch informiert worden. Sie als Behörde hätten diesbezüglich keinerlei Verfügungsgewalt und seien auch nicht verpflichtet, sich an Zusagen der Army zu halten. Ich könne eine Abschiebung nur noch dadurch verhindern, so erklärten sie, dass ich mich schleunigst wieder an einer Universität oder einem College einschriebe. Einen legalen Immigrantenstatus, so fügten sie hinzu, hätte ich dadurch allerdings nicht, ich dürfte dann nur so lange im Land bleiben, wie mein Studentenvisum gültig sei. Im Klartext, sobald ich zu Ende studiert hätte, müsste ich freiwillig ausreisen oder würde abgeschoben.

Auf meine Frage, wie ich es denn vom Studenten zum Immigranten bringen könnte, erklärte man mir, dazu müsste ich die Vereinigten Staaten verlassen, ein Immigrantenvisum beantragen und abwarten, ob mir ein Visum bewilligt werden würde, was bei einem gebürtigen Deutschen über ein Jahr dauern könne. Da ich ständig knapp bei Kasse war, kam eine Reise in ein anderes Land, wo ich auch noch für unbestimmte Zeit meinen Lebensunterhalt finanzieren müsste, nicht in Frage.

Einen Moment lang war ich versucht, meinen lang gehegten Traum von einem Leben in Amerika aufzugeben und irgendwo anders mein Glück zu suchen – aber wirklich nur einen Moment lang. Anstatt aus lauter Trotz meine sieben Sachen zu packen, wie es so schön heißt, entschied ich mich stattdessen für Cleverness. Und so beschloss ich, mir und den Vereinigten Staaten noch eine Chance zu geben.

Um mir sofortigen Ärger mit der lästigen Einwanderungsbehörde zu ersparen, schrieb ich mich rasch am Community College im nahe gelegenen Elgin ein und beantragte ein Stipendium nach dem so genannten »GI Bill«, einem Gesetz, das ehemaligen Soldaten und Veteranen des Koreakrieges vier Jahre lang hundertzehn Dollar im Monat zusicherte, um ihnen ein Studium zu ermöglichen. Ich war zuversichtlich, dass sich nach dem College schon irgendetwas zur Lösung meines Problems ergeben würde.

Zum Glück musste ich keine vier Jahre warten. Während eines kurzen Besuchs in Washington, D. C., schaute ich bei einem alten Bekannten vorbei, Charles Hanson, den ich in Liberia kennen gelernt hatte, als er Konsul in der amerikanischen Botschaft in Monrovia war. Als ich ihm von meinem Dilemma mit der Einwanderungsbehörde erzählte, erwiderte er, ich sei nicht vollständig informiert worden. Wenn ich wieder in Chicago sei, so sein Rat, solle ich zur Einwanderungsbehörde gehen und das Antragsformular Nummer soundso verlangen, mit der genauen Bezeichnung »Antrag auf Umwandlung des Studenten- in den Immigrantenstatus«. Das einzige Risiko dabei sei, so fügte Charles hinzu, dass mein Studentenvisum mit der Antragstellung automatisch ungültig würde und ich im Falle einer Ablehnung das Land binnen weniger Wochen verlassen müsste. Aufgrund meiner absolvierten Militärzeit und meiner ansonsten blütenweißen Weste schätze er meine Chancen allerdings als recht gut ein.

Da ich die ständige Angst vor Abschiebung inzwischen gründlich satt hatte, beschloss ich, alles auf eine Karte zu setzen. So oder so, ich wollte das Problem endlich ein für alle Mal aus der

Welt schaffen. Gleich nach meiner Rückkehr nach Illinois verlangte ich bei der Einwanderungsbehörde das besagte Antragsformular, auf dessen Existenz mich keiner der Mitarbeiter hingewiesen hatte. Ich glaube zwar nicht, dass man mich aus persönlichen Gründen über die Möglichkeit im Unklaren gelassen hatte, aber ich war schon lange der Meinung, dass die amerikanischen Einwanderungsgesetze für Menschen, die nicht aus nordeuropäischen Ländern stammten, alles andere als »benutzerfreundlich« waren. Amerikas angebliche Politik der offenen Tür, wie sie die Inschrift auf dem Sockel der Freiheitsstatue so überzeugend verkündet – »Gib mir deine müden, deine armen, deine niedergedrückten Massen, die sich danach sehnen, frei zu atmen ...« –, war durchaus mit Vorsicht zu genießen. Vor allem Asiaten erfuhren eine erniedrigende Sonderbehandlung und bekamen unverblümt zu hören, dass sie nicht erwünscht waren. In der ersten Hälfte des zwanzigsten Jahrhunderts legte ihnen das Gesetz mindestens zwei Steine in den Weg – das mittlerweile abgeschaffte »Oriental Exclusion Act« von 1924 begrenzte massiv die Immigration aus Asien ebenso wie die Einwanderung von im Ausland geborenen Ehefrauen und Kindern von US-Bürgern chinesischer Herkunft. Hinzu kam die schändliche Inhaftierung tausender US-Bürger japanischer Abstammung während des Zweiten Weltkrieges.

Als ich das ausgefüllte Formular bei der Einwanderungsbehörde abgab, tat ich das in dem Bewusstsein, eine entscheidende Weggabelung erreicht zu haben. Ich würde entweder in Amerika bleiben können, wie ich es mir so viele Jahre erträumt hatte, oder in einem anderen Land – wo, das wusste nur Gott – ganz von vorn anfangen müssen.

Nach einer quälenden Wartezeit von einem Monat erhielt ich von der Einwanderungsbehörde ein Schreiben mit der Mitteilung, dass mein Antrag genehmigt worden sei und ich mich fortan legal und unbefristet in den Vereinigten Staaten aufhalten dürfe. Mir fiel ein gewaltiger Stein vom Herzen. Der Himmel über mir war wieder das reinste Sternenbanner, und ich war – zumindest vorläufig – wunschlos glücklich.

Muttis neues Leben

Meine Mutter hatte seit ihrer Ankunft in den Vereinigten Staaten, während ich noch beim Militär war, die Hände wahrhaftig nicht in den Schoß gelegt. Nachdem sie einige Monate bei ihrer Schwester Hedwig und ihrem Schwager auf der Farm gelebt hatte, war sie Hilfskrankenschwester im St. Joseph Hospital in Elgin geworden, wo sie auch ein kleines Zimmer mieten konnte. Außerdem hatte sie etwas geschafft, was sie sich selbst, und dank ihrer unermüdlichen Beteuerungen auch ich ihr, nicht mehr zugetraut hätte: Sie hatte Englisch gelernt. Und – was noch unglaublicher war – sie hatte sich einen Freund zugelegt. Sein Name war Mileta Nikodijevic, ein stämmiger Teddybär von einem Mann, der aus einer ländlichen serbischen Gemeinde in der Nähe von Belgrad stammte und im Räucherhaus einer Fleischwarenfabrik in Elgin schuftete. Doch obwohl er ein einfacher Arbeiter war, stellte ich fest, dass er privat eine natürliche Autorität und großes Ansehen besaß, ein kluger Mann, bei dem andere jugoslawische Einwanderer gern Rat und Hilfe suchten.

Unter Missachtung des nur schlecht verhohlenen Neides ihrer Schwester Hedwig, deren Liebesleben der grauen Vorzeit anzugehören schien, machten Mutti und ihr neuer Galan kein Geheimnis daraus, dass sie sich ihres Zusammenseins mit ganzer Seele erfreuten. Jeden Tag nach Feierabend warfen sie sich in Schale und machten in Miletas funkelnagelneuem und vollständig abbezahltem Packard Ausflugsfahrten. Gelegentlich statteten sie dabei auch Hedwig auf ihrer Farm einen Besuch ab. Hedwig machte keinen Hehl daraus, dass sie mit Muttis Partnerwahl aus vielerlei Gründen nicht einverstanden war – ich vermutete dahinter eher geschwisterliche Rivalität oder ethnische und soziale Vorurteile.

»Deine Mutter hätte etwas Besseres verdient gehabt als einen einfachen Arbeiter, der nicht mal Amerikaner ist«, sagte sie manchmal in ihrem starken deutschen Akzent zu mir, wenn meine Mutter nicht dabei war, und vergaß dabei geflissentlich ihre eigenen bescheidenen Anfänge als bitterarme Immigrantin aus Deutschland.

Doch Tante Hedwig konnte nörgeln, so viel sie wollte, das tat der Zuneigung meiner Mutter für Mileta – und umgekehrt – keinen Abbruch. Sie war überzeugt, dass sie im Alter von fünfzig Jahren endlich ihren Traummann gefunden hatte. Da er einige Jahre in einem deutschen Kriegsgefangenenlager bei Kiel gewesen war, sprach er ein paar Brocken Deutsch, immerhin genug, um sich mit meiner Mutter verständigen zu können, wenn beide auf Englisch nicht mehr weiterkamen. Nach seiner Befreiung durch die Alliierten am Ende des Zweiten Weltkrieges wurde er von seinen Befreiern als Vertriebener eingestuft, was ihm die Wahl eröffnete, entweder in das von Tito beherrschte, kommunistische Jugoslawien zurückzukehren oder ein neues Leben in den Vereinigten Staaten zu beginnen. Mileta entschied sich für das Leben in einer Demokratie.

Trotz Miletas mitunter etwas schroffen Art erkannte ich gleich, dass unter der rauen Schale ein weicher Kern steckte, und war mit der neuen Beziehung meiner Mutter völlig einverstanden. Ich hatte sie schon viele Jahre nicht mehr so glücklich gesehen. Nachdem sie die schreckliche Nazizeit, die alliierten Bombenangriffe, dann im vom Krieg verwüsteten Deutschland Obdachlosigkeit und Hungerjahre überstanden hatte, schien sie jetzt all das zu haben, was ihrem Leben Sinn verlieh – einen Mann, den sie liebte und der sie liebte und achtete, eine Arbeit, die ihr Freude bereitete, und mich, ihr einziges Kind, das in ihrer Nähe und anscheinend zur Abwechslung mal außer Gefahr war. Außerdem hatte sie viele neue Freunde gefunden, da die meisten jugoslawischen Männer in Elgin genau wie Mileta deutsche Kriegsgefangene gewesen waren und sich entweder mit deutschstämmigen Frauen in Elgin zusammengetan oder sie gleich aus Deutschland mitgebracht hatten. Ja, es galt bei den Jugoslawen in Elgin schon fast als Statussymbol, mit deutschen Frauen – den Frauen ihrer ehemaligen Besieger – auszugehen oder sie zu heiraten.

Ich war keineswegs überrascht, als Mutti mir gestand, dass Mileta ihr einen Heiratsantrag gemacht und sie »ja« gesagt hatte. Wenige Monate später fand im engsten Kreis von Freunden und

Verwandten, darunter auch Tante Hedwig und Onkel Gus, eine kleine Zeremonie statt, die ein serbisch-orthodoxer Geistlicher abhielt, und eine freudestrahlende Mutti wurde zu Mrs Mileta Nikodijevic. Um das Glück der Jungvermählten vollkommen zu machen, warfen sie ihre Ersparnisse zusammen und kauften ein schmuckes, zweigeschossiges Holzhaus auf der Gifford Street in Elgin, nachdem sie ihre europäische Aversion gegen Kaufen auf Kredit vorübergehend über Bord geworfen hatten. Erst nachdem sie zu der Überzeugung gelangt waren, dass das Haus sich praktisch von allein abbezahlte, wenn sie die obere Etage vermieteten, nahmen sie widerwillig eine Hypothek auf.

Herrick House

Nicht nur für meine Mutter, auch für mich ging es langsam bergauf. Durch den Bescheid von der Einwanderungsbehörde war ich berechtigt, einer Arbeit nachzugehen, und schon bald fand ich ganz in der Nähe der Farm meiner Tante Hedwig einen Job als Betreuer im Herrick House, ein privates Heim für Kinder, die sich von rheumatischem Fieber erholten. Den Job, der schlecht bezahlt wurde, aber Spaß machte, bekam ich vor allem, weil meine Tante stundenweise in der Küche vom Herrick House beschäftigt war. Gute Beziehungen erleichtern die Stellensuche nun mal ungemein. Jeden Nachmittag, wenn ich vom College kam, war es meine Aufgabe, eine Rasselbande von zehn Jungs im Alter von sechs bis fünfzehn zu beschäftigen und dafür zu sorgen, dass sie keinen Unsinn machten. Da mein Job Unterkunft und Verpflegung beinhaltete, reichte mein magerer Lohn aus, um gut über die Runden zu kommen. Ich konnte es mir sogar leisten, der stolze Besitzer eines gebrauchten 1951er Pontiac zu werden, allerdings nur dank einer großzügigen Spende von Mutti. Nach Feierabend verbrachte ich meine Freizeit mit den anderen Betreuern und Betreuerinnen, schwarze und weiße

Collegestudenten aus verschiedenen Teilen der Vereinigten Staaten.

Von einer Kollegin war ich besonders angetan. Die hübsche junge Frau mit dem wehenden rotblonden Pferdeschwanz hieß Jane Hargrave, und es dauerte nicht lange, bis ihr mein Herz ganz gehörte. Sie schien meine Gefühle zu erwidern, denn schon nach kurzer Zeit waren wir praktisch unzertrennlich. Jane sagte, sie habe New York verlassen, um über die Trennung von ihrem jüdischen Freund hinwegzukommen, und habe wahrhaftig nicht vorgehabt, gleich wieder eine neue Beziehung einzugehen. Aber jetzt, wo es passiert war, so sagte sie, sei sie doch froh, mich gefunden zu haben.

Wir fuhren oft nach Chicago, um uns im Grant Park am Lake Michigan die kostenlosen Konzerte anzuhören, die am Wochenende stattfanden. Jane hatte vorher Klavier studiert, ihren Traum von einer Karriere als Konzertpianistin allerdings begraben, als sie sich eingestehen musste, dass sie zwar talentiert, aber einfach nicht gut genug war. Ihrer Leidenschaft für Musik hatte das jedoch keinen Abbruch getan, und es machte ihr großen Spaß, mich mit den Werken der großen Komponisten vertraut zu machen. Dank ihr erweiterte sich mein Interesse für Musik, das sich bis dahin nur auf Jazz beschränkt hatte, auf alle möglichen Richtungen, vor allem jedoch auf die klassische Musik.

Als ich damals Bilanz zog, fand ich, dass ich schon einiges auf die Beine gestellt hatte und dass zur Abwechslung mal alles nach meinen Vorstellungen lief. Obwohl in meiner Schulausbildung eine vierjährige Lücke klaffte – die Nazis hatten mir den Besuch eines Gymnasiums verwehrt –, fiel mir das Studium der Geisteswissenschaften am Community College von Elgin relativ leicht, doch ich fand es auch unglaublich spannend und interessant. Obendrein hatte ich einen Job, der mir gefiel, und eine Frau, die ich liebte und die mich liebte. Kurzum, das Leben hätte nicht besser sein können. Doch schon bald sollte mein glückliches Schicksal eine unerwartete Wendung nehmen.

Ein medizinisches Rätsel

Eines Tages schlug die Katastrophe ohne Vorwarnung zu. Aus heiterem Himmel bekam ich hohes Fieber, konnte nur noch verschwommen sehen, und jeder Muskel im Körper schmerzte. Schon bald konnte ich nicht mehr gehen. Als mein Zustand sich rapide verschlechterte, ließ die Leitung vom Herrick House mich auf dem schnellsten Weg ins St. Joseph Hospital bringen, wo meine Mutter arbeitete und verblüffte Ärzte sich keinen Reim darauf machen konnten, was mir fehlte. Da ich eine Zeit lang in Afrika gewesen war, tippten einige Ärzte auf eine rätselhafte Tropenkrankheit, doch niemand konnte eine genaue Diagnose stellen. Meine verzweifelte Mutter wandte sich schließlich an einen jungen deutschen Arzt, der am St. Joseph seine Assistenzzeit ableistete, um danach in den USA arbeiten zu können. Er hatte zuvor in Hamburg am bekannten Tropenkrankenhaus in St. Pauli gearbeitet, wie er meiner Mutter erzählt hatte. Sie erhoffte sich daher, dass er mehr von der Materie verstand und das Rätsel lösen könnte, bevor es zu spät war.

»Eigentlich darf ich das gar nicht, weil Sie ja nicht mein Patient sind«, sagte der Arzt, als er bei mir vorbeischaute, »doch um Ihrer Mutter einen Gefallen zu tun, werde ich Sie mir mal anschauen, ganz inoffiziell.« Er erkundigte sich nach meinen Symptomen und sagte schließlich, er habe einen Verdacht, was die Ursache meines schlechten Befindens sein könnte. Um ganz sicher zu gehen, müsse er allerdings noch einiges zu dem Thema nachschlagen. »Aber eins kann ich Ihnen jetzt schon garantieren«, sagte er. »Eine Tropenkrankheit haben Sie nicht.«

Es dauerte nicht lange, und er kam zusammen mit meiner Mutter wieder.

»Ich weiß jetzt, was Sie haben«, sagte er ruhig. »Sie haben Trichinose.« Die Krankheit, so erklärte er, werde vor allem durch den Verzehr von rohem oder nur halb gegartem Schweinefleisch verursacht, das von winzigen Würmern, genannt Trichinen, befallen ist. Diese Würmer dringen dann in die Körpermuskeln ein und lösen eine heftige Abwehrreaktion aus.

»Ich denke, Ihr Sohn wäre in einem moderner ausgestatteten Krankenhaus besser aufgehoben«, sagte der Arzt zu meiner Mutter.

Eine Stunde später war ich in einem Rettungswagen mit heulender Sirene auf dem Weg nach Hines, Illinois, ins Veteran Hospital, einem riesigen Krankenhaus für ehemalige US-Soldaten. Als die Schwester in der Aufnahme mich nach meiner Erkrankung fragte, erwiderte ich »Trichinose«, und sie notierte das auf meinem Krankenblatt, ohne sich nach der Quelle der Diagnose zu erkundigen. Meinem blinden Vertrauen in die Fähigkeit des deutschen Arztes verdanke ich vielleicht mein Leben, wie ich später erfuhr. Es ersparte auf alle Fälle weitere diagnostische Untersuchungen, die wertvolle Zeit gekostet hätten, sodass die Ärzte gleich nach der Trichinose-Bestätigung mit der Behandlung beginnen konnten.

Aber das Schlimmste sollte noch kommen. Je weiter die Trichinen in meine Muskeln vordrangen, desto höllischer wurden die Schmerzen, gegen die auch die schmerzstillenden Medikamente kaum etwas ausrichten konnten. Meine Arme versteiften sich nach und nach im rechten Winkel an den Ellbogen, und mein ganzer Körper schien gelähmt zu sein. Die ernsten Mienen der Ärzte und Schwestern verstärkten mein Elend noch. Die Unsicherheit machte mich fertig, und schließlich bat ich einen Arzt, mir ganz ehrlich zu sagen, ob ich sterben würde. So sanft wie möglich brachte er mir bei, dass es derzeit noch kein Mittel gegen Trichinose gebe. »Jedes Medikament, das stark genug ist, die Trichinen zu töten, ist auch stark genug, den Patienten zu töten«, sagte er. »Aber da Trichinen eine begrenzte Lebensdauer haben, ist es unser Ziel, den Patienten dadurch am Leben zu halten, dass wir die Symptome mit Antibiotika minimieren, bis die letzten Trichinen abgestorben sind.«

Sobald man mich aufgeklärt hatte, wuchs in mir die Entschlossenheit, die kleinen Biester in meinem Körper unter allen Umständen zu überleben. Schließlich siegten meine jugendliche Unverwüstlichkeit und der feste Wille, meine Romanze mit Jane fortzusetzen. Muttis und Janes Optimismus und gute Laune, wenn sie mich sonntags besuchten, halfen mir, gesund zu werden. Nach und nach, fast unmerklich, verbesserte sich mein Zustand, und ich konnte von der Intensivstation auf ein Mehrbettzimmer verlegt werden. Kurz darauf bewegte ich mich im Rollstuhl auf der ganzen Etage und nahm sogar die Mahlzeiten in der Cafeteria ein.

Einen Monat später wurde ich trichinenfrei entlassen. Als ein Kollege mich abholen kam, um mich zum Herrick House zu bringen, sah ich zu meiner großen Freude, dass Jane mitgekommen war. Wir umarmten uns herzlich, doch als ich auf dem Rücksitz des Wagens ihre Hand halten wollte, spürte ich plötzlich einen Anflug von Zurückhaltung. Ich wusste sofort, dass etwas nicht stimmte. Auf meine Frage, ob sich während meiner Krankheit zwischen uns irgendetwas verändert habe, bestätigte sie meinen Verdacht. »Leider ja«, sagte sie fast im Flüsterton. Obwohl kaum hörbar, trafen ihre Worte mich wie ein Blitz: Mein Traum von einem wunderbaren Leben mit Jane war ausgeträumt.

Zurück im Herrick House dankte ich meinem Kollegen fürs Abholen und ging, ohne ein weiteres Wort an Jane zu richten, in mein Zimmer, wo ich vor Trauer über meinen Verlust die ganze Nacht kein Auge zutat. Am nächsten Morgen klopfte es an meiner Tür. Es war Jane.

»Ich muss mit dir reden«, sagte sie. Ich ließ sie in der Hoffnung herein, dass vielleicht doch noch nicht alles vorbei war, doch sie erstickte diesen Hoffnungsschimmer im Keim. Ihr Exfreund sei aufgetaucht, während ich im Krankenhaus war, erklärte sie, und habe sie überredet, zurück nach New York zu kommen und seine Frau zu werden. »Es tut mir Leid, dass ich dir so wehtun muss«, sagte sie, meinem Blick ausweichend, »aber es ist nicht zu ändern. Ich habe schon gekündigt, Ende des Monats bin ich hier weg.«

Und dann verschwand sie zur Tür hinaus, aber noch nicht ganz aus meinem Leben. Ich brauchte eine Weile, um den schmerzhaften Verlust und ihren Verrat – denn das war es damals für mich – zu verdauen. Manchmal war es so schlimm, dass ich mir fast wünschte, die Trichinen hätten mir den Rest gegeben, ehe Jane mit mir Schluss machen konnte. Aber nach und nach kam ich drüber weg und blickte wieder in die Zukunft.

University of Illinois

Nach Abschluss meines zweiten und letzten Jahres im Community College von Elgin beantragte ich die Immatrikulation an der University of Illinois in Champaign-Urbana, wo ich meinen Bachelor-Abschluss machen wollte. In der Verwaltung erfuhr ich, dass ich dazu nicht nur den Beleg für mein Studium am Community College vorzulegen hatte, sondern auch mein Abiturzeugnis, das ich natürlich nicht hatte, weil ich unter den Nazis als »Nichtarier« weder das Gymnasium noch die Oberrealschule hatte besuchen dürfen. Auch mein Argument, ich hätte ja schließlich bereits zwei College-Jahre absolviert, zog nicht. »Vorschrift ist Vorschrift«, sagte man mir, und damit basta.

Aber so leicht wollte ich nicht vor der Bürokratie kapitulieren, daher schmiedete ich einen Plan. Ich schrieb einen Brief an die Hamburger Schulbehörde und erklärte, ich hätte die Oberrealschule in Hamburg besucht, aber während des Krieges mein Abschlusszeugnis verloren, und ob sie wohl so nett wären, mir eine Kopie zu schicken. Kurz darauf erhielt ich ein Antwortschreiben, in dem es hieß, dass sie mir leider keine Kopie schicken könnten, da alle Unterlagen im Krieg vernichtet worden seien. Mit diesem Schreiben bewaffnet, konnte ich mich ohne weitere Diskussion an der University of Illinois einschreiben. Da ich mir unsicher war, was ich als Hauptfach studieren sollte, absolvierte ich eine Reihe von Eignungstests, aus denen hervorging, dass ich in Wort und Schrift überdurchschnittlich begabt sei. Da ich schon immer gerne Aufsätze geschrieben hatte, entschied ich mich für Journalismus als Hauptfach. Tatsachen faszinierten mich mehr als Fiktion, und Journalismus erschien mir daher die logische Entscheidung.

Und ich sollte nicht enttäuscht werden. Das Fach Journalismus, gepaart mit einer gesunden Dosis Politologie und Geisteswissenschaften, war anspruchsvoll und richtig spannend. Damit wir Studenten praktische Erfahrung sammeln konnten, wurden uns bestimme Bereiche in Champaign-Urbana zugeteilt, über die wir als Reporter regelmäßig berichten mussten. Die Artikel wurden dann benotet. Ich war unter anderem für den Police Magistrate Court zuständig, wo Richter Virgil Burgess den Vorsitz hatte, ein freundlicher, ungemein kooperativer Mann, der mir seine ganze Abteilung zeigte und mich in sein Dienstbuch blicken ließ, damit ich mir die interessanteren Fälle herauspicken konnte.

Eines Tages, als ich wie jeden Tag im Gericht aufkreuzte, führte die Polizei einen Mann mittleren Alters mit struppigen blonden Haaren und abgerissener Kleidung herein. Er war in seinem verrosteten und zerbeulten Auto angehalten worden, das draußen parkte und ihm offenbar als Wohnstatt diente, weil die Kennzeichen, die in Amerika jährlich erneuert werden müssen, längst abgelaufen und die Daten stümperhaft übermalt worden waren. Als die Polizisten dem Fahrer befahlen, den Kofferraum zu öffnen, trauten sie ihren Augen nicht, denn der war randvoll mit schmutzigen, zerknitterten Dollarnoten, überwiegend Eindollarscheine. Auf die Frage, wie viel Geld er da verstaut habe, behauptete der Mann, er habe nicht den geringsten Schimmer. Er beteuerte ebenfalls, dass er das Geld – eine Summe weit über 20 000 Dollar, wie sich nach stundenlangem Zählen durch zwei Beamte herausstellte – weder gefunden noch gestohlen habe. Er behauptete, das Geld in all den Jahren, die er schon unterwegs war, auf ehrliche Weise mit Gelegenheitsjobs verdient zu haben. »Immer, wenn ich mir ein paar Dollar verdient habe«, sagte er, »werfe ich sie in den Kofferraum. Gezählt hab ich das Geld nie.«

Die Cops glaubten ihm kein Wort. Erst als seine Überprüfung ergab, dass er nicht vorbestraft war, und als sie auch nach längerem Suchen keinen Hinweis darauf fanden, dass eine größere Menge Eindollarscheine als gestohlen oder verloren gemeldet worden war, ließ Richter Burgess ihn mit seinem stattlichen

Notgroschen laufen. Zuvor jedoch belehrte er ihn, dass es zwar kein Gesetzesverstoß sei, sein schwer verdientes Geld im Kofferraum durch die Gegend zu kutschieren, es sei jedoch einer, das mit ungültigen Kennzeichen zu tun. Er verdonnerte ihn zur Zahlung von zwanzig Dollar für neue, gültige Autokennzeichen. Widerwillig ging der Mann nach draußen zu seinem Wagen, öffnete den Kofferraum, nahm eine Hand voll Scheine heraus und reichte sie, ohne sie zu zählen, dem Richter. Ich hätte den Vagabunden gern noch gefragt, wieso er trotz seines nicht unerheblichen Barvermögens ein so genügsames Leben führte, doch bevor ich ihn um ein Interview bitten konnte, war er schon in seine Klapperkiste geklettert und in einer dicken Rauchwolke verschwunden.

Für den Artikel, den ich über die Geschichte schrieb, bekam ich zwar nicht gerade den Pulitzerpreis, aber ich freute mich wie ein Kind, als er beim Universitäts-Radiosender während der Abendnachrichten vorgelesen wurde.

Ich hielt mich für einen ziemlich fleißigen Studenten, doch ich achtete zugleich darauf, dass mein Privatleben nicht zu kurz kam. Während eines Urlaubs von der Army hatte ich einmal bei Tante Hedwig die Bekanntschaft einer jungen Schwarzen aus St. Louis gemacht. Sie hieß Joan DeBerry und jobbte in den Semesterferien als Betreuerin im Herrick House. Nach ihrem Bachelor-Abschluss an der University of Illinois hatte sie sich an der Washington University in St. Louis eingeschrieben, wo sie psychiatrische Sozialarbeit studierte. Sie hatte einen nachhaltigen Eindruck auf mich gemacht, denn sie war intelligent und sah gut aus. Kein Wunder also, dass ich ihr jedes Mal antwortete, wenn sie mir ab und an eine Postkarte schickte, um sich zu erkundigen, wie ich zurechtkam. Schließlich schrieb sie mir, dass sie ihr Diplom in der Tasche und bereits in Chicago eine Stelle gefunden hatte. Eigentlich war es schon klar, dass wir ein Paar werden würden, als auch ich in den Semesterferien nach Chicago zog, um in einer Fabrik als Schlossergehilfe zu arbeiten. Der Aushilfsjob war natürlich ein Abstieg, schließlich hatte ich in Deutschland Schlosser gelernt, aber unter den Umständen war es unvermeidlich. Der Sommer verging für Joan und mich, verliebt wie wir waren, wie im Flug, und ehe wir uns versahen, musste ich zurück nach Champaign-Urbana an die Uni. Doch vorher schmiedeten wir Pläne für eine gemeinsame Zukunft, wozu ich mehr als bereit war. Nachdem ich in meiner Kindheit und Jugend überwiegend in fragwürdigen Verhältnissen und stets am Rande der Gesellschaft gelebt und mich mehr oder weniger über Wasser gehalten hatte, sehnte ich mich nach einer geordneten, bürgerlichen Existenz als Ehemann. Noch vor Ende des Jahres zerstörten wir die ehrgeizigen Heiratspläne, die Joans Eltern für ihre einzige Tochter hegten, mit einem Anruf aus unserer Hochzeitssuite in einem Hotel in Urbana, in dem wir meinen ahnungslosen Schwiegereltern mitteilten, dass wir gerade geheiratet hatten.

Joans Arbeitgeber, das Chicagoer »Institute for Juvenile Research«, eine Behörde des Staates Illinois, hatte zum Glück in Champaign-Urbana eine Zweigstelle, wohin sich meine frisch gebackene Frau ohne Probleme versetzen ließ. Außerdem ergatterten wir eine preisgünstige Mietwohnung in einem modernen Haus, das der Universität gehörte und für verheiratete Studenten und Fakultätsangehörige reserviert war. Und ich fand einen Teilzeitjob beim monatlich herausgegebenen Mitteilungsblatt der »National Association for Educational Broadcasters«, wo ich einen Vorgeschmack vom Journalismus bekam und gleichzeitig die hundertzehn Dollar aufstocken konnte, mit denen Uncle Sam mich im Monat unterstützte. Angesichts unserer gelinde gesagt unsicheren Finanzlage kamen wir so eben über die Runden, und es verhieß nicht gerade rosigere Zeiten, als Joan von ihrer Ärztin erfuhr, dass Nachwuchs unterwegs war. Aber für uns als stolze Eltern in spe überwog die Vorfreude auf unser Baby alle Sorgen um unsere prekäre wirtschaftliche Lage.

Nach der Geburt eines gesunden, sechs Pfund schweren Wonneproppens, den wir Steve Gordon nannten, weil uns der Name einfach gefiel, und nach meinem Abschluss an der University of Illinois in Journalismus und Kommunikationswissenschaft als einziger schwarzer Absolvent meines Jahrgangs begab ich mich auf Jobsuche. Zuerst versuchte ich es beim *Urbana Courier*, dem Lokalblatt. Der Chefredakteur hatte gelegentlich in unserer Klasse Vorträge gehalten und uns angehenden Journalisten jedes Mal ans Herz gelegt, den *Courier* nicht zu vergessen, wenn wir nach Abschluss unserer Studiums eine Anstellung suchten. Aber anscheinend hatte sein Angebot nicht mir gegolten. Als ich ihn beim Wort nahm, waren plötzlich sämtliche Stellen beim *Courier* schon besetzt, woran sich, so seine Vermutung, auch in absehbarer Zukunft nichts ändern würde. Ich hatte kapiert.

Für genau so einen Fall hatte ich vorsorglich für ein Jahr ein Studiengebührenstipendium beantragt, weil ich an der Northwestern University in Evanston, einem Vorort von Chicago, noch meinen Magister in Publizistik machen wollte. Mein Antrag wurde bewilligt. Da die Bezuschussung im Rahmen des »GI Bill« ausgelaufen war, erklärte Joan sich einverstanden, während meines Zusatzstudiums allein für unseren Lebensunterhalt zu sorgen, und ließ sich wieder zurück nach Chicago versetzen. Über die Northwestern University, eine private, ziemlich teure Hochschule, mieteten wir ein Ein-Zimmer-Apartment im Schwarzenviertel von Evanston, packten unser Baby und unsere spärlichen Habseligkeiten in meinen 51er Pontiac und machten uns auf den Weg.

Evanston, Illinois

Unser neues kleines Zuhause im ersten Stock eines alten zweigeschossigen Holzhauses, das uns die Wohnungsvermittlung der Uni empfohlen hatte, war nicht nur ein deprimierender Anblick, sondern kostete auch beinahe mehr, als wir uns leisten konnten. Aber noch deprimierender als das Apartment war die Vermieterin, eine alte streitsüchtige Schwarze, die aus unerfindlichen Gründen ihren Spaß daran hatte, uns, die wir es doch ohnehin nicht leicht hatten, das Leben noch mehr zu vergällen. Glücklicherweise hatte Joan flexible Arbeitszeiten, sodass sie sich um den Kleinen kümmern konnte, wenn ich an der Uni war. Nachmittags tauschten wir die Rollen: Ich lernte und war zu Hause bei unserem Sohn, während Joan zur Arbeit ging.

Jedes Mal wenn Steve, der gerade laufen lernte, durchs Zimmer watschelte oder weinte, was kleine Kinder nun mal ab und zu tun, klopfte unsere Vermieterin, die direkt unter uns wohnte, mit einem Besenstiel gegen die Decke und brüllte: »Sorgen Sie dafür, dass das Balg Ruhe gibt!« oder ähnliche Nettigkeiten. Wenn wir das Wasser aufdrehten und die altersschwachen Leitungen klopften, schrie sie, wir würden noch ihre »wertvollen Wasserhähne« ruinieren.

Manchmal machte sie mich so wütend, dass ich am liebsten unsere Sachen gepackt und mit meiner Familie ausgezogen wäre, wenn wir irgendwo anders hingekonnt hätten. Doch bei jedem Menschen kommt einmal der Punkt, wo ihm der Geduldsfaden reißt. Nachdem ich den Psychoterror etliche Monate ausgehalten hatte, reichte es mir, erst recht, als ich erfahren musste, dass die Wohnungsvermittlung der Northwestern University genauso moderne Apartments für verheiratete Studenten und Fakultätsangehörige hatte wie das, in dem wir auf dem Campus der University of Illinois gewohnt hatten. Doch anscheinend waren Schwarze dort nicht willkommen. Ohne lange zu zögern, ging ich von der Uni ab und kehrte Evanston mit Kind und Kegel den Rücken.

Chicago

Wir wollten nach Chicago, wo ich einen Job zu finden hoffte. Zur Not würde ich jeden nehmen, suchte aber möglichst eine Stelle als Journalist, wofür ich schließlich studiert hatte. Doch zunächst brauchten wir eine geeignete Unterkunft. Wir hatten Glück und konnten bald eine Zwei-Zimmer-Wohnung in Lake Meadows beziehen, einem modernen Hochhauskomplex mit schönen Grünanlagen im Chicagoer Stadtteil Near Southside, der an den Lake Michigan grenzt. Das Wohnviertel, das mit staatlichem Geld anstelle der schlimmsten Slums der Stadt errichtet worden war, galt als privat geleitetes gesellschaftliches Experiment, da in den Häusern schwarze und weiße Mittelschichtsfamilien Seite an Seite wohnten, was es bis dato nicht gegeben hatte.

Zum ersten Mal wurde mir bewusst, dass Chicago – obwohl im Norden gelegen – zu den Städten mit der strengsten Rassentrennung im ganzen Land gehörte, denn Schwarze und Weiße lebten für sich in ihren jeweiligen Ghettos. Es war, so musste ich erfahren, eine Stadt, in der schwarze Frauen gedemütigt wurden, indem man ihnen in schicken Kaufhäusern verbot, Hüte oder Kleidung anzuprobieren. Mit Hilfe einer Hand voll rückgratloser schwarzer Ratsmitglieder und einer gut geölten politischen Maschinerie regierte Bürgermeister Richard J. Daley (der Vater des fortschrittlichen und deutlich besseren derzeitigen Bürgermeisters Richard M. Daley) mit der Skrupellosigkeit eines Plantagenbesitzers in Mississippi, indem er Schwarz und Weiß erfolgreich getrennt hielt und Schwarzen ihren rechtmäßigen Anteil am Wohlstand Chicagos verweigerte.

Tausende von bitterarmen Schwarzen wurden in Trabantensiedlungen – so genannte »Projekte für preiswertes Wohnen« – gepfercht, die sich über scheinbar endlose Meilen erstreckten; zu den berüchtigtsten gehörten die »Robert R. Taylor Homes« in Near Southside, wo sage und schreibe 28 000 arme Schwarze auf engstem Raum lebten, was dem Bürgermeister einen festen Wählerstamm sicherte und seine Wiederwahl für etliche Amtsperioden garantierte. Besonders dienlich in dieser Hinsicht war der Kongressabgeordnete William Dawson, sein getreuer schwarzer Verbündeter, in dessen Wahlbezirk die Wohnungsprojekte lagen und der bei jeder Wahl zuverlässig die notwendigen schwarzen Stimmen für »Massa« Daley besorgte, ohne als Gegenleistung irgendwelche wichtigen Verbesserungen für Schwarze zu fordern. Den beiden zur Seite stand eine kleine Gruppe schwarzer Ratsmitglieder, die sich mit ihrer grenzenlosen Ergebenheit gegenüber dem Bürgermeister die Spitznamen *handkerchief-heads*, etwa »Steigbügelhalter«, und *Uncle Toms* einhandelten, beides Ausdrücke für Schwarze, die sich Weißen andienten. Wenn, was selten vorkam, tatsächlich einer mal den Mut aufbrachte, auf öffentlichen Versammlungen eine andere Meinung als die des Bürgermeistes zu vertreten, ließ Letzterer kurzerhand dem Sprecher das Mikrophon abschalten. Die beschämende Folge dieser politischen Manipulation war, dass Daley einundzwanzig Jahre hintereinander sein Amt behauptete. Solange Schwarze den Status quo nicht verändern wollten und brav dort blieben, »wo sie hingehörten«, ging es zwischen Schwarz und Weiß verhältnismäßig friedlich zu. Doch der unter der Oberfläche allenthalben schwelende Hass auf den Bürgermeister und seine Gefolgsleute war in Chicagos riesigen Ghettos auf der West und South Side der Stadt regelrecht greifbar.

Damals jedoch war die in Chicago betriebene Politik meine geringste Sorge. Sobald wir in unsere vier Wände eingezogen waren, machte ich mich auf die Suche nach einer Stelle als Journalist, denn unsere neue, fast luxuriöse Wohnung wollte schließlich bezahlt werden, wozu ich mein Scherflein beitragen musste. Mir wurde recht bald klar, dass die Aussichten nicht berauschend waren. Einige meiner Dozenten an der Uni hatten mich bereits vorgewarnt, bei dem in der amerikanischen Presse um sich greifenden Rassismus seien Jobs für Schwarze im Journalismus rar gesät. »Sie sollten sich überlegen, ob Sie nicht umsatteln, vielleicht Lehramt studieren, da sind die Chancen besser«, lautete ein gut gemeinter Rat. Aber ich war fest entschlossen, mich nicht abschrecken zu lassen, und verfolgte hartnäckig mein Ziel, Journalist zu werden. Doch nach zahllosen Absagen, und nachdem ich mir immer wieder hatte anhören müssen, es fehle mir an Erfahrung oder ich sei wegen meiner internationalen Vorgeschichte »überqualifiziert«, dämmerte mir allmählich, dass ich die Ratschläge meiner Dozenten vielleicht doch besser befolgt hätte. Mein Selbstwertgefühl litt darunter, dass meine Frau allein die Brötchen verdiente, während ich zu Hause hockte und auf den kleinen Steve aufpasste. Allmählich wurde die Situation für mich unerträglich.

Ein Fuß in der Tür

An einem milden Sommerabend des Jahres 1958, nach vielen frustrierenden Tagen vergeblicher Jobsuche, machte ich einen Spaziergang, um meine aufgepeitschten Nerven zu beruhigen. Ich war völlig am Boden, hing meinen Gedanken nach und stieß buchstäblich mit einem anderen Spaziergänger zusammen – einem jungen Mann, etwa in meinem Alter. Wir kamen ins Gespräch, und ich erwähnte, dass ich arbeitsloser Journalist sei.

»Das gibt's nicht«, entfuhr es ihm, und dann erklärte er mir, dass er auch Journalist sei, aber einer, der in Lohn und Brot stehe. Er erzählte, dass er für eine kirchliche Organisation Öffentlichkeitsarbeit mache, und gab mir den Tipp, zur nächsten Versammlung des Windy City Press Club zu kommen, einem Verein von schwarzen Journalisten, dem er ebenfalls angehöre. »Vielleicht lernst du da jemanden kennen, der dir bei der Jobsuche helfen kann«, sagte er.

In meiner Verzweiflung war ich zu allem bereit und tauchte prompt auf der nächsten Versammlung des Clubs auf, der im hinteren Saal eines Restaurants in der Southside tagte. Dort stellte mich mein neuer Mentor etlichen anderen Clubmitgliedern vor, darunter ein kleiner, gut gekleideter Mann, der ein paar Jahre älter war als ich. »Das ist Bob Johnson, der Chef vom Dienst beim Magazin *Jet*. Bob, das hier ist Hans Massaquoi, ein Kollege auf Jobsuche.«

Bevor er sich meine Leidensgeschichte anhörte, stellte Bob rasch klar, dass er leider nicht mit John H. Johnson verwandt sei, dem millionenschweren Gründer und Verleger der bekannten Schwarzenzeitschriften *Ebony*, *Jet*, *Tan* und *Negro Digest*, über den ich natürlich schon viel gehört hatte. Froh, jemanden gefunden zu haben, der mir womöglich helfen konnte, erzählte ich ihm, dass ich mich bereits bei allen Chicagoer Tageszeitungen beworben hatte, aber bislang immer nur vertröstet worden war. Wenn ich nicht bald eine Stelle fand, so klagte ich, musste ich mich nach irgendeiner anderen Arbeit umschauen.

»Gib noch nicht auf«, riet Bob Johnson mir. »Versprechen

kann ich dir zwar nichts, aber komm morgen früh zu uns in die Zentrale auf der South Michigan Avenue Nr. 1820 und bitte um ein Gespräch mit unserer Personalchefin Ruth McCoy. Sage bitte nicht, dass ich dich geschickt habe, ich weiß nämlich nicht, ob wir zurzeit überhaupt Leute einstellen, aber ein Versuch kann nicht schaden.« Er riet mir, das Thema Gehalt und Sozialleistungen besser nicht anzusprechen. »Sag einfach, du willst nicht mehr als einen Schreibtisch mit Schreibmaschine und ein paar Blatt Papier, damit du zeigen kannst, was du auf dem Kasten hast.«

Da mir in meiner Lage kaum etwas anderes übrig blieb, versprach ich ihm, mich an seine Weisungen zu halten. Am nächsten Morgen kreuzte ich mit ein paar Kostproben meines Könnens und einem Lebenslauf in der Johnson Publishing Company auf. In einer eleganten, holzvertäfelten Eingangshalle trug ich mein Anliegen einer hübschen Sekretärin vor, die mich bat, Platz zu nehmen und ein Stellenbewerbungsformular auszufüllen, und mich dann zu Mrs McCoy schickte. Die Personalchefin, eine attraktive Frau im mittleren Alter, überflog meinen Lebenslauf und meine Bewerbung mit sichtlichem Interesse.

»Viel Erfahrung im Schreiben haben Sie ja nicht vorzuweisen, aber dafür, dass Sie noch so jung sind, hatten Sie schon ein ganz interessantes Leben«, bemerkte Mrs McCoy. »Ich möchte, dass Sie mit unserem Verleger, Mr John H. Johnson, persönlich sprechen. Moment bitte, ich frage mal nach, ob er Zeit für Sie hat.«

Sie griff zum Telefon und wählte eine Nummer. »Kann ich Sie kurz stören, Mr Johnson? Ich würde Ihnen gern einen jungen Mann vorstellen.«

Ich war starr vor Schreck, denn ich war absolut nicht darauf vorbereitet, mit dem Mann zu sprechen, über den ich schon so viel gehört hatte. Johnson war eine Legende, ein Wirtschaftsmagnat, der in ärmsten Verhältnissen im ländlichen Arkansas aufgewachsen war und sich zu einem der reichsten Schwarzen in Amerika hochgearbeitet hatte, indem er ein Verlags-, Kosmetik- und Versicherungs-Imperium aufbaute mit Zweigstellen in New

York, Washington, D. C. und Los Angeles. Während ich mir meine noble Umgebung genauer anschaute, fiel mir eine Geschichte ein, die ich über Mr Johnson gehört hatte. Angeblich hatte er das Gebäude einem rassistisch eingestellten Weißen abgeluchst, der partout nicht an Schwarze verkaufen wollte. Da er das Haus nicht von innen kannte und natürlich nicht die Katze im Sack kaufen wollte, überlegte Mr Johnson sich einen Trick. Er zog sich einen Overall an und begleitete seinen weißen Anwalt zu der Hausbesichtigung, wo er sich als Mitarbeiter eines weißen Kaufinteressenten ausgab, der ihn als Hausmeister für das Gebäude vorgesehen hatte, falls der Kauf zustande kam. In seiner täuschend echten Verkleidung konnte Mr Johnson sich alles gründlich ansehen, bis er überzeugt war, dass der verlangte Preis in Höhe von 52 000 Dollar fair war. Dann signalisierte er seinem Anwalt, den Kauf für ihn über ein Treuhandkonto abzuwickeln, ohne die Identität des Käufers preiszugeben. Als der Verkäufer dahinter kam, dass man ihn ausgetrickst hatte, war es zu spät, um das Geschäft rückgängig zu machen.

Mr Johnsons Weg zum Zeitschriftenverleger gestaltete sich, wie ich erfuhr, ebenso originell. Nachdem er dank seiner Mutter eine gute High School besuchen konnte – sie war mit ihm aus dem Staat Arkansas nach Chicago gezogen –, fand er später als Student einen Aushilfsjob bei einer Lebensversicherungsgesellschaft für Schwarze. Zu seinen Aufgaben gehörte es, möglichst viele Zeitungen für Schwarze, derer er habhaft werden konnte, durchzusehen und seinen Boss über die wichtigsten Ereignisse zu informieren.

Da es eine überregionale Zeitschrift für Schwarze nicht gab, wurde der junge Johnson allmählich zur bestinformierten Person, wenn es um die Belange von Schwarzen ging. Schließlich reifte in ihm die konsequente Idee heran, Kapital aus seinem Wissen zu schlagen. Er lieh sich fünfhundert Dollar, indem er das Mobiliar seiner Mutter als Sicherheit angab, und gründete seine erste Zeitschrift, *Negro Digest*, die am 1. November 1942 das Licht der Welt erblickte. Damals tobte der Zweite Weltkrieg schon seit drei Jahren, und ich stand kurz vor dem Abschluss meiner Schlosserlehre in einer Hamburger Rüstungsfabrik.

Ich hatte außerdem von dem Geniestreich gehört, mit dem Mr Johnson seinen neuen Verlag vor einem möglichen Flop bewahrte und in ein florierendes Unternehmen mit Millionen Dollar Umsatz verwandelte. Obwohl er zu der Zeit noch völlig unbekannt war, wagte er den tollkühnen Schachzug, die amerikanische *First Lady*, Mrs Eleanor Roosevelt, zu bitten, für seine neue Zeitschrift einen Exklusivartikel zu schreiben; sie sollte sich vorstellen, sie wäre eine Schwarze, und schildern, wie sie sich verhalten würde. Zu seiner Überraschung willigte die Präsidentengattin ein, und dank ihres Artikels wurde *Negro Digest* nicht nur landesweit bekannt, sondern hatte auch finanziellen Erfolg. Mrs Roosevelt gab in ihrem Artikel, der vielfach zitiert wurde, zu, dass sie als Schwarze wahrscheinlich sehr verbittert wäre und sehr viel Geduld aufbringen müsste.

Mir wurde bewusst, dass ich seit meiner Begegnung mit Präsident Tubman, den ich durch meinen Vater in Liberia kennen gelernt hatte, keiner richtigen Berühmtheit mehr gegenüber gestanden hatte. Wie, so fragte ich mich, sprach man eine Legende an?

Bevor mir eine befriedigende Antwort einfiel, kam ein stämmiger Mann von mittlerer Größe ins Zimmer gefegt und begrüßte mich mit einem jovialen Handschlag und einem freundlichen, Vertrauen erweckenden Lächeln. »Was kann ich für Sie tun, junger Mann?«, fragte er mich rundheraus.

»Sie können mir einen Job geben«, erwiderte ich und bereute meine Direktheit sofort. »Wieso sollte ich das tun?«, konterte Mr Johnson.

Jeden Ansatz von falscher Bescheidenheit unterdrückend, erklärte ich, es fehle mir zwar noch an Erfahrung, ich hätte aber einen Uni-Abschluss als Journalist in der Tasche und wäre bereit, mich mit vollem Engagement und ohne Überstunden zu scheuen an die Arbeit zu machen, ich wäre ganz bestimmt ein Gewinn für seine Redaktion. »Wenn Sie mir eine Chance geben«, sagte ich abschließend, »werde ich es Ihnen beweisen.«

Mr Johnson las meine Bewerbung sorgfältig durch, musterte mich eingehend von oben bis unten und teilte mir dann mit, dass bei der Zeitschrift *Jet* tatsächlich ein Redaktionsposten vakant sei. »Wenn Sie den Job wollen«, fügte er hinzu, »gehört er Ihnen.«

Und ob ich den Job wollte, erwiderte ich. Als ich noch weitere Gründe aufzählte, warum es für ihn von Vorteil wäre, mich einzustellen, fiel er mir ins Wort und sagte: »Nach dem Verkauf ist Werbung überflüssig.«

Er schüttelte mir die Hand und fegte wieder genauso energiegeladen aus dem Büro, wie er es betreten hatte. Ich stand da wie ein Ölgötze und konnte mein Glück nicht fassen. Auch Mrs McCoys Enthüllung, dass ich nur magere sechzig Dollar die Woche verdienen würde, tat meiner Freude keinen Abbruch, denn ich hatte endlich einen Job als echter Journalist. Von einer Sekunde auf die andere war mein Selbstwertgefühl wieder da. Nie wieder zu Hause hocken und babysitten, während meine Frau arbeiten ging, um uns zu ernähren. Ein erster Schritt in Richtung gesicherte bürgerliche Existenz war getan, was mich mit Stolz erfüllte. Ich konnte es kaum erwarten, mich dem riesigen Heer von Schreibtischhengsten anzuschließen. Wie hätte ich damals ahnen können, dass mich nicht bloß ein schlecht bezahlter Bürojob erwartete, sondern ein ungemein spannender Beruf, der mich neununddreißig Jahre lang finanziell, physisch und psychisch am Leben erhalten sollte?

Das Magazin *Jet*

An meinem ersten Arbeitstag bei der Johnson Publishing Company auf der South Michigan Avenue Nr. 1820, nur einen Katzensprung von den Wolkenkratzern von Chicagos berühmtem Geschäftszentrum »The Loop« entfernt, führte mich mein neuer Boss Robert E. Johnson zunächst durch die weitläufigen Redaktionsbüros auf der ersten Etage, wo uns lautes Schreibmaschinengeklapper empfing. Als ich ihn mit »Mr Johnson« ansprach, korrigierte er mich: »Sagen Sie Bob zu mir. Hier im Haus gibt es nur einen Mr Johnson, und das ist Mr John H. Johnson.«

Dann stellte er mich meinen neuen Kolleginnen und Kollegen – Letztere in der Überzahl – von der *Jet*-Redaktion vor, darunter mein unmittelbarer Boss, Chefredakteur Edward (Buck) Clayton, ein großer, hellhäutiger Mann mit Schnurrbart und schütterem Haar. »Sie haben also Journalismus an der University of Illinois studiert«, knurrte er und taxierte mich von Kopf bis Fuß. »Na, wir werden sehen.«

Ich wusste nicht, wie ich die letzte Bemerkung auffassen sollte, doch sobald wir außerhalb von Claytons Hörweite waren, sagte Bob zu mir, ich solle mir nichts aus dem herrischen Gehabe machen, das Clayton gelegentlich an den Tag legte. »Clayton hat nicht viel übrig für Journalisten von der Uni, weil er alles von der Pike auf gelernt hat«, erklärte er. »Konzentrieren Sie sich einfach auf Ihre Arbeit, dann kommen Sie schon klar.«

Fürs Erste, so fügte Bob hinzu, würde meine Aufgabe darin bestehen, in möglichst sechs Schreibmaschinenzeilen das Wichtigste aus Artikeln zusammenzufassen, die er aus der schwarzen Tages- und Wochenpresse auswählte. Die gekürzten Artikel würden dann noch einmal vom Redakteur gelesen und wenn nötig überarbeitet, bevor sie zum Absegnen dem Chefredakteur vorgelegt würden.

»Seien Sie möglichst schnell und genau«, sagte Bob und führte mich zu einem leeren Schreibtisch, wo bereits ein Eingangskorb mit ausgeschnittenen Zeitungsartikeln, ein Packen Schreibmaschinenpapier und eine Schreibmaschine meiner harrten. »Das ist Ihr Reich«, sagte Bob. »Viel Glück.« Und damit ließ er mich allein.

Mit einem Mal kam ich mir vor wie an der Uni vor einer wichtigen Prüfung. Nur stand diesmal erheblich mehr auf dem Spiel. Wenn ich scheiterte, würde ich keine zweite Chance bekommen. Mit anderen Worten, Scheitern kam einfach nicht in Frage. Voller Nervosität nahm ich den ersten Zeitungsausschnitt aus dem Korb und las ihn sorgfältig durch, wobei mir die Buchstaben vor

Aufregung fast vor den Augen verschwammen. Nach einigen Minuten jedoch war mein Lampenfieber verflogen, und ich tippte munter vor mich hin.

Als ich Bob weit vor Feierabend um weitere Artikel bat, da mein Eingangskorb leer sei, sagte er, ich hätte für den ersten Tag mehr als genug geschafft. Von da an lief für mich alles wie am Schnürchen, bis eines Tages einer meiner Artikel – nachdem er vom Redakteur gebilligt worden war – wieder auf meinem Schreibtisch landete; darauf prangte in roten Lettern der Vermerk des Chefredakteurs: Neu schreiben! Ohne Zögern las ich den Artikel, den ich gekürzt hatte, noch einmal ganz genau durch, um zu sehen, ob ich etwas Wichtiges ausgelassen oder irgendetwas durcheinander gebracht hatte. Obwohl ich nichts dergleichen entdecken konnte, schrieb ich den Artikel trotzdem um, wie Clayton es wünschte. Aber siehe da, kurz nachdem meine neue Version des Artikels den Schreibtisch des Redakteurs unbeanstandet passiert hatte, landete er wieder bei mir, und wieder mit der Anweisung: Neu schreiben! Als sich das Spielchen ein drittes Mal wiederholte, hatte ich Claytons Albernheiten satt und verlangte von ihm eine Erklärung, was er an meinem Artikel auszusetzen habe, da ich nun mal nicht Gedanken lesen könne.

Clayton blickte mich lange an und wartete dann mit einer der unlogischsten Begründungen auf, die mir je untergekommen waren, die mir aber dennoch vor Augen führte, was ihn schon die ganze Zeit gewurmt hatte. »Wir sind hier nicht am journalistischen Seminar«, belehrte er mich. »Wir *machen* hier Journalismus. Wenn ich Ihnen alles beibringen würde, was ich weiß, dann wüssten Sie bei dem, was Sie anscheinend bereits wissen, mehr als ich, und das kann ja wohl nicht angehen, oder?«

Ich kehrte zurück an meinen Schreibtisch und nahm mir fest vor, keinen Artikel mehr neu zu schreiben, wenn Clayton mir nicht erklärte, was ihn daran störte. Aus irgendeinem Grund schikanierte Clayton mich nie wieder, und wir entwickelten ein freundliches Verhältnis zueinander. Kurz nach unserem kleinen Intermezzo wurde er aus Krankheitsgründen von seiner Position entbunden und in unsere Los-Angeles-Redaktion versetzt. Sein

Nachfolger wurde mein neuer Freund Bob Johnson. Später ging Clayton nach Atlanta, wo er noch für kurze Zeit als Pressechef für Dr. Martin Luther King jr. arbeitete, bevor er an Tuberkulose starb.

Mein erster großer Auftrag für *Jet* war ein Exklusivinterview mit dem Hollywoodproduzenten und -regisseur Stanley Kramer, einer der Ersten, die sich gegen Rassendiskriminierung stark machten. Er hatte Vertreter der Chicagoer Presse in seine Suite im piekfeinen Ambassador East Hotel eingeladen. Anlass des Interviews war Kramers neuer Film *Flucht in Ketten*, der von zwei ausgebrochenen Sträflingen handelt, der eine schwarz (gespielt von Sidney Poitier), der andere weiß (Tony Curtis), die aneinander gekettet sind und sich ihren Rassenvorurteilen stellen müssen, wenn sie überleben wollen. Kramer, der mich als aufrechter Liberaler beeindruckte, der furchtlos soziale Missstände ansprach, die allzu oft unter den Teppich gekehrt worden waren, starb im Jahre 2001 mit siebenundachtzig Jahren. Sein Werk umfasst fünfunddreißig Filme, darunter so unvergessliche, an das moralische Gewissen appellierende Streifen wie *Das letzte Ufer* zum Thema Atomkrieg, *Das Urteil von Nürnberg* über Nazikriegsverbrechen und *Rat mal, wer zum Essen kommt* über Mischehen.

Als Mitarbeiter von *Jet* lernte ich dieses Nachrichtenmagazin im Taschenformat als ein Presseorgan kennen und schätzen, das eine klare, sachliche Sprache ohne literarischen oder intellektuellen Anspruch sprach, aber es auf hervorragende Weise verstand, seine Leserschaft kurz und bündig über die wichtigsten aktuellen Entwicklungen in den »Harlems« von ganz Amerika zu informieren. *Jet* richtete sich eindeutig an ein männliches Publikum und kam daher in erster Linie bei der »Friseurladenkundschaft« an, wie wir die Leser nannten, denen unser Blatt nicht zuletzt deshalb zusagte, weil in jeder Ausgabe ein ausklappbares Foto von einer spärlich bekleideten schwarzen Schönheit zu finden war. Friseurläden, so erfuhr ich, spielten in der schwarzen Kultur als zwanglose Treffpunkte eine überaus wichtige Rolle. Dort konnten Männer über Gott und die Welt reden und in ungezwungener Atmosphäre aus sich herausgehen, während man ihnen im wahrsten Sinne des Wortes um den Bart ging. Vor allem bei den Friseuren in Chicagos South Side erfuhr ich mehr als irgendwo sonst über das Leben der Schwarzen in Amerika. *Jet* deckte eine große Bandbreite von Themen ab: Politik, Bildung, Verbrechen, Sport, Mode, Kultur, Wirtschaft und Medizin – doch die wichtigsten Artikel, auf die bereits in einer Ecke vorn auf dem Umschlag hingewiesen wurde, waren den turbulenten Ereignissen in der Bürgerrechtsbewegung gewidmet, den vielen Höhen und Tiefen des langwierigen Kampfes von Schwarzamerikanern um gleiche Chancen in Ausbildung und Beruf und um gleiche Behandlung durch das Gesetz.

In den sieben Jahren, die ich bereits in den Vereinigten Staaten lebte – zwei davon in Army-Uniform –, hatte ich die Entwicklung des Kampfes um Gleichberechtigung nur mit flüchtigem Interesse verfolgt. Abgesehen von dem UN-Diplomaten Dr. Ralph Bunche, der 1950 den Friedensnobelpreis erhielt, kannte ich, wie ich zu meiner Schande gestehen muss, so gut wie keinen der einflussreichen Vertreter des schwarzen Amerika und wusste nicht, was Afroamerikaner bereits alles bewirkt hatten und noch immer leisteten. Mit einem Mal blieb mir nichts anderes übrig, als das Versäumte nachzuholen, denn in meinem beruflichen Umfeld war es nicht nur entscheidend, gewisse Leute zu kennen und über bestimmte historische Ereignisse im Bilde zu sein, es wurde als selbstverständlich vorausgesetzt. Statt meine Unwissenheit zu erkennen zu geben, machte ich heimlich einen Crashkurs, indem ich Bücher über Geschichte der Schwarzen las und alles studierte, was ich über das Leben von Afroamerikanern in die Hände bekam, um meine Defizite wettzumachen. Dabei erfuhr ich zum Beispiel, dass der erste eingewanderte Amerikaner, der in der Gegend ansässig wurde, die sich zur Großstadt Chicago entwickelte, ein Schwarzer aus der ehemaligen französischen Kolonie Saint-Domingue (Haiti) war, ein Fallensteller und Pelzjäger namens Jean Baptiste Pointe DuSable, der um 1779 herum am Lake Michigan unweit der Mündung des Chicago River eine florierende Handelsniederlassung gründete.

Das meiste meiner neu erworbenen Kenntnisse eignete ich

mir allerdings per Osmose als neu aufgenommenes, inoffizielles Mitglied der Bürgerrechtsbewegung an, der ich mich nicht nur als Reporter, sondern auch als Privatmensch zugehörig fühlte. Namen von schwarzen Aktivisten und Politikern wie Stokely Carmichael vom SNCC, James Farmer vom CORE, Walter White und Roy Wilkins von der NAACP, Kongressabgeordneter Adam Clayton Powell, Thurgood Marshall vom Legal Defense Fund der NAACP, Malcolm X von der Nation of Islam, Bobby Seale und Huey Newton von der ultramilitanten Black Panther Party, Martin Luther King von der SCLC und Whitney Young von der National Urban League waren binnen kurzem geläufige Begriffe meines Sprachschatzes geworden, und ich konnte so gut wie die anderen über Schwarzenpolitik diskutieren. Doch damit nicht genug, ich wurde auch vom Kampfgeist und der Überzeugung erfüllt, dass wir Schwarzen in Amerika nicht nur von unseren weißen Landsleuten schlecht und respektlos behandelt wurden, sondern dass wir auch das Recht – nein, die Pflicht – hatten, uns selbst zu befreien, indem wir uns weigerten, den Status quo hinzunehmen. Vertraut wurde mir auch die Rhetorik der radikaleren Elemente in der Bewegung, die sich für eine bewaffnete Rebellion als Lösung unseres Problems einsetzten, aber ich hielt ein solches Vorhaben für absolut undurchführbar. Aufgrund der zwei Jahre in einer Elitedivision der Army wusste ich, dass jeder Versuch von uns Schwarzen, unsere Rechte mit Gewalt zu erzwingen, reiner Selbstmord wäre. Und diese Überzeugung war es, die mich schon bald zu einem begeisterten Anhänger des gewaltlosen Kreuzzuges von Martin Luther King machte.

Um mein ethnisches Gleichgewicht zu halten und ein wenig in nostalgischen Gefühlen zu schwelgen, ging ich häufig zur Lincoln Avenue in Chicagos Northside, wo die meisten deutschen Immigranten nach ihrer Ankunft in der »Windy City« ansässig geworden waren. In dem überwiegend von Arbeitern geprägten Viertel war ein buntes Völkergemisch heimisch geworden, darunter sehr viele Mexikaner, aber die Zahl der noch vorhandenen Deutschen reichte aus, um in den Genuss einer echten deutschen Bratwurst zu kommen, einen Bummel durch deutsche Geschäfte zu machen und deutsche Klänge zu hören. Ich fand es immer amüsant, Gespräche von Deutschen zu belauschen, die nie darauf gekommen wären, dass der schwarze Bursche neben ihnen jedes Wort verstand.

Als ich wieder einmal auf der Lincoln Avenue herumstromerte, fiel mir in der Auslage eines Schaufensters ein prächtiges, echt bayrisches Porzellanservice auf. Joan träumte schon länger von einem schönen, zwölfteiligen Service mit einem bestimmten Muster, und obwohl ein solcher Luxus bei unserem knappen Budget reine Verschwendung war, dachte ich, dass ich hier vielleicht ein Schnäppchen machen könnte. Als mich der Ladenbesitzer, ein freundlicher Mann von Mitte vierzig mit einem unverwechselbaren bayrischen Akzent, nach meinen Wünschen fragte, gab ich mich als deutscher Landsmann aus Hamburg zu erkennen und sagte ihm, wonach ich suchte. Überschwänglich, als habe er seinen lange verschollenen Bruder wiedergefunden, versicherte der Ladenbesitzer mir, dass ich bei ihm genau an der richtigen Stelle sei, er habe nämlich schon immer eine Schwäche für Hamburg und die Menschen dort gehabt und es wäre ihm eine Freude, mir das Porzellanservice preiswert zu verkaufen, auch wenn er selbst keinen Gewinn mehr machen würde.

Schließlich erlag ich dem bajuwarischen Charme des Mannes und meiner eigenen Naivität. Ich blätterte ihm den stolzen Preis hin, und Joan und ich beglückwünschten uns zu dem »Geschäft unseres Lebens«, das wir dank der Großzügigkeit meines Landsmannes gemacht hatten. Doch einige Monate später schlug unsere Freude in Entrüstung um. Wir schauten bei einem Bummel auf Chicagos Prachtmeile auch bei Marshall Field's herein, einem der teuersten und elegantesten Kaufhäuser der Stadt, und mussten zu unserem Entsetzen feststellen, dass dort haargenau das gleiche Porzellanservice für fast die Hälfte des Preises angeboten wurde, den mein Freund und Hamburgfan aus München von mir verlangt hatte. Plötzlich kam mir ein humorvoller Spruch, den ich zwar oft gehört, aber nie richtig verstanden hatte, in den Sinn: »Gott schütze uns vor Regen und Wind und vor unseren deutschen Landsleuten, die im Ausland sind.«

Der Kampf um die Bürgerrechte

Seit ihrer Gründung Mitte der vierziger Jahre berichteten sämtliche Magazine des Johnson-Imperiums ausführlich über die wichtigsten Entwicklungen in der Bürgerrechtsbewegung, die seit dem Bus-Boykott in Montgomery, Alabama, im Dezember 1955 zunehmend an Bedeutung gewann. Der Boykott wurde durch Rosa Parks ausgelöst, eine couragierte schwarze Näherin, die sich weigerte, ihren Sitzplatz im Bus einem Weißen zu überlassen, wie es Sitte und Gesetz in den Südstaaten verlangten. Der Organisator des Boykotts, ein bis dato unbekannter Baptistenprediger namens Dr. Martin Luther King jr., wurde schlagartig bis über die Grenzen Amerikas hinaus bekannt, als die Rassentrennung in den Bussen von Montgomery aufgrund seiner Aktionen aufgehoben wurde. Schon bald griff seine gewaltfreie Methode um sich und führte dazu, dass die Rassenschranken auch in anderen Teilen des Landes niedergerissen wurden.

Im Herbst 1957, ein Jahr bevor ich bei der Johnson Publishing Company anfing, konnte die Bewegung einen zukunftsweisenden Erfolg verbuchen. Präsident Dwight D. Eisenhower schickte schwer bewaffnete Einheiten der 101. Luftlandedivision nach Little Rock in Arkansas, um neun mutigen schwarzen Mädchen und Jungen trotz des energischen Protestes von Orval Faubus, dem Gouverneur von Arkansas, an ihrem ersten Schultag an der zuvor nur Weißen zugänglichen Central High School sicheres Geleit durch einen hysterisch brüllenden Mob weißer Rassisten zu geben.

Im Jahre 1960 trugen Sit-ins, die von dem gewaltfreien studentischen Koordinationskomitee SNCC in Greensboro, North Carolina, organisiert wurden, entscheidend dazu bei, dass die Rassentrennung in Selbstbedienungsrestaurants aufgehoben wurde. Und im Jahr darauf wandte sich der »Kongress für Rassengleichheit« (CORE) mit massiven »Freiheitsfahrten« gegen die Rassentrennung in Langstreckenbussen. Einen weiteren entscheidenden Schlag gegen die tief verwurzelte Südstaatenordnung brachte der 1. Oktober 1962, an dem sich James Meredith, ein junger schwarzer Student, an der Universität von Mississippi einschrieb, die bis dahin eine Bastion unangefochtener weißer Exklusivität gewesen war. Unbeeindruckt von Ross Barnett, dem damaligen Gouverneur von Mississippi, und einer tobenden weißen Studentenschaft betrat Meredith die »Ole Miss« unter dem Schutz von US-Marshals, die von Präsident John F. Kennedy entsandt worden waren. Um im Juni 1963 eine ähnliche Einschränkung weißer Privilegien an der Universität von Alabama zu verhindern, schwor George C. Wallace, Gouverneur von Alabama und ein glühender Verfechter der Rassentrennung, er werde den Eingang zur Universität höchstpersönlich blockieren, um zwei schwarzen Studenten den Zutritt zu verwehren. Er änderte jedoch rasch seine Meinung und trat beiseite, als er sich nicht nur mit dem langen Arm von Uncle Sam in Gestalt von US-Marshals, sondern auch mit der eigentlich ihm unterstellten Nationalgarde, die von der Bundesregierung übernommen war, konfrontiert sah.

Jeder dieser Meilensteine war Wasser auf die Mühlen von *Ebony* und *Jet*, die beide ausführlich über die Ereignisse berichteten. Doch so ermutigend die Siege über eingefleischte Verfechter der Rassentrennung auch waren, nicht alle Nachrichten waren positiver Natur. Wie sich herausstellte, mussten die Erfolge der Bürgerrechtler teuer erkauft werden. Von Anfang an waren die weißen Racheakte gegen die gewaltfreie Bürgerrechtsbewegung erbarmungslos, feige und brutal. Den traurigen Höhepunkt einer über einhundertjährigen Geschichte von meist ungeahndeten Lynchmorden an Schwarzen im Süden bildete im August 1955 der Mord an Emmet Till, einem vierzehnjährigen Schuljungen aus Chicago, der bei seinen Verwandten in Money, Mississippi, zu Besuch war. Er wurde mitten in der Nacht aus dem Haus seines Großvaters verschleppt, gefoltert und ermordet, weil er angeblich einer weißen Frau hinterhergepfiffen hatte. Als sein grässlich verstümmelter Leichnam nach Chicago überführt wurde, bat seine trauernde Mutter die Presse, darunter auch die Johnson Publishing Company, Fotografen zu schicken, damit die Öffentlichkeit sehen konnte, was Rassisten ihrem Sohn angetan hatten. Mr Johnson kam der Bitte nach. Die schauerlichen Fotos, die schließlich in *Jet* abgedruckt wurden, rüttelten das kollektive Gewissen Amerikas auf und brachten dem Kampf der Afroamerikaner um ihre Bürgerrechte neue Anhänger ein. Derweil ging das Morden unvermindert weiter. Am 12. Juni 1963 wurde der Bürgerrechtler Medgar Evers vor seinem Haus in Jackson, Mississippi, von einem weißen Rassisten aus dem Hinterhalt erschossen. Drei Monate später verübte der Ku-Klux-Klan einen Bombenanschlag auf die Sixteenth Street Baptist Church in Birmingham, Alabama. Vier kleine schwarze Mädchen, die gerade in der Sonntagsschule waren, wurden getötet. Noch im selben Jahr erlangte der Polizeichef von Birmingham, Eugene (Bull) Connor, traurige Berühmtheit, als er friedliche schwarze Demonstranten mit Wasserwerfern und aggressiven Polizeihunden auseinander treiben ließ.

Die brutale Behandlung und die Morde beschränkten sich nicht allein auf Schwarze. Auch liberale Weiße, die sich der Bürgerrechtsbewegung angeschlossen hatten, waren gefährdet. Im Sommer 1964 verschwanden Andrew Goodman und Michael Schwerner, zwei weiße Bürgerrechtler, und ihr schwarzer Gefährte James Chaney, nachdem sie von weißen Sheriffs des Staates Mississippi wegen einer angeblichen Geschwindigkeitsübertretung festgenommen worden waren. Später fand man ihre nur unzulänglich verscharrten Leichen. Eine ähnliches Schicksal ereilte nur ein Jahr später Viola Liuzzo, eine weiße Hausfrau aus Detroit und engagierte Bürgerrechtlerin, die auf der Fahrt nach Selma in Alabama erschossen wurde.

Diese Opfer waren schmerzlich, aber nicht vergebens. Im Jahre 1964 verabschiedete der US-Kongress auf Drängen von Präsident Lyndon B. Johnson und unter dem Druck der nach der Ermordung John F. Kennedys veränderten Stimmung im Lande das umfassendste Bürgerrechtsgesetz in der Geschichte der Vereinigten Staaten. Es verbot Rassendiskriminierung im Beruf und im öffentlichen Verkehrswesen und drohte allen Gemeinden, die weiterhin auf Schulen mit Rassentrennung bestanden, mit der Streichung von Bundesgeldern. Die neue Gesetzgebung war keineswegs ein Allheilmittel für die zahllosen Übergriffe gegen die Rechte der Schwarzen, aber es war zweifellos ein Schritt in die richtige Richtung.

Da nun immer mehr Afroamerikaner auf der gesellschaftlichen Erfolgsleiter nach oben stiegen, entstand ein neues Genre journalistischer Berichterstattung – die schwarzen »Pioniere« –, das zum festen redaktionellen Bestandteil von *Ebony* wurde. In nahezu jeder Ausgabe der Zeitschrift wurden Schwarze gewürdigt, die sich in irgendeinem Bereich des öffentlichen Lebens ausgezeichnet hatten. Die *Ebony*-Leser konnten sich nicht satt daran lesen – und wir konnten uns nicht satt daran schreiben –, wenn wir vom ersten schwarzen Richter am Obersten Bundesgericht der Vereinigten Staaten (Thurgood Marshall) berichteten, vom ersten Weltraumspaziergang des ersten schwarzen Astronauten (Bernard Harris jr.), vom ersten schwarzen Vorsitzenden der »Joint Chiefs of Staff« (Colin Powell), dem ersten schwarzen Gouverneur eines Bundesstaates (L. Douglas Wilder), der ersten schwarzen Tennisspielerin, die große Turniere gewann, darunter auch Wimbledon (Althea Gibson), dem ersten schwarzen Friedensnobelpreisträger (Ralph Bunche), dem ersten schwarzen Baseballspieler in der Profiliga (Jackie Robinson), dem ersten schwarzen Vier-Sterne-Admiral (J. Paul Reason) und so weiter und so weiter. Irgendwann hatten wir das Gefühl, dass uns diese »Ersten« nie ausgehen würden, doch dem war nicht so. Allmählich verebbte der stete Strom von schwarzen Pionieren zu einem Rinnsal, als immer mehr Schwarze Zugang zu praktisch jedem Bereich des amerikanischen Lebens gewannen. Damit will ich nicht sagen, dass Amerikas Rassenprobleme gelöst sind und dass Afroamerikaner voll und ganz in die amerikanische Gesellschaft integriert sind. Keineswegs. Es gibt zu viele Beispiele dafür, dass spektakuläre historische Durchbrüche bloß Alibifunktion hatten oder, um es drastisch auszudrücken, Rohrkrepierer waren. Nur ein Beispiel: 1966 wurde Edward Brooke aus Massachusetts als erster Schwarzer (seit der so genannten *Reconstruction* nach dem Bürgerkrieg) in den US-Senat gewählt, und es dauerte volle sechsundzwanzig Jahre, bis eine zweite Afroamerikanerin (Carol

Mosely-Braun) in dieses wichtige Parlament einziehen konnte. Der Kampf um schwarze Gleichberechtigung war also noch längst nicht gewonnen und musste weitergeführt werden.

Schwarzer gegen weißen Journalismus

Durch die fortwährende Berichterstattung über die zahllosen Errungenschaften von Afroamerikanern, die sich nicht dem weißen Rassismus beugen wollten, wurde mir bald klar, dass ich eine ganze andere Art von Journalismus lernen musste als den, der an amerikanischen Universitäten gelehrt wurde. An meiner Alma mater, der University of Illinois, hatten wir gelernt, dass das Leitprinzip des Journalismus Unparteilichkeit sei. Journalisten, so wurde uns eingeimpft, mussten hundertprozentig objektiv sein und ihre persönlichen Ansichten zu den Themen, über die sie berichteten, außen vor lassen. Nachdem ich die Berichterstattung weißer Zeitungen und Zeitschriften genauer unter die Lupe genommen und noch einmal aus schwarzer Perspektive überprüft hatte, musste ich feststellen, dass die Druckerzeugnisse von weißen Verlegern sich nicht an diese Regeln hielten und dass von objektiver Berichterstattung bei Rassenfragen nicht die Rede sein konnte. Durch den systematischen Ausschluss afroamerikanischer Mitarbeiter aus führenden Positionen in den Redaktionen war die weiße Presse in der Lage, Nachrichten eklatant zu manipulieren und zu frisieren, nicht unbedingt durch glatte Lügen, sondern einfach durch die Entscheidung, was gedruckt werden sollte und was nicht, oder welche Haltung gegenüber bestimmten Themen eingenommen werden sollte. So fielen beispielsweise Artikel über positive Leistungen von Schwarzen und über gesellschaftliche Ereignisse bei Schwarzen wie Hochzeiten, Uniabschlussfeiern und Jahrestage einfach unter den Tisch, während Straftaten mit schwarzen Verdächtigen Schlagzeilen machten. Es war durchaus gängige Praxis in der weißen Presse, bei afroamerikanischen Tatverdächtigen die Hautfarbe zu nennen. Ein typisches Beispiel war folgende Formulierung: »Der Neger John Jones wurde gestern Nacht bei einem Einbruch in einen Supermarkt in der South Side auf frischer Tat ertappt und von der Polizei festgenommen.«

Bei der Johnson Publishing Company machten wir keinen Hehl aus unserer Parteilichkeit in Rassenfragen. Alle unsere Journalisten waren eindeutig proschwarz eingestellt. Den Anweisungen von »Mr J« entsprechend berichtete *Ebony* ausschließlich über Menschen, deren Handlungen und Leistungen die schwarze Rasse in ein günstiges Licht tauchten und die eine Vorbildfunktion für junge Schwarze haben könnten. Umgekehrt brachte *Ebony* nichts über Schwarze auf der Schattenseite des Lebens.

»Unsere weißen Kollegen machen ihre Sache schon ganz ausgezeichnet, wenn sie Schwarze kriminalisieren und runtermachen«, sagte Mr J. »Die brauchen keine Hilfe von uns.« Gemäß Mr Js Grundsatz, dass »wir, wenn wir über jemanden nichts Positives schreiben können, lieber gar nichts schreiben«, schenkten wir Ugandas Präsidenten Idi Amin, der im August 2003 gestorben ist, keinerlei Beachtung, als er in den siebziger Jahren wegen seiner Launen und Grausamkeiten gegenüber seinen Landsleuten weltweit Verachtung erntete und in der US-Presse lächerlich gemacht wurde.

Meine Kollegen bei JPC waren von den neuen militanten Schwarzen tief beeindruckt, und wir drückten unsere Solidarität mit der landesweiten Bewegung aus, indem wir unsere Kurzhaarschnitte gegen Afrofrisuren eintauschten, die immer größer wurden, je mehr unsere Militanz zunahm. Urplötzlich berichtete ich nicht mehr nur als Beobachter und Reporter über die größte gesellschaftliche und politische Bewegung der Nachkriegsära, nein, ich war auch ein aktiver Teilnehmer dieses schwarzen Freiheitskampfes geworden, der sowohl im Norden und Süden der Vereinigten Staaten als auch in Kolonialafrika und Westindien tobte. Für mich war der bekannte Spruch *I'm black and I'm proud* (Ich bin stolz, schwarz zu sein) sehr viel mehr als ein politischer Slogan. Er wurde, wenn ich daran zurückdachte, wie sehr ich mich damals in Nazideutschland wegen meiner Kraushaare geschämt hatte, zum Ausdruck meiner neu entdeckten afroamerikanischen Selbstachtung. Über die Errungenschaften von Schwarzen zu schreiben tat mir in vielerlei Hinsicht gut, vor allem jedoch, weil es mir half, nach zwölf Jahren Entmenschlichung und Erniedrigung durch die Nazis meinen psychologischen Halt zu finden. Als Zeuge des heldenhaften Kampfes, den Schwarze in aller Welt ums Überleben und um Gleichheit ausfochten, und als Chronist der unzähligen Leistungen, die trotz überwältigender Hürden von Schwarzen erbracht wurden, konnte ich nicht anders, als selbst stolz auf meine schwarze Haut zu sein.

Mit der Zeit veränderte sich der Status der Afrofrisur wie auch der des Bartes. Sie war keine politische Aussage mehr, sondern die von Schwarzen bevorzugte Haarmode. Um nicht zurückzustehen, trugen auch schwarze Frauen den Afrolook, einige als offensives Symbol, andere einfach, weil ihnen die Mode gefiel. Wenn ich meine beiden Jungs betrachtete – wir hatten inzwischen einen zweiten Sohn bekommen –, staunte ich manchmal darüber, wie selbstverständlich sie auf ihre Afrofrisur stolz waren. Der Unterschied zwischen ihnen und mir in ihrem Alter war gewaltig: Meine Mutter hatte damals versucht, mich davon zu überzeugen, dass ich schönes Haar hatte, aber ich glaubte ihr nicht; meine Jungs dagegen brauchten gar nicht überzeugt zu werden, sie wussten es einfach.

Beim Thema Haare fällt mir die Episode ein, wie einmal eine Hand voll junger Schwarzer vor unserem Verlagsgebäude gegen die politische Linie von *Ebony* demonstrierte. Als Mr J davon erfuhr, lud er die Sprecher der Gruppe in die Redaktion ein, um die Sache zu klären. Anlass der Demonstration war, wie eine hübsche, sehr dunkle junge Frau mit kurzer Afrofrisur erklärte, dass alle Models auf den in *Ebony* abgedruckten Werbefotos hellhäutig seien, was, so die Sprecherin, ein Affront für die Millionen *Ebony*-Leserinnen und -Leser sei, die dunkle Haut hätten. Mr J gab zu, dass sie nicht Unrecht hatte, wies aber darauf hin, dass schließlich die Werbeagenturen die Models aussuchten und nicht *Ebony*.

»Ich wette, Sie würden nie im Leben eine Frau, die aussieht wie ich, auf dem Titelblatt abdrucken«, forderte die junge Frau Mr Johnson heraus. »Die Wette verlieren Sie«, konterte Mr Johnson und ließ die Frau ohne weitere Diskussion für eine Fotosession herrichten. Bald darauf schmückte ihr schönes dunkles Gesicht die Titelseite einer *Ebony*-Ausgabe, in der sich auch ein Artikel über den neuen Afrolook schwarzer Frauen befand. Dank Mr Johnsons kluger Reaktion war eine Situation entschärft worden, die peinlich und äußerst unangenehm hätte werden können.

Da *Jet* und *Ebony* als größte Schwarzenzeitschriften des Landes eine so wichtige Rolle im Leben von Afroamerikanern spielten, war es kein Wunder, dass alle prominenten Schwarzen, die nach Chicago kamen, unseren Redaktionsräumen unbedingt einen Besuch abstatten mussten. Doch für mich war es etwas gewöhnungsbedürftig, wenn ich von meiner Schreibmaschine aufsah und in die lächelnden Gesichter zahlreicher Berühmtheiten blickte: Da waren zum Beispiel die Sängerin Dinah Washington, die Schauspieler Bill Cosby und Billy Dee Williams, Diana Ross und die Supremes, die Jackson Five, einschließlich Michael (bevor er sein Äußeres neu erfand), Sammy Davis jr., Harry Belafonte, Sidney Poitier und Komiker und Schauspieler Redd Foxx. Die Liste der Besucher, die auf einen Sprung in der Redaktion vorbeischauten, beschränkte sich nicht auf bekannte Schwarze. Auch nichtschwarze VIPs machten uns ihre Aufwartung, so zum Beispiel Beatle John Lennon und seine Frau Yoko Ono, Fürstin Gracia von Monaco, die Hollywoodstars Henry Fonda, Kirk Douglas, Liza Minelli und Burt Lancaster sowie Präsidentschaftskandidat Ronald Reagan und Gattin Nancy. Aus dem fernen Afrika kommend, führten der ghanaische Premierminister Kwame Nkrumah, der guineische Präsident Sékou Touré und der liberianische Präsident William R. Tolbert die Liste ausländischer Würdenträger an. Die berühmten Gäste, die ein paar Stunden erübrigen konnten, lud Mr J in den Speisesaal auf der Chefetage ein, wo sie mit ihm und seinen leitenden Redakteuren beim Lunch Gedanken austauschen konnten.

Doch unterm Strich vielleicht noch wichtiger als die Prominentenbesuche waren die vielen aus den armen Schwarzenghettos stammenden Schulkinder, die im Rahmen einer Exkursion unsere Redaktionsräume besichtigten. Die meisten von ihnen hatten noch nie ein Bürogebäude in der Stadt von innen gesehen, geschweige denn eins, in dem nur Schwarze beschäftigt waren. Sie hatten noch nie Afroamerikaner mit Schlips und Kragen gesehen, die in modern ausgestatteten Büros arbeiteten. Für sie war es eine Offenbarung und, wie wir hofften, eine Inspiration, nach Höherem zu streben als nach einem Dasein als ungelernter Arbeiter.

Ebony

Die Arbeit bei der Wochenzeitschrift *Jet* verschaffte mir einen zwar mageren, aber regelmäßigen Gehaltsscheck sowie die Befriedigung, meinen Traumberuf auszuüben, doch sie brachte mich als Journalist nicht viel weiter, da der Inhalt des Blattes fast nur aus gekürzten Artikeln bestand, die für meine Kreativität keine Herausforderung darstellten. Kein Wunder, dass ich – wie fast alle meine Kollegen bei *Jet* – davon träumte, irgendwann in die Redaktion von *Ebony* überzuwechseln, die monatlich erscheinende Familienzeitschrift und das Aushängeschild der Johnson Publishing Company. Für *Ebony* schrieben so hochrangige Leute wie Lerone Bennett jr., der sich mit seinen bahnbrechenden Artikeln über die Geschichte von Schwarzen rasch einen Namen machte, Sam Yette, Cloyte Murdock und Allan Morrison.

Als Mr Johnson *Ebony* gegen Ende des Zweiten Weltkrieges gründete, schwebte ihm eine Illustrierte vor, die die positive Seite des Lebens von Schwarzen beleuchten und als Gegengewicht zu der fast übereinstimmend negativen Darstellung von Schwarzen in der weißen Presse dienen sollte. In seiner Autobiographie *Succeeding Against the Odds* schreibt Mr Johnson, der Name *Ebony* (»Ebenholz«) sei ein Einfall seiner Frau Eunice gewesen und stehe für das robuste afrikanische Holz und die Farbe Schwarz. Die Zeitschrift war auf Anhieb ein Erfolg, nicht zuletzt wegen der zigtausend schwarzen GIs, die aus dem Krieg in Europa, Asien und Afrika heimkehrten und nach einem für sie interessanteren Lesestoff verlangten, als ihn die Zeitschrift *Life* oder andere weiße Publikationen boten. *Ebony* erfüllte dieses Bedürfnis mit gut recherchierten und bebilderten Artikeln über das ganze Spektrum des Lebens in der schwarzen Diaspora: Familie, Bildung, Gesundheit, Kultur, Mode, Wissenschaft, Geschichte, Sport und Rassenpolitik.

Ich musste an meine erste Begegnung mit *Ebony* denken, damals in Liberia, lange bevor ich selbst Mitarbeiter der Redaktion wurde. Immer wenn ich meine Freunde in der US-Botschaft in Monrovia besuchte, wo mit Botschafter Edward Dudley an der Spitze ausschließlich Schwarze beschäftigt waren, lagen ein paar Ausgaben der Zeitschrift herum. Der Anblick der vielen Glanzfotos von attraktiven, wunderschön abgelichteten afroamerikanischen Männern und Frauen, die es in allen möglichen Sparten zu etwas gebracht hatten, verstärkte meinen bereits ausgeprägten Wunsch, einer von ihnen zu werden.

Ich hatte fast schon die Hoffnung aufgegeben, jemals zum Elitemagazin der Johnson Publishing Company versetzt zu werden, als die zweite Chefin vom Dienst bei *Ebony*, Era Bell Thompson, eine zierliche Frau mittleren Alters mit einem stets ausdruckslosen Gesicht, mich eines Tages fragte, ob ich aushilfsweise etwas für *Ebony* machen könne, da sie vorübergehend knapp an Personal sei. Ich sollte einen Artikel über Oscar Robertson schreiben, einen Basketballstar der University of Cincinnati, der den Spitznamen The Big O hatte. Obwohl ich von Basketball nicht mehr verstand, als dass es darum ging, einen Ball durch einen Korbring zu bugsieren, ergriff ich die Chance, endlich wirklich journalistisch tätig zu werden. Wie sich herausstellte, kam mir meine Ahnungslosigkeit in Sachen Basketball zugute, denn so war ich gezwungen, mich bei meinem Interview auf den Menschen Oscar Robertson zu konzentrieren statt auf den Basketballstar Oscar Robertson. Das Ergebnis war ein eher persönliches Porträt des Mannes anstatt einer erneuten Aufzählung seiner bereits hinlänglich bekannten sportlichen Fähigkeiten.

In der Öffentlichkeit herrschte das Bild vor, dass Oscar und die wenigen anderen schwarzen Spieler in der Universitätsmannschaft prima mit ihren weißen Kameraden klarkamen, ich dagegen konnte dem normalerweise zurückhaltenden Spitzensportler das Geständnis entlocken, dass sich sein Kontakt zu den weißen Spielern im Großen und Ganzen auf das Basketballfeld beschränkte und dass er und die anderen Schwarzen bei Auswärtsspielen in den Südstaaten in Hotels für Schwarze untergebracht wurden. »Ich zähle nur noch die Tage, bis ich endlich mit der Uni fertig bin«, entfuhr es Oscar mit unverhohlener Wut. »Dann will ich mit dem Laden hier nichts mehr zu tun haben.«

Als ich mein ausführliches Hintergrundporträt des jungen Sportlers in der Redaktion abgab, sagte Era Bell Thompson mir, es gefalle ihr sehr gut, und rang sich sogar zu einem für sie untypischen Lächeln durch, was ich als das größte Kompliment überhaupt auffasste. Kurz darauf rief sie mich in ihr Büro, wo sie und der andere Chef vom Dienst, Herbert Nipson, ein gelassener, lockerer Typ, mir verkündeten, dass Mr J meiner sofortigen Versetzung in die *Ebony*-Redaktion und – nicht minder wichtig – einer stattlichen Gehaltserhöhung zugestimmt hatte.

Am Abend, auf der Heimfahrt mit dem Auto, konnte ich es kaum erwarten, nach Hause zu kommen, um meiner Familie die gute Nachricht zu unterbreiten. Unerwartet war mein lang gehegter Traum Wirklichkeit geworden: Ich gehörte zu dem Team angesehener Journalisten, die für die weltweit größte und bedeutendste Schwarzenzeitschrift schrieben. Um mir vor Augen zu führen, dass ich wirklich am Ziel angelangt war, musste ich nur einen Blick auf das frisch veränderte Impressum der Zeitschrift werfen, wo ich als einer der Redakteure aufgelistet war. Was, so dachte ich, konnte ich mir mehr wünschen?

Ich sollte nicht enttäuscht werden. Die Arbeit für *Ebony* war tatsächlich eine faszinierende Erfahrung und bot mir Gelegenheit, mich literarisch erstmals richtig zu entfalten. Da von den

Journalisten bei *Ebony* erwartet wurde, ausführlich über jedes erdenkliche Thema zu schreiben, nicht, sich auf ein bestimmtes Gebiet zu spezialisieren, stürzte ich mich schon bald auf alles, was mir vor den »Stift« kam. Ich begleitete Air-Force-Sanitäter, die in Vietnam verletzte GIs aus Japan nach Hause transportierten, oder schrieb über das Verhältnis von in Deutschland stationierten weißen und schwarzen GIs. Die Welt schrumpfte auf einmal für mich, denn ich reiste durch die ganzen Vereinigten Staaten und ins Ausland, um Interviews zu machen und Features über interessante Menschen zu schreiben, die sich in allen erdenklichen Bereichen einen Namen gemacht hatten.

Zuerst war ich noch recht schüchtern, wenn ich lebenden Legenden gegenübersaß wie der Sängerin und Schauspielerin Lena Horne oder der Bürgerrechtsikone Thurgood Marshall. Doch als ich die verblüffende Entdeckung machte, dass auch sie nur Menschen waren wie du und ich, wurde ich lockerer und entwickelte schon bald Routine im Befragen von bekannten Persönlichkeiten. Nachdem ich ein ausführliches Porträt des kalifornischen US-Abgeordneten Augustus F. Hawkins geschrieben hatte, der als fünfter Afroamerikaner in den Kongress gewählt worden war, glaubte ich schließlich, mir meine journalistischen Sporen verdient zu haben. Denn er teilte mir in einem Brief mit, wie dankbar er mir sei, »aus einem uninteressanten Menschen wie mir einen interessanten« gemacht zu haben.

Vaterglück

Ich war mit Leib und Seele Vater, denn nichts bescherte mir mehr Freude als unser Sohn. Es war ein wunderbares Gefühl, die bedingungslose Liebe unseres kleinen Steve zu fühlen, sein Vertrauen und seine Bewunderung, und seine Zuneigung in gleichem Maße zu erwidern. Daher war ich selig, als Joan mir drei Jahre nach Steves Geburt eröffnete, dass ein zweites Baby unterwegs sei. Wir hatten uns beide ein Mädchen gewünscht, doch als der Neuankömmling wieder ein Junge war, korrigierten wir unser Wunschdenken rasch und begrüßten den kleinen Kerl mit offenen Armen. Als wir nach einem Namen für unser neues Baby suchten, schlug Steve vor, wie sollten ihn Hans-Jürgen nennen, »nach Dad«. Da mir kein triftiger Grund einfiel, warum wir nicht zwei Hans-Jürgen in der Familie haben konnten, setzte Steve sich durch. Er hatte sich schon lange einen Bruder zum Spielen gewünscht, doch als er den Winzling zum ersten Mal hilflos in seinem Bettchen liegen sah, wandte er sich enttäuscht ab. »Ist der klein. Der kann ja gar nichts«, lautete Steves einziger Kommentar.

Doch das sollte sich bald ändern. Im Nu war aus Hans jr. ein unternehmungslustiger Bursche geworden, der sich durch nichts davon abhalten ließ, in die Fußstapfen seines größeren Bruders zu treten. Es dauerte nicht lange, und Steve wurde sein bester Freund und sein strahlender Held. Von einer gesunden Dosis Geschwisterrivalität einmal abgesehen, verstehen sich die beiden, wie ich mit Freude sagen kann, noch heute ausgezeichnet.

Trotz meines an Hochverrat grenzenden Desinteresses an Amerikas Lieblingsfreizeitbeschäftigungen – Baseball, Basketball und Football (was nicht heißen soll, dass ich wie die Deutschen *fußball*verrückt gewesen wäre) – ließ ich mich auch von Chicagos brutalen Wintertemperaturen nicht davon abhalten, brav mit Steve und Hans ins Footballstadion zu gehen, wie das gute amerikanische Daddys nun mal machen. Ich war zwar von Kindesbeinen an ein guter Sportler, doch aus unerfindlichen Gründen hatte ich mich nie sonderlich für Fußball interessiert, was mir bei meinen kickenden Klassenkameraden die Bezeichnung »Flasche« einbrachte. Zum Glück gelang es meinen Söhnen, die schwere Bürde abzuschütteln, mit einem Vater geschlagen zu sein, der sich nicht viel aus Amerikas wichtigsten Zuschauersportarten machte, und sie brachten es in allen drei Disziplinen zu recht guten Leistungen.

Ich konnte mich zwar nicht für Football begeistern, aber dafür war ich richtig süchtig nach Schlittschuhlaufen, eine Leidenschaft, die ich in Deutschland entwickelt hatte. Sobald die Jungs groß genug waren, um auf Schlittschuhen zu stehen, zog ich sie – obwohl sie sich anfangs mit Händen und Füßen wehrten – aufs Eis, bis sie nach sehr kurzer Zeit völlig begeistert waren. Die Liebe zum Schlittschuhlaufen hat sie, wie ich mit Freuden feststelle, genau wie mich bis heute nicht losgelassen.

Während ich mich bemühte, meine Söhne auf den unvermeidlichen Eintritt in die Leistungsgesellschaft vorzubereiten, gab ich einiges von meiner Lebensweisheit, die ich in meiner Kindheit und Jugend sozusagen per Osmose aufgesogen hatte, an sie weiter. Einmal zum Beispiel wollte Steve unbedingt ein Baseballtrikot haben, obwohl er noch nie mit seinen Freunden Baseball gespielt oder auch nur eine dahin gehende Neigung gezeigt hatte. Ich versprach, ihm den Wunsch zu erfüllen, sobald er mir beweisen würde, dass er Baseball spielen könne. Meine Mutter hatte bei mir eine ähnliche Taktik angewandt, als ich sie als kleiner Junge bedrängte, mir ein Fahrrad zu kaufen, bevor ich Fahrradfahren gelernt hatte. Natürlich legte Steve sich unglaublich ins Zeug und konnte nach wenigen Wochen passabel Baseball spielen, woraufhin ich mein Versprechen einlösen musste. Mein kleiner Trick hatte anscheinend weitaus mehr bewirkt, als ich beabsichtigt hatte oder mir hätte vorstellen können. Vor gar nicht langer Zeit gestand mein Sohn mir, dass er sich noch heute erst dann über eine Neuanschaffung freuen kann, wenn er sich ganz sicher ist, sie auch verdient zu haben. So hatte er beispielsweise kurz vor seiner Promotion am Massachusetts Institute of Technology mit dem Kauf eines T-Shirts mit dem Aufdruck MIT, dem Logo der Uni, geliebäugelt, sich den Wunsch aber erst erfüllt, als er eine schwierige Klausur bestanden hatte.

Um bei meinen Jungs die Lust aufs Lernen zu fördern, griff ich mitunter zu recht drastischen Maßnahmen. So fuhr ich mit ihnen ab und zu im Auto durch die schlimmsten Slumviertel von Chicago, damit sie mit eigenen Augen sehen konnten, in welchen erbärmlichen Verhältnissen manche Leute – Schwarze und Weiße – lebten, von denen viele, offensichtlich betrunken oder auf Drogen, ziellos durch die Straßen irrten. Ich sagte meinen Söhnen, da ich ihnen keine Reichtümer vererben könne, liege es allein in ihrer Hand, etwas aus sich zu machen: Die einzige Barriere zwischen ihrer Zukunft und dem Schicksal dieser bemitleidenswerten Menschen sei das, was sie in ihren Kopf hineinbekämen. Anders ausgedrückt: »Lernt so viel und so gut ihr könnt, denn ohne gute Ausbildung gehört ihr irgendwann zu den Arbeitslosen und landet im gesellschaftlichen Abseits.« Dass die Botschaft, so hart sie auch gewesen sein mag, bei meinen Söhnen angekommen ist, haben beide mir durch ihre erfolgreiche akademische Laufbahn bewiesen.

Eines Tages eröffneten mir der zehnjährige Steve und der sechseinhalb Jahre alte Hans, dass sie für mich etwas basteln wollten. Es sollte eine Überraschung sein, deshalb dürfte ich meinen Werkraum im Keller bis auf weiteres nicht betreten. In den folgenden Tagen wuchs meine Neugier stetig, denn wenn ich abends nach Hause kam, hörte ich, wie im Keller emsig gebohrt, gehämmert und gesägt wurde. Den Geräuschen nach musste die »Überraschung« ziemlich groß ausfallen, aber ich konnte mir beim besten Willen nicht denken, was sie da unten bastelten. Aus Tagen wurden Wochen, und als sie fast einen ganzen Monat zugange waren, dämmerte es mir, dass die Überraschung etwas mit dem Vatertag zu tun hatte, der vor der Tür stand. Und tatsächlich: Am Vatertag verkündeten Steve und Hans, ich könne jetzt in den Keller gehen und die Überraschung in Augenschein nehmen. Sie hätten sie ja nach oben gebracht, sagten sie, aber die Farbe sei noch nicht ganz trocken. Als ich ihnen in den Keller folgte, wo der Boden noch voller Sägemehl war, rechnete ich mit irgendetwas Großem. Stattdessen zeigten sie auf eine kleine Holztafel in Form eines Wappenschildes. Ehe man mir jedoch die Enttäuschung über die ein wenig klein ausgefallene Überraschung anmerken konnte, fiel mein Blick auf die Inschrift, die etwas unbeholfen ins Holz geschnitzt war. Sie lautete: »Alles Gute zum Vatertag. Für den besten Vater, den es je gegeben hat.«

Seitdem haben mir meine Söhne zum Vatertag viele, häufig teure Geschenke gemacht, aber ich kann ehrlich sagen, dass die von Kinderhand gefertigte kleine Holztafel das allerschönste Vatertagsgeschenk ist, das ich je bekommen habe.

Als Steve, der die der University of Chicago angegliederte Laboratory School besuchte, in die dritte Klasse kam, erzählte er mir beiläufig, er werde jetzt Fremdsprachenunterricht bekommen und habe sich aus den drei Sprachen Französisch, Spanisch und Deutsch eine aussuchen können.

»Welche hast du genommen?«, fragte ich, obwohl ich fast sicher war, was er sagen würde.

»Französisch«, lautete seine enttäuschende Antwort, was mich sofort veranlasste, mein väterliches Veto einzulegen. Ich sagte, seine Wahl sei unklug gewesen und ich sei nicht damit einverstanden, er solle seinem Lehrer sagen, dass er es sich anders überlegt habe und lieber Deutsch lernen wolle. Als Argument führte ich an, es sei für ihn doch nur von Vorteil, denn schließlich habe er, wenn er mal Hilfe brauche, einen »Experten« in der Sprache zu Hause. Widerwillig tat Steve, wie ihm geheißen – und wurde, zu meiner größten Freude, nicht nur richtiggehend germanophil, sondern sprach auch bereits passabel Deutsch, bevor er zum ersten Mal einen Fuß auf deutschen Boden setzte.

Hans jr. wollte nicht zurückstehen und lernte genau wie sein Bruder Deutsch in der Schule. Er überraschte mich eines Tages, als er schon am Morehouse College in Atlanta, Georgia, studierte, der Alma mater von Martin Luther King, mit der Neuigkeit, dass er ein Stipendium erhalten hatte, um für ein Jahr an der Universität Freiburg Germanistik zu studieren. Als er anschließend zurück in die Staaten kam, stellte ich mit väterlichem Stolz fest, dass er fließend Deutsch sprach, wenn auch mit leichtem Breisgauer Akzent.

In Erinnerung an die vielen Freuden, die mir meine beiden Söhne auf ihrem Weg zum Erwachsensein bereitet haben, hege ich schon länger den Traum, als rüstiger Rentner von süßen, kleinen Enkelkindern umgeben zu sein. Leider Gottes ist der Traum bislang unerfüllt geblieben. Obwohl meine Söhne beide in jeder Hinsicht begehrte Junggesellen sind, lassen sie sich mit Heirat und Familiengründung Zeit, da sie, wie sie sagen, noch an ihren jeweiligen Karrieren basteln müssen, der ältere als Dozent für Medizinisch-Physikalische Technik, der andere als Anwalt.

Solange ich also noch nicht Großvater bin, werde ich mich wohl mit der Gesellschaft meiner beiden Welsh Terrier Quixote und Sancho begnügen müssen.

Endlich amerikanischer Staatsbürger

Am 21. Juni 1960 trat endlich ein, wonach ich mich sehnte, seit ich mit den ersten afroamerikanischen Seeleuten im Hamburger Hafen Freundschaft geschlossen hatte. Flankiert von zwei Freunden als Zeugen wurde ich offiziell zum Bürger der Vereinigten Staaten erklärt. Da ich damals mit einem befristeten Studentenvisum ins Land eingereist war, statt auf ein Immigrantenvisum zu warten, hatte das Einbürgerungsverfahren in meinem Fall nicht wie normalerweise sechs, sondern zehn Jahre gedauert. Doch in den zehn Jahren, die ich schon in den Staaten lebte, und eigentlich auch schon davor, als ich mich im besetzten Deutschland als »Ami« ausgegeben hatte, war es für mich ganz selbstverständlich geworden, mich als waschechter Amerikaner zu fühlen. Die eigentliche Verleihung der Staatsbürgerschaft war daher für mich im Grunde nur noch eine überflüssige Formalität.

Seit dem Tag, an dem ich die rechte Hand hob und diesem Land Treue gelobte, und zwar zum zweiten Mal (das erste Mal bei meiner Vereidigung als Soldat der US-Army), werde ich häufig gefragt, ob ich es je bereut habe, Deutschland den Rücken gekehrt und die Vereinigten Staaten zu meiner neuen Heimat erkoren zu haben, wo doch das Land aufgrund der nach wie vor bestehenden Ungleichheit zwischen Schwarzen und Weißen und anderer Defizite noch weit entfernt ist von dem demokratischen Ideal, das Amerikaner – insbesondere weiße Amerikaner – sich gern auf die Fahne schreiben. Meine Antwort lautet jedes Mal ohne Zögern nein. Was nicht heißen soll, dass ich nicht ernsthafte Bedenken gegenüber dem »American way of life« habe.

So fällt es mir nach wie vor schwer, mich mit dem eklatanten amerikanischen Widerspruch abzufinden, der mir schon bald nach meiner Ankunft im viel gepriesenen *land of the free* auffiel, als das sich die USA in ihrer Nationalhymne rühmen. In keinem anderen Land sind Schwarze grausamer behandelt, stärker gedemütigt und brutaler ausgebeutet worden als in den Vereinigten Staaten. Doch in keinem anderen Land haben andererseits so viele Schwarze in allen denkbaren Bereichen, in denen Menschen sich hervortun können, so viel erreicht wie in den Vereinigten Staaten.

Ausschlaggebend für meine Entscheidung, Amerikaner zu werden, waren weniger wirtschaftliche Interessen als vielmehr die Tatsache, dass ich in Deutschland einfach auffällig war wie der sprichwörtliche »bunte Hund«, ein Fremder, der sich gegen eine oft feindliche Umwelt durchsetzen musste und dabei allein auf seinen Überlebensinstinkt angewiesen war. In den Vereinigten Staaten gehörte ich augenblicklich zu einer Allianz aus rund dreißig Millionen schwarzen Brüdern und Schwestern, die eine politische und ökonomische Macht bildeten, vor der nicht einmal die rassistischsten Politiker die Augen verschließen konnten.

Diese *black power* hat vor gar nicht so langer Zeit, nämlich Ende 2002, Senator Trent Lott aus Mississippi schmerzlich zu spüren bekommen. Aufgrund von Äußerungen, die als rassistisch eingestuft wurden, musste er von seinem Amt als Mehrheitsführer, dem mächtigsten Posten im US-Senat, zurücktreten.

Die Misere meiner afrodeutschen Brüder und Schwestern, die in der Bundesrepublik praktisch machtlos sind, weil ihre Zahl relativ klein ist, hat mich in der Überzeugung bestärkt, den richtigen Schritt getan zu haben, als ich im Jahr 1950 das Risiko mit der amerikanischen Demokratie, trotz all ihrer Mängel, einging. Das Verhältnis zwischen Schwarz und Weiß in den Vereinigten Staaten ist vom Idealzustand noch weit entfernt, aber die über dreißig Millionen Afroamerikaner bilden einen ernst zu nehmenden politischen Machtblock, den kein amerikanischer Politiker ignorieren kann.

Natürlich ist das heutige demokratische Deutschland nicht mit dem totalitären Deutschland vergleichbar, das ich damals während des »Dritten Reiches« kannte. Tatsache ist jedoch, dass die Minderheit der Afrodeutschen keinerlei Macht hat, um die Politik mit zu beeinflussen, die ihr Leben bestimmt, und in allen Lebensbereichen vom Wohlwollen der weißen Mehrheit abhängig ist.

Rückblickend kann ich sagen, dass meine bisherige »Ehe« mit den Vereinigten Staaten zwar nicht perfekt, aber gut war. Auch hier bin ich wegen meiner Hautfarbe Opfer von Diskriminierung gewesen, doch unterm Strich denke ich, dass Amerika gut für mich ist und ich auch gut für Amerika bin. Wir haben sozusagen beide ein gutes Geschäft gemacht. Dieses Land hat mir Möglichkeiten und Aufstiegschancen eröffnet, von denen ich woanders nur hätte träumen können, und dafür bin ich nach wie vor ein loyaler und gesetzestreuer Bürger, der bei allen lokalen und nationalen Wahlen seine Stimme abgibt (in der Hoffnung, dass sie auch gezählt wird!), der Steuern zahlt, seinen Müll trennt und sich auch sonst umweltbewusst verhält, um die Ozonschicht zu schonen und das globale Klima nicht noch mehr zu erwärmen. Außerdem habe ich meinen Beitrag dazu geleistet, dass zwei vorbildliche, gut verdienende Bürger mehr in Amerika brav ihre Steuern zahlen und sich für die afroamerikanische Gemeinde im Besonderen und das Land im Allgemeinen einsetzen.

»Nichts wie weg, die Schwarzen kommen«

Nachdem ich einige weitere bescheidene Gehaltserhöhungen bekommen hatte, wagten Joan und ich den Sprung ins kalte Wasser und kauften ein zweigeschossiges Backsteinhaus auf der Euclid Avenue 7700 in South Shore, einem gediegenen Einfamilienhaus-Viertel, wo Weiße aus der Chicagoer Mittelschicht wohnten. Das Haus gehörte der Witwe eines bekannten Dozenten der University of Chicago, Dr. Kermit Eby, und sie wollte gezielt an Schwarze verkaufen, weil sie genau wie ihr verstorbener Mann eine liberale Haltung zur Rassenfrage vertrat. Als sich herumsprach, dass sie schwarze Käufer suchte, erhielt Mrs Eby viele Drohbriefe und -anrufe. Mehrere Wochen stand ein Streifenwagen vor ihrem Haus, als Abschreckung vor rassistischen Ausschreitungen. Den letzten Vorfall dieser Art hatte es erst wenige Tage vor dem Einzug in unser neues Heim gegeben, als die Bewohner des weißen Arbeiterviertels Bridgeport, wo Chicagos Bürgermeister Richard J. Daley wohnte, drohten, den Zuzug eines jungen schwarzen Ehepaares zu verhindern. Zu seiner Schande hielt es der Bürgermeister nicht für geboten, ein Zeichen zu setzen, indem er die neuen Nachbarn öffentlich willkommen hieß und den weißen Anwohnern klarmachte, dass das schwarze Paar absolut das Recht hatte, überall zu wohnen, wo es sich eine Wohnung leisten konnte.

Joan und ich hatten unsere Jungs vorsorglich bei den Großeltern in St. Louis untergebracht, falls es Ärger geben würde. Doch der Umzug ging reibungslos über die Bühne. Es kamen sogar ein paar von unseren neuen Nachbarn, um uns zu begrüßen. Doch schon eine Woche später wurden wir Ziel von drei rassistischen Vorfällen, deren Anstifter wir außerhalb unseres Wohnviertels vermuteten. Im ersten Fall rasten jugendliche Weiße mit einem klapprigen Kabrio durch unsere normalerweise ruhige Straße und schrien aus Leibeskräften: »Nigger raus!« Sehr wahrscheinlich stammten sie aus Familien, für die South Shore unerschwinglich war und die es nicht verkraften konnten, dass manche Schwarze besser gestellt waren als sie. Dann lag vor unserer Haustür eine große Flasche, die allem Anschein nach Urin enthielt. Der dritte Vorfall schließlich hätte wirklich ins Auge gehen können, denn eines Morgens fanden wir im Haus einen Ziegelstein, den jemand durch ein Fenster geworfen hatte, wahrscheinlich von einem vorbeifahrenden Auto aus. Wenn einer von uns getroffen worden wäre, hätte das zu schweren Verletzungen führen können. Danach jedoch hatten wir keine Probleme mehr. Die Jungs kamen aus St. Louis, und wir fühlten uns in unserem neuen Haus pudelwohl.

Es dauerte indes nicht lange, und wir merkten, dass unsere direkten Nachbarn, ein weißes Rentnerehepaar, nicht so begeistert waren, neben Schwarzen zu wohnen. Sie sagten nicht guten Tag und verschwanden sofort ins Haus, wenn Joan oder ich unseren Garten betraten, der an den ihren grenzte. Andererseits waren sie ganz vernarrt in unsere zwei kleinen Jungs, ein Phänomen, das bei Weißen häufig anzutreffen ist, die schwarze Erwachsene verachten, aber schwarze Kinder für unwiderstehlich süß halten. Nicht selten erlebten wir, dass sie freundlich mit Steve und Hans jr. plauderten, um schleunigst das Weite zu suchen, wenn wir in Sicht kamen.

Entsprechend groß war die Genugtuung, meinen Nachbarn einmal als Bittsteller zu erleben. Wir wohnten seit gut einem Jahr Seite an Seite, ohne auch nur ein Wort miteinander gesprochen zu haben, als er eines Tages zu meiner Verblüffung an unserer Haustür klingelte. »Ich wohne nebenan«, stellte er sich vor, und seine Stimme zitterte vor Verlegenheit.

»Ach ja?«, erwiderte ich, mit sarkastischem Unterton. »Hab ich gar nicht bemerkt.«

Dann erklärte er sein Anliegen: Er hatte vor, die Holzverkleidung seines Hauses zu streichen, da aber der Zaun zwischen unseren Grundstücken zu nah an seinem Haus war, wollte er mich fragen, ob er seine Leiter in unseren Garten stellen könne, um sie nicht zu steil anlehnen zu müssen.

»Tun Sie sich keinen Zwang an, Nachbar«, erwiderte ich und kostete den Augenblick weidlich aus. Ich konnte mir gut vorstellen, wie er sich gefühlt haben musste, als er merkte, dass er meine Kooperation brauchte, nachdem er uns wie den letzten Dreck behandelt hatte, der selbst ganz normaler Höflichkeit unwürdig war.

Schließlich verkauften unsere Nachbarn ihr Haus und zogen weg. Die neuen Besitzer waren ein nettes schwarzes Ehepaar mit einer Tochter im Teenageralter, zu denen wir ein normales nachbarschaftliches Verhältnis hatten. Später erfuhren wir, dass unsere ehemaligen weißen Nachbarn den Verkauf des Hauses bereut hatten und ihn rückgängig machen wollten, doch ohne Erfolg.

Gut ein Jahr blieb das prozentuale Verhältnis von schwarzen

und weißen Anwohnern in unserer Nachbarschaft stabil, und über unsere Jungs freundeten wir uns mit anderen Eltern an, die zufällig weiß waren. Doch nach und nach zogen immer mehr Schwarze in die Gegend, und Weiße zogen allmählich weg, bis es auf einmal einen Massenexodus von Weißen gab und in der Siedlung nur noch Schwarze wohnten. Dieser Ablauf wiederholte sich überall in der Stadt, mit der Folge, dass das nachbarschaftliche Zusammenleben von Schwarzen und Weißen ein unerfüllbarer Traum von liberal eingestellten Weißen blieb. Wie gut Schwarze und Weiße auch miteinander klarkamen, sobald das Schwarz-Weiß-Verhältnis »kippte« und Schwarze die Mehrheit zu bilden drohten, ergriffen Weiße in Scharen die Flucht, selbst wenn sie beim Verkauf ihrer Häuser einen nicht unerheblichen Verlust einstecken mussten. Kein Wunder also, dass der Ausspruch von Weißen: »Nichts wie weg, die Schwarzen kommen!«, wenn ein Schwarzer zuzog, ein Standardwitz unter Schwarzen wurde.

Eine Zeit lang wirkte sich dieser Trend nicht auf uns aus, doch bahnte er sich an, als einige unserer engsten weißen Freunde uns eröffneten, dass sie wegziehen wollten.

Das Ende von Camelot

Es ist oft behauptet worden, dass alle, die am 22. November 1963 alt genug waren, um die Ermordung von Präsident John F. Kennedy in Dallas, Texas, bewusst mitzubekommen, sich genau daran erinnern können, wo sie gewesen sind und was sie gerade gemacht haben, als die Nachricht bekannt wurde. Natürlich kann ich nicht für andere sprechen, aber in meinem Fall trifft das eindeutig zu. An jenem fatalen Freitagvormittag saß ich in der Redaktion und hämmerte auf meiner Schreibmaschine herum, als mein Kollege Charles L. Sanders, der die Nachrichten im Radio gehört hatte, rief: »Auf Präsident Kennedy ist geschossen worden!«, und den nächsten Fernseher einschaltete. Schlagartig kam die Arbeit im gesamten Redaktionsbüro der Johnson Publishing Company zum Stillstand, und alle Augen verfolgten mit blankem Entsetzen, was sich in Dallas abspielte. Der Präsident, so erfuhren wir, sei mit Schussverletzungen ins Parkland Memorial Hospital gebracht worden, und über seinen Zustand sei noch nichts Genaues bekannt. Nach einer kurzen Zeit nahezu unerträglicher Ungewissheit meldete dann ein Nachrichtensprecher, dass Präsident Kennedy tot sei.

Unsäglich bedrückt fuhr ich an jenem Abend nach Hause, zum einen natürlich, weil der Mann, den ich verehrte, nicht mehr lebte, zum anderen, weil sich wieder einmal gezeigt hatte, dass selbst ein so mächtiges Land wie die Vereinigten Staaten nicht die Sicherheit seiner Bürger – nicht einmal die seines Präsidenten – garantieren konnte. Am nächsten Tag, noch immer ganz benommen vom Schock des Vortages, versuchte ich mich abzureagieren, indem ich die Garage gründlich auf Vordermann brachte. Während ich fegte und aufräumte, hörte ich im Radio die Sondersendungen, die nonstop liefen und nur durch traurige Sinfonien wie Beethovens *Eroica* unterbrochen wurden.

Ich musste daran denken, dass ich Kennedy einmal fast persönlich begegnet wäre und diese einmalige Chance bloß wegen eines recht banalen Umstandes verpasst hatte. Während seines Wahlkampfes stand auf seinem Terminplan eine Stippvisite im Einkaufszentrum in Lake Meadows, dem Chicagoer Hochhausviertel, wo wir damals wohnten. Ich wollte meinen Helden unbedingt sehen und hatte beschlossen, meinen Sohn Steve mitzunehmen, der mit seinen drei Jahren schon auf dem besten Weg zum Kennedy-Fan war. Als wir ankamen, wartete schon eine kleine Menschenmenge auf den Kandidaten, der sich anscheinend verspätet hatte.

»Er müsste jeden Moment kommen«, versicherte uns einer der Veranstalter. Just in diesem Moment flüsterte Steve: »Ich muss mal«, sodass mir nichts anderes übrig blieb, als rasch mit meinem Sohn nach Hause zu gehen, damit er sein Geschäft erledigen konnte. Als wir zurückkamen, hatte sich die Menge aufgelöst, und wir mussten erfahren, dass Kennedy gerade eben wieder gegangen war, nachdem er ein paar Hände geschüttelt und ein paar Kleinkindern einen Kuss auf die Wange gedrückt hatte.

Ich konnte ihn zwar nicht wählen, weil ich, als er 1959 für das höchste Amt im Staate kandidierte, noch einige Monate auf meine Einbürgerung warten musste, aber Kennedy war immer *mein* Präsident. Von dem Augenblick an, als ich das erste Mal ein Interview mit ihm im Fernsehen sah, und dann später bei seinen Debatten mit Richard Nixon, war ich Feuer und Flamme für ihn. Es gab nichts an ihm, was mir nicht gefallen hätte. Ich mochte seinen sarkastischen, selbstironischen Humor, sein Aussehen, seine Art zu reden und vor allem das, was er zu sagen hatte, insbesondere zum Thema Gleichberechtigung für Schwarze. Eine seiner ersten Anordnungen als Präsident war die Integrierung der Schwarzen in die Coast Guard Academy, denn im Kadettenkorps waren, wie er bei einer Truppenparade bemerkt hatte, nur Weiße. Mein positives Bild von ihm wurde im Laufe seiner kurzen Amtszeit noch verstärkt, zum Beispiel, als er die Verantwortung für die gescheiterte Landung in der Schweinebucht in Kuba übernahm, als er an der Berliner Mauer den Kommunisten eine klare Botschaft vermittelte, indem er vor einer riesigen jubelnden Menschenmenge in gebrochenem Deutsch sagte: »Ich bin ein Berliner«, als er die Kubakrise meisterte, oder als er an seiner Haltung zur Aufhebung der Rassenschranken in den Schulen der alten Südstaaten festhielt, und als er Martin Luther King nach dessen berühmter »Ich habe einen Traum«-Rede im Weißen Haus begrüßte.

Nur Steve, dem ich sein unglaublich schlechtes Timing noch heute vorhalte, kann erahnen, wie Leid es mir noch heute tut, dass ich damals die einmalige Chance verpasst habe, meinen Helden von Camelot zu sehen.

Ebony in Afrika

Obwohl *Ebony* sich unentwegt für die afrikanische Unabhängigkeit stark machte, hatte die Zeitschrift auf dem schwarzen Kontinent durchaus ihre Kritiker. Das erfuhr ich aus erster Hand, als der Fotograf G. Marshall Wilson und ich nach Westafrika geschickt wurden, um Material für ein neues Magazin, *Ebony Afrika*, zu sammeln, das Mr J für die nähere Zukunft geplant hatte. Kurz nach unserer Ankunft in Ghanas Hauptstadt Akkra stellten wir fest, dass wir feindliches Territorium betreten hatten. Mr J unterhielt zwar eine sehr herzliche Beziehung zu Ghanas Premier Kwame Nkrumah, seit er sechs Jahr zuvor an den Feierlichkeiten anlässlich der Unabhängigkeitserklärung des Landes teilgenommen hatte und kurz darauf Nkrumah in der Chicagoer Verlagszentrale als Gast empfangen durfte, doch als ich den Politiker über sein Pressebüro um ein Interview bat, erhielt ich eine Absage. Ich war mir sicher, dass die Abfuhr, die er *Ebony* erteilte, mit seinem von den Medien inzwischen ausführlich behandelten Linksschwenk und seinem zunehmend diktatorischen Kurs zu tun hatte. Es war unübersehbar, dass er die Infrastruktur seines Landes mit ehrgeizigen Bauprojekten erheblich verbessert hatten. Doch es entging uns ebenfalls nicht, dass er mit demselben Elan einen Personenkult betrieb, in dem er sich als unfehlbaren, allmächtigen Osagyefo, Erlöser, darstellte, ähnlich wie Hitlers Selbsternennung zum Führer. Er träumte offen von den zukünftigen Vereinigten Staaten von Afrika und machte auch keinen Hehl daraus, wer ihm als Präsident einer solchen Nation vorschwebte.

Schon bald sah ich mich in meinem Verdacht bestätigt, dass wir in Ghana unerwünscht waren: Auf der Titelseite von *The Spark*, der von Nkrumah unterstützten »Wochenschrift der afrikanischen Revolution«, prangte am 22. November 1963 (am Tag von John F. Kennedys Ermordung) die Schlagzeile: »*Ebony*: Ein Instrument des Imperialismus«. In dem langen Leitartikel hieß es unter anderem:

Das Arsenal des US-Imperialismus in Afrika ist durch eine neue Waffe bereichert worden: die Zeitschrift *Ebony*. Offenbar mit dem Segen der Strippenzieher im Außenministerium und mit finanzieller Unterstützung von US-Großkonzernen, macht *Ebony* sich beherzt ans Werk, die Menschen in Afrika mit der billigen, blendenden Propaganda vom *American way of life* zu vergiften. *Ebony* will uns die fröhlichere Seite der Überflussgesellschaft schmackhaft machen und vergisst dabei, dass wir sehr wohl wissen, wie erbärmlich zwanzig Millionen Neger in den USA leben, und vergisst außerdem, dass wir sehr wohl wissen, inwieweit die Armut in Afrika seit Jahrzehnten den Überfluss erst ermöglicht, der heute in imperialistischen Ländern herrscht.

Um seine Interessen in Afrika zu vertreten, bedient sich der US-Imperialismus amerikanischer Neger. Sie lassen Afroamerikaner in ihren Informationszentren arbeiten. Sie lassen einige Afroamerikaner in ihren Botschaften arbeiten; sie schicken diese Neger als Mitarbeiter der AAMSAC (Afroamerikanischer Verein zur Kulturförderung), der »Operation Crossroads Afrika« (Non-Profit-Organisation zur Förderung des kulturellen Verständnisses zwischen Amerika und Afrika), des Friedenscorps und so weiter zu uns. Jetzt sind sie hier, um mit Hilfe einer Negerzeitschrift namens *Ebony* ihren Angriff auf Afrika fortzusetzen. Ihr Ziel ist es, uns dazu zu bringen, den US-Imperialismus zu akzeptieren, und als Vermittler ihres Lebensstils setzen sie Menschen ein, die die gleiche Hautfarbe haben wie wir.

Afrika muss diese raffinierten Absichten durchschauen. Die Wahrheit ist, dass wir mitten in einem Kampf der Hautfarben stecken, wenngleich die Emanzipation unserer Brüder und Schwestern ein Schwerpunkt unseres Programms ist.

Die afrikanische Revolution will den Imperialismus zerstören, ganz gleich in welcher Form er auftritt, und an seiner Stelle eine Gesellschaft aufbauen, in der die Ausbeutung des Menschen durch den Menschen keinen Platz mehr hat. Eines müssen wir wissen: Der Imperialismus, den seine geschwächte Position in Afrika ängstigt, wird mit List und Tücke vorgehen und auch nicht davor zurückschrecken, sich unter schwarzer Haut zu tarnen.

Uns bleibt keine andere Wahl: Wir müssen sämtliche Organe des Imperialismus und seine Handlanger aufspüren, entlarven und dezimieren. *Ebony* ist eines dieser Organe. Wir dürfen uns durch die Hautfarbe der beteiligten Personen nicht täuschen lassen. Wir müssen den Imperialismus ins Visier nehmen und schießen, selbst wenn es bedeutet, auf schwarze Haut zu schießen. Das sind wir uns selbst schuldig.

Nachdem Marshall und ich also als »Handlanger des Imperialismus«, die erschossen gehören, gebrandmarkt worden waren, und da wir natürlich noch unter dem Eindruck der Ermordung von John F. Kennedy standen, fühlten wir uns den Rest der Zeit in Ghana nicht besonders sicher, denn es hätte ja durchaus sein können, dass jemand die in dem Leitartikel formulierte Aufforderung wörtlich genommen hätte, auf schwarzhäutige Imperialisten zu schießen. Trotzdem schafften wir es, genügend Leute für zwei positive Artikel über die Fortschritte unter Nkrumah zu interviewen. In einem davon berichteten wir über den gigantischen Volta-Staudamm mit seinem Wasserkraftwerk, ein Projekt, das von den »imperialistischen« Ingenieuren der US-Firma Kaiser vollendet wurde, der andere Artikel mit der Überschrift »Osagyefos Traum« handelte von Tema, einer nagelneuen Stadt, die Nkrumah aus dem Boden stampfen ließ.

Drei Jahre später putschte das Militär in Ghana, während Osagyefo gerade auf Staatsbesuch in Peking weilte. Bei seinem Gesinnungsgenossen Sékou Touré, dem Präsidenten des Nachbarstaates Guinea, fand er Asyl. Danach lebte er bis zu seinem Krebstod 1972 in Bukarest im Exil.

Unser nächster Auftrag führte uns weiter nach Nigeria, wo wir Investitionsmöglichkeiten erkunden sollten. Unser Empfang in der Hauptstadt Lagos gestaltete sich erheblich freundlicher als in Akkra. Binnen weniger Tage konnte ich drei der wichtigsten Politiker des Landes interviewen, Finanzminister Festus S. Okotie-Eboh, Informationsminister T. O. S. Benson und den Minister für Handel und Industrie, Alhaji Zanna Bukar Dipcharima. Die einzige Berühmtheit, die ich zunächst nicht zu fassen bekam, war Nnamdi Azikiwe, der erste Präsident der Republik Nigeria, den ich noch aus dem Jahre 1949 kannte, als ich sechs Monate bei meiner Großmutter väterlicherseits in Lagos verbrachte. Damals war Nigeria noch eine britische Kolonie, und die Machthaber hielten den eingefleischten Zeitungsherausgeber – der im ganzen Land als Zik bekannt war – für einen lästigen Aufrührer, der den britischen Kolonialisten gehörig auf die Nerven ging. Seitdem hatte sich der »Vater des nigerianischen Nationalismus« zum verehrten Staatsoberhaupt des neuerdings unabhängigen Landes gemausert. Selbst mit der Unterstützung des Informationsministers Benson wollte es mir einfach nicht gelingen, mit dieser lebenden Ikone, die ständig unterwegs war, ein Interview zu führen. Doch dann war mir – wie so oft in meinem Leben – unwahrscheinliches Glück beschieden.

Marshall und ich spazierten an der viel befahrenen Marina entlang, einer Hauptverkehrstraße an der berühmten Lagune, wo sich, wie mir noch in Erinnerung war, schon zu Kolonialzeiten das Geschäftsleben der Stadt konzentriert hatte. Plötzlich sah ich auf der Wasserseite der Straße eine kleine Menschenansammlung. Die Leute hatten ihr Augenmerk auf eine kleine Jacht am Pier gerichtet, auf dem Männer in Militäruniformen hin und her hasteten. Mir fielen außerdem mehrere Zivilisten auf, die Kameras trugen und unverkennbar von der Presse waren. Als ich jemanden von den Umstehenden fragte, was da los sei, erfuhr ich, dass sich Präsident Azikiwe auf der Jacht befinde. Ohne zu zögern sagte ich zu Marshall, er solle mir folgen, und ging an Bord. Dass niemand uns aufhielt, verdankten wir sehr wahrscheinlich Marshalls Angewohnheit, stets seine Nikon bei sich zu haben. Ganz selbstverständlich geleitete uns ein Militäroffizier in die vorderste Reihe einer kleinen Gruppe von Leuten, die direkt vor dem Tisch eines Sprechers saßen. Einige Minuten später erhoben sich alle von ihren Stühlen, als der Präsident, mit einem prächtigen weißen Gewand bekleidet, hereinkam und Platz nahm, während die Jacht ablegte und mit Gott weiß welchem Ziel die Lagune verließ.

In der folgenden gut einstündigen Pressekonferenz beantwortete der Präsident unbefangen meine Frage, welche Investitionsmöglichkeiten sich für Afroamerikaner in Nigeria anbieten würden. Er sagte, er begrüße es, wenn schwarze Amerikaner sich an der Förderung der nigerianischen Wirtschaft beteiligen würden, und er sei der Meinung, dass sie in Afrika eine wichtige Rolle spielen könnten, vor allem als Spezialisten in Medizin, Technologie und Bildung. Abschließend wiederholte er einen Ausspruch des nigerianischen Premierministers Alhaji Sir Akubakar Tafawa Balewa, den dieser zu Beginn der nigerianischen Unabhängigkeit getan hatte: »Wir freuen uns über Unterstützung aus dem Ausland, aber wir dulden es nicht, dass Leute herkommen, um Dinge für uns zu tun, die wir selbst tun können.«

Als mehrere nigerianische Politiker, darunter Balewa und Festus S. Okotie-Eboh, beim Putsch von 1966 ermordet wurden, blieb Azikiwe verschont, weil er zu der Zeit zufällig in London war. Er starb 1996 im Alter von zweiundneunzig Jahren.

Muhammad Ali

An einem herrlichen Morgen im Frühjahr 1963 wurde den Redakteuren der Johnson Publishing Company ein seltenes Schauspiel geboten. »Seht mal zum Fenster raus!«, rief einer meiner Kollegen. Wir sahen eine lange Schlange junger schwarzer Frauen in Miniröcken, Cowboystiefeln und -hüten aus einem Bus steigen, der mit Plakaten zugekleistert war, auf denen das Konterfei und der Name von Cassius Clay prangten. Die Reihe von Schönheiten wurde von dem Mann angeführt, der die Plakate zierte, ein junger, groß gewachsener Mann in Jagdmontur. Ich sah das breite, attraktive Gesicht und erkannte sofort den Boxer wieder, der 1960 in Rom Olympisches Gold im Halbschwergewicht gewonnen hatte und nun im ganzen Land Schlagzeilen machte. Er forderte den Schwergewichtsweltmeister Sonny Liston zum Titelkampf heraus, obwohl er auf der Liste der Herausforderer fast ganz unten stand. Liston hatte den Titel mit einem spektakulären K.o. gegen Floyd Patterson gewonnen.

Kurz darauf schlängelte sich der uneingeladene Besucher mit seiner Entourage, deren Aufmachung gegen jede in Büros geläufige Regel von Sitte und Anstand verstieß, zwischen unseren Schreibtischen hindurch. Cassius brüllte immer wieder: »Wo ist der hässliche Bär? Ich such den dicken, hässlichen Bären!«, womit er offenbar den äußerlich nicht ganz so gut weggekommenen Sonny Liston meinte. Nachdem er die gesamte Redaktion in gespielter Suche nach dem Champion durchstöbert hatte, zog Cassius mitsamt seiner weiblichen Gefolgschaft wieder von dannen, und wir kehrten an unsere Schreibmaschinen zurück, noch immer fassungslos über das, was wir soeben erlebt hatten.

Mit seinen großmäuligen Auftritten hatte sich der ungestüme junge Mann schon allerhand Kritik und den Spitznamen »Louisville Lip« eingehandelt, Lippe von Louisville, seiner Heimatstadt in Kentucky. Andererseits hatte er sich dadurch auch jede Menge Publicity verschafft und war in relativ kurzer Zeit im ganzen Land bekannt geworden. Die meisten Boxfans jedoch, mich eingeschlossen, waren befremdet und beteten, dass Liston die Herausforderung annahm und Clay ein für alle Mal das Maul stopfte, indem er ihn auf die Bretter schickte.

Deshalb blieb uns allen bei JPC ebenso wie dem Rest der Welt im wahrsten Sinne des Wortes die Spucke weg, als Clay – obwohl nur die Nr. 9 der Herausforderer – tatsächlich am 25. Februar 1964 gegen Liston antreten konnte und den Champion – die Sensation des Jahrhunderts – in der siebten Runde k.o. schlug. Im Jahr darauf wiederholte der neue Champion das Kunststück, nur ging diesmal Liston gleich in der ersten Runde k.o., getroffen von einem mysteriösen Treffer, den niemand – nicht einmal die Kameras – gesehen hatte.

Es dauerte nicht lange, und der neue König im Schwergewicht hatte aus mir einen treuen Fan gemacht, denn er errang einen Sieg nach dem anderen über so respektable Herausforderer wie Exschwergewichtschampion Floyd Patterson und prophezeite sogar großspurig, aber mit verblüffender Genauigkeit, in welcher Runde er seine Gegner ausknocken würde. Ich hatte auch kein Problem damit, dass er sich »der Größte« nannte, obwohl für mich der größte Schwergewichts-Champion aller Zeiten immer mein Held aus der Kindheit bleiben würde: Joe Louis.

Erst Jahre später lernte ich den Champion persönlich kennen. Das war 1967, als er aus religiösen Gründen den Kriegsdienst in Vietnam verweigerte und daraufhin zu einer Gefängnisstrafe verurteilt wurde. Außerdem erkannte man ihm den Weltmeistertitel ab und entzog ihm die Boxlizenz. Zu der Zeit hatte er sich schon der Black-Muslim-Bewegung von Elijah Muhammad angeschlossen und nannte sich fortan Muhammad Ali. Mit einem Mal war er nicht mehr der amüsante Sportler, sondern der umstrittenste Schwarze im ganzen Land, der mal als furchtloser Held des aufkeimenden Widerstandes gegen den Vietnamkrieg gesehen wurde, mal als unpatriotischer Kriegsdienstverweigerer und Schurke. Ich wollte diese Wandlung genauer unter die Lupe nehmen und vereinbarte ein Exklusivinterview. Da Ali sich vorübergehend in Miami aufhielt, freute ich mich über die Gelegenheit, das Nützliche mit dem Angenehmen zu verbinden und Chicagos stürmisches Winterwetter für ein paar Tage gegen die berühmte Sonne Floridas eintauschen zu können.

Ebony-Fotograf Isaac (Ike) Sutton und ich trafen Muhammad Ali in einem kleinen Hotel, wo er uns seiner zweiten Frau Belinda, einer stattlichen Schönheit im knöchellangen muslimischen Gewand, und dem gemeinsamen Töchterchen Myriam vorstellte. Er hatte sich wenig verändert, seit ich ihn vier Jahre zuvor bei seiner Jagd auf den »dicken, hässlichen Bären« gesehen hatte. Seine übersprudelnde Art war noch immer die alte, und genauso verhielt es sich mit seinem Mundwerk, das wie immer nicht zu bremsen war. Das Unglück, das über ihn hereingebrochen war, der Verlust seines Titels und seines Broterwerbs sowie die Aussicht, für fünf Jahre ins Gefängnis zu gehen, hatte ihn anscheinend nicht aus der Bahn geworfen.

Er erzählte begeistert von seinem neuen Franchise-Projekt, von dem er sich Millionen Dollar Gewinn versprach, ohne je wieder die Boxhandschuhe anziehen zu müssen. Seine Erfolgshoffnungen, so Ali, würden buchstäblich dadurch genährt, dass untertassengroße Hamburger, die als »Champburger« angepriesen wurden, seit der gut besuchten Eröffnung des ersten Champburger-Restaurants in Miami weggehen würden wie warme Semmeln.

»Überzeugt euch doch selbst«, sagte er und nahm uns mit auf eine Erkundungstour in seine funkelnagelneue Fast-Food-Filiale in Miamis schwarzer Southwest Side, wo die Leute in langen Schlangen anstanden. Schließlich tauchte unerwartet der bekannte Sänger Arthur Prysock auf, der sich zu uns gesellte, und kurz darauf ließen wir uns jeder – einschließlich unseres Gastgebers – einen Champburger schmecken, dessen Werbeslogan »Wir sind die Größten« wir dann auch gern bestätigten.

Am Nachmittag kam Ali meiner Bitte um einen Fototermin beim Fitnesstraining nach. Wie er sagte, trainierte er weiterhin gewissenhaft, um in Champion-Form zu bleiben. Nachdem er also Joggingsachen und schwere Stiefel angezogen hatte, trabte er geduldig an einem Stück Strand von Miami Beach auf und ab, bis Fotograf Ike Sutton zufrieden war. Als Ali mich daraufhin zum Spaß zu einem Sparringskampf aufforderte und ich einwilligte, machte Isaac das Foto, das eines meiner Lieblingserinnerungsbilder geworden ist.

Zurück im Hotel, wollten Ike und ich, da wir beide völlig erschöpft waren, ein Nickerchen machen, doch bevor wir dazu kamen, klopfte Ali an die Türen unserer Zimmer und polterte, wir sollten mitkommen. »Ich muss euch was zeigen«, sagte er begeistert wie ein kleiner Junge, der gerade sein Weihnachtsgeschenk ausgepackt hat. Und schon ging er mit uns zum Parkplatz des Hotels, wo er auf einen blitzneuen silbergrauen Cadillac zeigte.

»Hab ich gerade für zehntausend Riesen gekauft – bar auf die Hand«, verkündete er stolz, um sich dann in einer Tirade darüber auszulassen, dass er sich von der Regierung auf keinen Fall in die Knie zwingen lassen würde, auch wenn sie ihm den Titel weggenommen hatten und ihn nie wieder in diesem Land kämpfen lassen würden und ihm auch noch den Pass abnähmen, damit er die Drei-Millionen-Dollar-Verträge für Kämpfe im Ausland nicht einlösen könne. »Sollen sie doch!«, dröhnte er, »ich hab seit zwei Jahren nicht gearbeitet und bin vor niemandem zu Kreuze gekrochen und kann mir trotzdem so einen Schlitten leisten – der Präsident der Vereinigten Staaten hat keinen besseren. Na, was sagt ihr? Ist das nicht ein Prachtstück?«

Ali hatte zugesagt, uns als Erstes am nächsten Tag das Interview zu geben, doch bevor wir wieder auf unsere Zimmer gingen, eröffnete er mir, dass er, anders als geplant, ganz früh am nächsten Morgen zu einem wichtigen Champburger-Geschäftstermin in New York sein müsse. »Ich fahr mit dem Auto«, sagte er, »und wenn ihr zwei unbedingt euer Interview wollt, kommt doch einfach mit.«

Ali, der schon lange kein Flugzeug mehr bestieg, weil »Flieger normalerweise nicht abstürzen, aber manchmal eben doch«, konnte es kaum erwarten, sein neues Spielzeug auszuprobieren. Obwohl er sich gern selbst ans Steuer gesetzt hätte, hatte er einen jungen Chauffeur engagiert, da ihm der Führerschein vorübergehend wegen eines Verkehrsdeliktes abgenommen worden war, das natürlich – wie praktisch alles, was Ali betraf – große Schlagzeilen gemacht hatte.

Damit war es also aus mit meinen Plänen, mir ein paar Tage in der Sonne Floridas zu gönnen, dachte ich. Aber andererseits bot mir die zweitägige, über tausend Meilen lange Fahrt von Miami nach New York die einmalige Gelegenheit, diesen siebenundzwanzigjährigen Wunderknaben, der es zu einem der umstrittensten und bekanntesten Menschen überhaupt gebracht hatte, auf Herz und Nieren zu prüfen, und ich sagte freudig ja. Meine Erwartungen, mir einen aufschlussreichen Eindruck von dem entthronten Champion zu verschaffen, wurden nicht enttäuscht.

Am nächsten Morgen bei Tagesanbruch gab Ali Belinda und Töchterchen Myriam einen Abschiedskuss und setzte sich neben seinen Chauffeur auf den Beifahrersitz, während Ike Sutton und ich es uns im geräumigen Fond der Limousine bequem machten, um, so hofften wir, eine Mütze Schlaf nachzuholen. Aber von wegen. Kaum waren wir auf dem Highway, da ließ Ali auch schon einen schwindelerregenden Wortschwall vom Stapel, in dem er seine durch Elijah Muhammad beflügelten Ansichten erläuterte, die mit konventionellem Denken absolut nichts zu tun hatten und häufig unfreiwillig komisch und absurd anmuteten. Hier einige Beispiele:

Über das Verhältnis zwischen Schwarzen und Weißen:

»Schwarz und weiß sind zwei Gegensätze, richtig? Schön, wenn der weiße Mann dein Gegensatz ist, dann ist er gegen dich. Wenn er gegen dich ist, ist er dein Gegner. Und wenn er dein Gegner ist, ist er dein Feind. Ich hasse niemanden, und ich habe niemanden gelyncht. Wir Muslime hassen den weißen Mann nicht. Genau wie wir Tiger nicht hassen, aber wir wissen, dass die Natur des Tigers sich nicht mit der Natur des Menschen verträgt, weil Tiger nun mal gerne Menschen fressen. Deshalb wollen wir auch nicht mit Tigern zusammenleben. Beim weißen Mann ist es das Gleiche. Nach allem, was er den Schwarzen angetan hat, wissen wir, dass er der Teufel ist, deshalb wollen wir auch nicht mit ihm zusammenleben.«

Über die Aufhebung der Rassenschranken:

»Intelligente Schwarze, ob Mann oder Frau, die einigermaßen richtig im Kopf sind, würden nicht wollen, dass weiße Jungs und weiße Mädchen zu ihnen nach Hause kommen, ihre Schulen und Kirchen besuchen, ihre schwarzen Söhne und Töchter heiraten und kleine, bleiche, halbweiße Neger mit grünen Augen und blonden Haaren hervorbringen. Und genauso wenig wollen intelligente Weiße, ob Mann oder Frau, die einigermaßen richtig in ihrem weißen Kopf sind, dass schwarze Jungs und schwarze Mädchen zu ihnen nach Hause kommen, ihre Schulen und Kirchen besuchen, ihre weißen Söhne und Töchter heiraten und dann ihre Enkelkinder als kleine, krausköpfige, halbschwarze ›Nigger‹ hervorbringen. Richtig an die Nieren geht es mir, wenn ich die Zeitung aufschlage oder den Fernseher anmache oder ins Kino gehe und sehe, wie schwarze Männer weiße Frauen umarmen, sie küssen und mit ihnen schlafen und so tun, als würden sie unseren vierhundert Jahre alten Feind lieben, und dadurch unseren schwarzen Jungs und Mädchen einreden, dass weiße

Frauen hübscher und besser sind als unsere wunderschönen schwarzen Schwestern.«

Über Gleichheit zwischen Mann und Frau:

»Allah hat es so vorgesehen, dass Männer auf Frauen hinunterschauen und Frauen zu Männern aufschauen, und dabei spielt es keine Rolle, ob die beiden stehen oder liegen. Es ist einfach natürlich.«

Über den Wettlauf zum Mond:

»Der schwarze Mann ist der ›erste Mann‹ auf Erden, denn er war Billionen Jahre früher da als der weiße Mann. Schwarze haben den Mond vor Billionen Jahren da oben hin geschossen. Damals gab es auf diesem Planeten keine Weißen. Weiße lernen erst jetzt, was es mit der Schwerkraft auf sich hat. Der ehrenwerte Elijah Muhammad lehrt uns, dass Schwarze in die Erde gebohrt haben und mit Sprengstoff ein Teil ins Weltall geschossen haben. Dieses Teil ist jetzt der Mond. Da kann keiner drauf leben, weil es da kein Wasser gibt. Wenn mal jemand drauf landet, werden ihm die Augen aus dem Kopf fallen oder so.«

Über Gott:

»Gott ist schwarz.«

Nachdem er uns mit seinem Wissen bereichert hatte, wies Ali den Chauffeur plötzlich an, rechts ranzufahren. Er setzte sich selbst ans Steuer seines Cadillac, fuhr los, obwohl ihm der Führerschein entzogen worden war, und brauste mit halsbrecherischem Tempo über den Highway. Unsere Bitte, Gas wegzunehmen, stieß auf taube Ohren. Je mehr wir protestierten, desto schneller fuhr er. Ich rechnete jede Sekunde mit einem Unfall und hoffte, dass wir einer Polizeistreife auffielen, die bitte diesen Albtraum beenden würde, doch vergebens. Dann gefror mir das Blut in den Adern, denn Ali, der für seine Scherze berüchtigt war, nahm plötzlich, als der Wagen an einem tiefen Abhang entlangjagte, beide Hände vom Lenkrad und krähte ausgelassen: »Kuckt mal, freihändig«, wie ein Junge auf dem Fahrrad. Auch dass er, wie ich sah, noch mit den Knien steuerte, war kein großer Trost für mich. Endlich bremste Ali ab, weil er an einer Ampel halten musste. Ein Verkehrspolizist kam auf uns zu, und ich dachte schon, er hätte vielleicht irgendwie mitbekommen, dass wir viel zu schnell gefahren waren, und wollte uns einen Strafzettel verpassen. Doch als er den Fahrer erkannte, holte er einen Zettel hervor und bat Ali um ein Autogramm. Ali ließ sich nicht zweimal bitten.

Unser Nachtquartier schlugen wir bei einem Freund von Ali auf, Major Coxen, der uns in seiner Villa am Rande von Philadelphia gastlich empfing und Betten für unsere müden Knochen vorbereitet hatte. Den ganzen Abend über versuchte Coxen, ein drahtiger Schwarzer mit politischen Ambitionen, bei mir Eindruck zu schinden, indem er mir von seinen engen Beziehungen zur Unterwelt erzählte. Ich nahm ihn damals nicht ernst, änderte aber einige Jahre später meine Meinung, als ich erfuhr, dass er in seinem Haus nach Mafiamanier erschossen worden war.

Am nächsten Morgen setzen wir unsere Fahrt fort, diesmal – Gott sei Dank – mit dem Chauffeur am Steuer. In New York angekommen, checkten wir auf Alis Vorschlag hin im Taft Hotel ein, eine bessere Absteige, die nur einen Katzensprung vom Times Square entfernt lag. Im Hotel stieß Alis alter Freund und Betreuer Drew (Bundini) Brown zu uns, von dem laut Ali sein berühmter Schlachtruf stammte: »Schwebe wie ein Schmetterling! Stich zu wie eine Biene!«

Am Nachmittag waren wir dann dabei, als Ali in seiner Eigenschaft als Vizepräsident der Champburger Corporation für sein neues Unternehmen einen Scheck in Höhe von 900 000 Dollar entgegennahm, der Erlös aus dem Erstverkauf von Champburger-Aktien. Als ich später während des Interviews mit ihm meine Verwunderung zum Ausdruck brachte, dass seine Champburger-Partner in der Mehrzahl weiß waren, ergriff Ali die Gelegenheit, mir einen Vortrag zu halten.

»Wir Muslime machen mit dem weißen Mann tagtäglich Geschäfte«, erklärte er, »aber wir sind nicht von ihm abhängig und biedern uns ihm nicht an. Meine weißen Partner wissen, dass sie in meinen Augen Teufel sind, und ich leugne es auch nicht, wenn sie mich fragen. Wir fliegen in den Flugzeugen der Weißen«, fuhr er fort, »weil wir keinen Flughafen und keine Flugzeuge haben. Wir tragen die Schuhe und Kleidung aus ihren Fabriken, weil wir kein Land haben, auf dem wir Fabriken bauen könnten. Wir benutzen ihre Zahnpasta und ihre Zahnbürsten, weil wir zweiundzwanzig Millionen gebildete Menschen sind, die nicht clever genug sind, für sich selbst Zahnbürsten herzustellen. Also, mit wem sonst sollen wir, bis sich was ändert, Geschäfte machen?«

Den Rest des Tages nahm Ali uns mit auf eine Wahnsinnstour durch Harlem, wo er immer wieder den Wagen anhalten ließ, um mit Jungen an Straßenecken zu plaudern, kleinen Kindern einen Kuss auf die Wange zu drücken, während er mit ihren Müttern flirtete, und kurz in einen Frisörladen zu springen, wo es den Männern bei seinem Anblick die Sprache verschlug. Als Höhepunkt des Tages und zum Abschluss unseres *Ebony*-Berichtes lud Ali uns in eine Vorstellung des großartigen Broadway-Stückes *The Great White Hope* mit James Earl Jones in der Hauptrolle ein. Es ging um Jack Johnson, den verleumdeten und übel schikanierten ersten schwarzen Schwergewichtsweltmeister und Alis großes Vorbild. Obwohl er, wie er sagte, das Stück schon etliche Male gesehen hatte, verfolgte Ali das Geschehen auf der Bühne so gebannt, als wäre es sein erstes Mal, was mir zeigte, welche Bedeutung die Handlung für ihn persönlich hatte. Nach der Vorstellung gingen wir (Ali, Bundini, Sutton und ich) hinter die Bühne und gratulierten dem Hauptdarsteller zu seinem wieder einmal glänzenden Spiel. Während unserer Unterhaltung mit Jones, der noch immer den Bademantel trug, den er auf der Bühne angehabt hatte, kamen ein Mann und eine Frau in die Garderobe. Es waren Berry Gordy, Boss der Schallplattenfirma Motown, und sein Superstar Diana Ross.

Wieder in Chicago schrieb ich mit Leib und Seele einen Artikel, der 1969 in der April-Ausgabe von *Ebony* unter dem Titel »Der unbezwingbare Muhammad Ali« erschien. Ich skizzierte darin Alis wachsende Probleme und vermittelte unseren Leserinnen und Lesern so gut ich konnte ein ungefähres Bild von der wohl komplexesten, rätselhaftesten und am schwierigsten einzuschätzenden Persönlichkeit, die ich je kennen gelernt hatte.

»Will man«, so formulierte ich nur leicht überzogen, »Muhammad Alis vielschichtige Psyche einigermaßen auf einen Nenner bringen, so müsste man sagen: extrem gegensätzlich und voller Widersprüche. Es fällt ihm nicht schwer, eine nahezu asketische Bescheidenheit (einige seiner Freunde sprechen von Knickerigkeit) mit der Extravaganz eines arabischen Ölscheichs zu verquicken. Im Ring kann er rücksichtslos, manchmal brutal zuschlagen (Floyd Patterson kann davon ein Lied singen), doch wenn er kleine schwarze Slumkinder trifft, in die er geradezu vernarrt ist, kann er liebevoll und zärtlich sein. Ali ist ein Spaßvogel, der keinen Spaß vertragen kann, ein prüder Puritaner, der gern den Frauen nachschaut. Er kann Alkohol nicht ausstehen, hat aber grenzenloses Mitleid mit Alkoholikern. Er kann amüsant oder ein unerträglicher Langweiler sein, sagenhaft höflich oder sagenhaft ungehobelt, ausgelassen oder trübsinnig und mürrisch. Der Widersprüche sind kein Ende ...«

Als die Antikriegsbewegung im Land immer mehr Unterstützung fand und das Ende des Vietnamkriegs abzusehen war, lösten Alis Probleme sich in nichts auf. Er durfte wieder in den Ring, und nachdem er mühelos eine Reihe von »Aufwärm-Kämpfen« gewonnen hatte, erhielt er eine neue Chance auf den Weltmeistertitel. Am 30. Oktober 1974 gelang ihm ein sensationeller Coup, der die gesamte Boxwelt verblüffte: Beim legendären »Rumble in the jungle« in Kinshasa, damals Zaire, besiegte er George Foreman in der achten Runde und holte sich den WM-Gürtel von ihm zurück.

Einige Jahre später vereinbarten Ike Sutton und ich ein weiteres Treffen mit Ali, diesmal in seinem fürstlichen Anwesen in Cherry Hill, New Jersey. Anlass unseres Besuches war die Geburt von Ibn Muhammad, dem ersten Sohn und vierten Kind des Champions. Statt des einstigen Großmauls erlebten wir plötzlich einen sanften Riesen, der anscheinend nichts lieber tat, als den Daddy für seinen Nachwuchs zu spielen – den vier Monate alten Ibn Muhammad, die zwei Jahre alten eineiigen Zwillinge Reeshemah und Jamillah und die Älteste, die vierjährige Myriam. Es war ein anstrengender Tag für uns, denn wir folgten dem stolzen

Papa auf Schritt und Tritt durch Haus und Garten, während er ohne das geringste Anzeichen von Erschöpfung auf jede Laune seiner Kleinen einging. Das Ergebnis unserer Arbeit war ein persönlicher Artikel mit dem Titel »Die private Welt des Muhammad Ali« und die dazu abgedruckten wunderbaren Fotos von Ike Sutton, der den Champion von einer Seite zeigte, wie ihn bis dahin nur wenige kannten.

Über mehrere Jahre hinweg, bis er schließlich 1979 die Boxhandschuhe an den Nagel hängte, beobachtete ich Alis Triumphe und schließlich seine Niederlage gegen Leon Spinks aus der Ferne. Abgesehen von ein paar kurzen Begegnungen – einmal bei der Amtseinführung von Präsident Jimmy Carter im Jahre 1979, als wir uns zufällig in einer Menschenmenge sichteten und uns brüderlich umarmten –, erlebte ich Ali nur noch im Fernsehen. Dort erfuhr ich auch, dass seine dritte Ehe mit Veronica Porshe geschieden worden war und dass er jetzt mit seiner vierten Frau Lonnie auf einer Farm in Berrien Springs, Michigan, ein ruhiges Leben führte. Als ich hörte, dass er an Parkinson erkrankt war, fand ich, dass es an der Zeit war, erneut einen Artikel über ihn zu schreiben. Ich rief Mrs Ali an, und sie lud mich unverzüglich ein, den Champion und sie in ihrem Refugium auf dem Lande zu besuchen. Da Ike Sutton inzwischen weit weg in unserem Büro in Los Angeles arbeitete, bat ich Howard Bingham, Alis persönlicher Fotograf und ein alter Bekannter von mir, für mich die Fotos zu schießen.

Nach dreistündiger Autofahrt von Chicago traf ich auf Alis großzügigem Anwesen mit dem zweigeschossigen weißen Farmhaus ein, wo ich herzlich begrüßt wurde. Aufgrund der langen Zeit, die seit unserer letzten Begegnung vergangen war, und der Meldungen über seine Krankheit hatte ich einen etwas veränderten Ali erwartet. Aber auf den »neuen« Ali, den ich erlebte, war ich nicht vorbereitet. Er hatte bei seiner ohnehin schon massigen Statur sichtlich ein paar Pfunde zugelegt, doch auffälliger als die körperliche Veränderung war für mich sein Verhaltenswandel. Statt der unverfrorenen Ich-bin-der-Größte-Pose, die so viele Jahre seine psychologische Visitenkarte gewesen war, strahlte er jetzt eine ruhige Würde und Reife aus, die im eklatanten Gegensatz zu seinem früheren Image stand.

Auf meine Frage, was er von dem derzeitigen Führer der Black Muslims halte, dem umstrittenen Geistlichen Louis Farakhan, erwiderte Ali kurz und knapp: »Wenn er an Allah glaubt, hab ich nichts gegen ihn einzuwenden.« Als ich wissen wollte, ob er körperlich noch in Form sei, schnellte seine riesige Faust auf meinen Kopf zu und stoppte Millimeter von meinem Kinn entfernt, als Beweis, dass er nach wie vor zu einem K.-o.-Schlag imstande war.

Als ihr frommer muslimischer Gatte zum Mittagsgebet nach oben in seine Privaträume verschwand, setzten Lonnie und ich uns in die Küche, wo sie mir ausführlich von Alis Krankheit erzählte. Sie erklärte, dass er nicht an der Parkinsonkrankheit, sondern am Parkinsonsyndrom litt, und dass die Symptome – ein kaum merkliches Zittern der Hände – dank der Behandlung eines jugoslawischen Arztes noch relativ gering seien.

Während der Stunden, in denen ich beobachten konnte, wie das Ehepaar miteinander umging, gewann ich den Eindruck, dass Lonnie das Beste war, das Ali in den letzten Jahren widerfahren war. Mit ihr an seiner Seite und mit seinem unerschütterlichen Glauben an Allah hatte er endlich den inneren Frieden gefunden, der ihm so lange gefehlt hatte.

Seitdem habe ich Ali nur noch ein einziges Mal gesehen, im August 1999, als er so freundlich war, meine Frau Katharine und mich zusammen mit einem deutschen Fotografenteam in Berrien Springs zu empfangen, um mit ihm Werbefotos für meine Autobiographie zu machen, die gerade in Deutschland erschienen war.

Als wir die lange Zufahrt zu seinem Haus hochfuhren, kam Ali uns auf einem kleinen Golfwagen entgegen. Während unseres dreistündigen Aufenthaltes war Ali der vollkommene Gastgeber. Obwohl deutlich von seiner Krankheit gezeichnet – er hatte beispielsweise Mühe, beim Gehen das Gleichgewicht zu halten –, hatte er ständig das vertraute schelmische Funkeln in den Augen und bestand darauf, uns persönlich über sein riesiges Anwesen zu führen, zu dem auch eine große Sporthalle mit Boxring, Sandsäcken und Gewichthebegeräten gehörte. Nicht ein einziges Mal ließ er durchblicken, dass die emotionale Belastung durch seine Krankheit zu schwer für ihn sei. Wie ein Meister im wahrsten Sinne des Wortes behielt er seine würdevolle Fassung, auch wenn seine Arme manchmal unkontrolliert zuckten oder er nur schwer verständlich sprach.

Wir verabschiedeten uns schließlich mit wenigen Worten, versprachen uns aber gegenseitig, in Kontakt zu bleiben.

Malcolm X

In den fünfziger und sechziger Jahren, also auf dem Höhepunkt der Bürgerrechtsbewegung, machte unter dem Namen »Nation of Islam« überall in den Vereinigten Staaten eine separatistische Gruppierung von sich reden. Vor allem ihre Nummer zwei und ihr Sprecher, der in New York lebende Prediger Malcolm X, lehrte Weiße und konservative Schwarze gleichermaßen das Fürchten. Denn in seiner Behauptung, dass seine Organisation, meist als die Black Muslims bezeichnet, den Sieg im Kampf zwischen Schwarzen und Weißen mit »allen erforderlichen Mitteln« erstreiten würde, steckte eine kaum verhohlene Drohung. Als Malcolm X nach der Ermordung von Präsident John F. Kennedy im Jahre 1963 um eine Stellungnahme gebeten wurde, sagte er: »So was kommt von so was«, und ließ damit durchblicken, dass das Attentat die unvermeidliche Folge der amerikanischen Rassenpolitik war, die der weißen Gewalt gegen Schwarze viel zu nachsichtig begegnete.

Die Äußerung entfesselte einen Sturm der Entrüstung im ganzen Land, bei Schwarzen und Weißen gleichermaßen. Um Schaden von den Black Muslims abzuwenden, erteilte deren betagtes Oberhaupt, Elijah Muhammad, Malcolm Redeverbot, entließ den jungen Aufwiegler als Prediger seiner Moschee und schloss ihn aus der Organisation aus.

Obwohl Malcolm X zu einem der heißesten Themen in der US-Presse geworden war, hielt mein Boss Mr J hartnäckig an der Überzeugung fest, der sicherste Umgang mit Gruppen oder Personen, die die Gleichberechtigung zwischen Schwarzen und Weißen mit anderen als mit friedlichen Mitteln zu erreichen suchten, sei der, sie zu ignorieren. Ihm war natürlich daran gelegen, die überwiegend konservative *Ebony*-Leserschaft und die noch konservativeren Anzeigenkunden nicht zu vergraulen.

Auf mehreren Redaktionssitzungen zu dem Thema machten einige Kollegen und ich deutlich, dass wir anderer Ansicht seien. Malcolm X, so unser Argument, stehe mittlerweile so sehr im Licht der Öffentlichkeit, dass wir ihn nicht länger ignorieren könnten, egal, was wir von ihm hielten. Widerwillig gab Mr J nach, behielt sich allerdings vor, das Interview zu lesen, bevor er entschied, ob es veröffentlicht werden sollte oder nicht.

Da ich am nachdrücklichsten ein Interview mit Malcolm X gefordert hatte, hielt der Boss es nur für konsequent, mich darauf anzusetzen. Und so war ich, wenige Tage nachdem Malcolm sich zu einem Interview bereit erklärt hatte, auf dem Weg nach New York, wo ich ihn in seinem Büro im berühmten Hotel Theresa in Harlem treffen sollte. Als mein Fotograf und ich gerade zu diesem bekannten Wahrzeichen Harlems aufbrechen wollten, erfuhr ich von meiner Redaktion in Chicago, dass Malcolm mich an einer Straßenecke in einem ganz anderen Stadtteil erwartete, und zwar aus Gründen, die er mir dann erklären würde. Ich sollte unter keinen Umständen ins Hotel kommen.

Als unser Taxi am vereinbarten Treffpunkt auf der 135th Street West hielt, erspähte ich sofort das große blaue Oldsmobile 98, das allgemein als »Malcolms Kutsche« bekannt war. Ich hatte zwar schon Bilder von Malcolm in Zeitungen und im Fernsehen gesehen, doch auf den Menschen, den ich nun kennen lernte, war ich doch nicht gefasst. Zunächst einmal war er viel größer, als ich ihn mir vorgestellt hatte. Mit seinem akkurat geschorenen, rötlichen Haar, dem schlaksigen Gang, dem leicht zerknitterten, aber ansonsten makellosen Leinenanzug und der Hornbrille wirkte er eher wie ein Bücherwurm als wie ein gefürchteter Revolutionär. Nichts, aber auch gar nichts an seinem höflich zurückhaltenden Auftreten ließ erahnen, dass das derselbe Mann war, der gedroht hatte, den Ku-Klux-Klan in Mississippi mit bewaffneten Guerillakämpfern anzugreifen.

Nachdem er sich als »Brother Malcolm« und seinen Assistenten als »Brother Charles« vorgestellt hatte, schlug er vor, dass wir in ein Restaurant in der Nähe gehen sollten, wo wir uns in Ruhe unterhalten könnten. Sobald wir das kleine Lokal betraten, richteten sich alle Augen auf unseren Star, und hier und da rief jemand: »Hi, Brother Malcolm.« Malcolm erwiderte die Begrüßung mit einem freundlichen, breiten Lächeln. Mir wurde klar, dass seine Popularität trotz des Ausschlusses aus den Black Muslims bei den Leuten hier im Restaurant ungebrochen war.

Während meiner hastigen Recherchen im Vorfeld des Interviews hatte ich mich mit einigen Eckdaten seines turbulenten Lebens vertraut gemacht. Er wurde in Omaha, Nebraska, als Sohn von Reverend Earl Little geboren, einem unbekannten Baptistenprediger und Aktivisten in Marcus Garveys »Zurück nach Afrika«-Bewegung. Als Malcolm sechs Jahre alt war, wurde sein Vater von weißen Rassisten ermordet – so ging jedenfalls das Gerücht. Schließlich landete Malcolm in Harlem, und aus Malcolm Little wurde »Big Red«, der sich als Zuhälter, Gauner und kleiner Drogendealer durchschlug. In Erinnerung an meine eigene kurze Phase auf den anrüchigen Straßen im Hamburger Kiez St. Pauli konnte ich diesen Teil seines Lebens gut nachvollziehen. Wie nicht anders zu erwarten, landete Malcolm schließlich im Gefängnis. Während er seine mehrjährige Strafe absaß, wurde er zu einer richtigen Leseratte und verschlang sämtliche Klassiker der Literatur und Philosophie, darunter auch Shakespeare, Hegel, Kant und Marx. Schließlich trat er der »Nation of Islam« bei und veränderte sein Leben von Grund auf. Seitdem war er zu einem Bilderbuchehemann und -vater geworden, der ein sauberes, lasterfreies Leben führte.

Sobald wir im Restaurant Platz genommen hatten, erklärte ich Malcolm, dass wir ihn, wenn er nichts dagegen hätte, gerne zwei Tage lang begleiten würden, damit sich die Leserinnen und

Leser von *Ebony* ein besseres Bild davon machen könnten, wie sich der Ausschluss aus den Black Muslims auf sein Leben ausgewirkt habe.

»Von mir aus«, entgegnete Malcolm gnädig, aber er warnte mich gleich, dass im Augenblick alles ein bisschen drunter und drüber gehe, weil seine Frau Betty gerade ihre vierte Tochter zur Welt gebracht habe und Mutter und Kind noch im Krankenhaus seien. »Außerdem«, fügte er hinzu, »hab ich gestern ein paar Morddrohungen erhalten. Man hat mich gewarnt, mich ja nicht in meinem Büro im Hotel Theresa blicken zu lassen. Deshalb mein Vorschlag, uns hier zu treffen.«

Auf einmal leuchtete mir das merkwürdige Verhalten seines »Assistenten« ein. Mir war nämlich aufgefallen, dass er die anderen Gäste kaum aus den Augen ließ, seit wir das Restaurant betreten hatten. Offensichtlich war er in zweifacher Funktion für Brother Malcolm tätig, als Chauffeur und als Bodyguard.

Als die Kellnerin, offenbar eine Verehrerin von Brother Malcolm, ihm ein kleines Päckchen überreichte, sah ich, dass sein »Assistent« in die linke Brusttasche griff. Er entspannte sich erst wieder, als sich herausstellte, dass das Päckchen rosa Babysachen enthielt, ein Geschenk für Malcolms jüngsten Familienzuwachs. Gerührt von dieser freundlichen Geste, geriet der im ganzen Land bekannteste Verfechter des militanten schwarzen Widerstandes wie ein verlegener kleiner Junge ins Stottern: »Ich weiß gar nicht, was ich sagen soll. Ich kenne die Frau doch kaum.«

Den ganzen Tag über begleiteten wir Malcolm überall hin. Zuerst ging es ins Krankenhaus, wo wir ein paar Fotos von den Eltern mit ihrem Neugeborenen machen durften (das sie übrigens Lumumbah [sic!] nennen wollten, zu Ehren des ermordeten Ministerpräsidenten des Kongo), dann zu seinem kleinen Haus in East Elmhurst (Queens), wo wir seine drei anderen Töchterchen kennen lernten, Attilah, fünf, Quibillah, drei, und Ilyasha, zwei. Dann entschuldigte er sich, zog sein Jackett aus und fing an, wie ein ganz normaler Eigenheimbesitzer den Rasen in seinem kleinen Garten zu mähen, »damit die Nachbarn keinen Grund haben, sich über mich zu ärgern«.

Am nächsten Tag nahm er uns mit in eine kleine, nahezu leere Wohnung in der Stadt, wo wir, wie er sagte, ungestört reden könnten. Während des Interviews, das etliche Stunden dauerte, machte Malcolm eine bestürzende Aussage. Er prophezeite, dass er entweder von den Black Muslims, der Mafia oder der CIA ermordet werden würde, denn sie alle hätten ein starkes Motiv, ihn zu beseitigen. Die Black Muslims, so erklärte er, wollten ihn loswerden, weil er ihren verehrten Anführer Elijah Muhammad in aller Öffentlichkeit als Hochstapler und ehebrecherischen Frauenhelden gebrandmarkt hatte, der bei jungen Muslim-Frauen, die in seinem Haushalt arbeiteten, zudringlich geworden war. Als Beweis spielte mir Malcolm Tonbandaufnahmen vor, auf denen mehrere Frauenstimmen den alten Elijah beschuldigten, sie mit irgendwelchen Tricks ins Bett gelockt zu haben.

Auch die US-Regierung, so Malcolm, habe allen Grund, ihn aus dem Weg zu räumen, weil er die US-Propaganda, an der amerikanischen »Rassenfront« herrsche eitel Sonnenschein, im Ausland gründlich widerlegt habe. »Denen ist klar geworden«, sagte er, »dass die vielen Millionen Dollar, die von der USIA (US-Behörde für Öffentlichkeitsarbeit im Ausland) dafür ausgegeben werden, damit die Vereinigten Staaten in der Welt gut dastehen, rausgeschmissenes Geld sind, weil ich publik mache, wie es sich wirklich verhält.«

Und schließlich betrachte ihn das Organisierte Verbrechen – zumindest der Zweig, der in Harlem den Drogenhandel kontrolliere – schon seit längerer Zeit wegen seiner zunehmend erfolgreichen Antidrogenkampagne bei Afroamerikanern als Todfeind. »All diese Gruppierungen«, so Brother Malcolm, »haben nicht nur ein Motiv, mich zu erledigen, sondern auch die Mittel dazu. Es ist nur noch eine Frage der Zeit.«

Ich hörte mir Brother Malcolms »Prophezeiung« mit einiger Skepsis an und war überzeugt, dass er ein wenig zur Übertreibung neigte, um sein Interview etwas dramatischer zu gestalten.

Am zweiten und letzten Tag mit Brother Malcolm nahm er uns mit in eine Moschee, wo er uns nach dem Gebet Dr. Mahmoud Shawarbi aus Kairo vorstellte, dem Oberhaupt der orthodoxen

Muslime in den Vereinigten Staaten und Kanada, der ihn zum »wahren Glauben des Islam bekehrt« habe. Wir beschlossen den Tag mit einem Besuch der Marcus Garvey Hall in Harlem. In dem schäbigen, spärlich erleuchteten, aber voll besetzten Konferenzraum bewies ein völlig veränderter Malcolm sein Talent als fesselnder Redner, als er seine Pläne für seine neu gegründete »Organization of Afro-American Unity« darlegte, mit der er den weißen Machtapparat an den Wahlurnen erschüttern wollte.

»Ob mit Waffen oder Wahlzetteln«, so beschwor er sein Publikum, »entscheidend ist gutes Zielen. Nehmt nicht die Puppe ins Visier, sondern den Puppenspieler.« Er erzählte, wie er kürzlich auf einer Pilgerfahrt nach Mekka Muslime aller Hautfarben und ethnischer Herkunft Seite an Seite habe beten sehen, wodurch ihm aufgegangen sei, dass Elijahs Lehre von den guten Schwarzen und teuflischen Weißen falsch sei.

Im Anschluss an die Rede von Brother Malcolm, die mit tumultartigem Beifall bedacht wurde, bedankte ich mich bei ihm, dass er mir so viel von seiner kostbaren Zeit geschenkt hatte. Wir wechselten ein *Salaam Aleikum* und schüttelten uns zum Abschied die Hand, wobei ich das Gefühl hatte, einen neuen, aufrichtigen Freund gefunden zu haben.

Mein Artikel, in dem ich versuchte, »Das Rätsel Malcolm X« zu entmystifizieren, wurde von Mr J genehmigt und in *Ebony* abgedruckt. Einige Wochen darauf erhielt ich eine Postkarte von Malcolm aus Addis Abeba in Äthiopien. Er schrieb:

Danke für den Artikel über mich, den ich für sehr objektiv halte. *Ebony* wird hier in Afrika sehr gut aufgenommen, obwohl es zunächst einigen Argwohn hinsichtlich der »Motive« und »Interessen« gab – aber die afrikanische Ausgabe ist sehr gut und findet mehr und mehr Anklang.

Malcolm X

Ich erhielt noch eine zweite Karte mit folgendem Wortlaut:

Viele Grüße von der Afrikanischen Gipfelkonferenz in Kairo. Das Machtpendel in der Welt schlägt wirklich um, und der »Vogel Zeit« ist tatsächlich »in vollem Flug«.
Malcolm X

Eines Abends – es war der 21. Februar 1965, einige Monate, nachdem ich die zweite Postkarte erhalten hatte – klingelte bei mir zu Hause das Telefon. »Mach den Fernseher an«, forderte mich die Stimme meines Kollegen Charles L. Sanders auf. »Malcolm X ist erschossen worden!«

Ich war wie vor den Kopf gestoßen. Ich schaltete den Fernseher ein und erfuhr aus einer Sondersendung, dass Malcolm X von mehreren maskierten Attentätern, vermutlich Black Muslims, niedergeschossen worden war, während er im Audubon Ballroom in Harlem eine Rede hielt. Als ich auf dem Bildschirm sah, wie Malcolms Leiche aus dem Saal getragen wurde, fiel mir nicht nur seine Prophezeiung wieder ein, dass er nicht mehr lange zu leben habe, sondern auch meine skeptische Reaktion darauf. Obwohl ich mir meine Skepsis damals nicht hatte anmerken lassen, hatte ich das Gefühl, mich bei Brother Malcolm entschuldigen zu müssen.

Deutschland neu entdecken

Im Jahre 1966 machte Mr J mir ein Angebot, das ich einfach nicht ausschlagen konnte. Er fragte mich, ob ich nicht Lust hätte, für einige Wochen durch Deutschland zu reisen, um herauszufinden, ob sich seit meinem Weggang vor achtzehn Jahren die Einstellung meiner früheren Landsleute zu Menschen anderer Hautfarbe verändert hatte, und wenn ja, in welchem Maße. »Die Ergebnisse sind bestimmt sehr interessant für unsere Leserschaft«, sagte er, »wie auch immer sie ausfallen.«

Wenige Tage später flogen *Ebony*-Fotograf G. Marshall Wilson und ich in die Bundesrepublik. Die folgenden drei Wochen, in denen wir kreuz und quer durch meine alte Heimat reisten, halfen mir, das Land, in dem ich geboren worden war, mit ganz neuen Augen zu sehen. Zugleich weckten sie in mir so manche quälende Erinnerung an meine Kindheit im Nazideutschland. Sie brachten mich darüber hinaus zu der überraschenden Erkenntnis, dass Deutschland nicht mehr wie damals im »Dritten Reich« mit seinem arischen Rassenwahn eine »weiße« Nation war. Wo wir auch hinkamen, sahen wir Menschen mit dunkler Hautfarbe, darunter Afrodeutsche, die von amerikanischen GIs und Immigranten aus allen Teilen Afrikas und der Karibik abstammten und Deutschland als ihre Heimat betrachteten.

Unsere journalistische Rundreise, die ich in meinem vorherigen Buch *Neger, Neger, Schornsteinfeger!* etwas ausführlicher schildere, führte uns unter anderem nach Hamburg, Frankfurt, Berlin und München. In Hamburg erlebte ich ein emotional aufwühlendes Wiedersehen mit meinem alten Viertel Barmbek, wo meine Mutter und ich während der Bombenangriffe 1943 nur um Haaresbreite dem Tod entgangen waren. Außerdem schloss ich Bekanntschaft mit prominenten schwarzen Hamburger Persönlichkeiten, unter anderem mit dem Nachtclubbesitzer und Pianisten Dennis Busby und dem bekannten Sänger Owen Williams, die in den Jahren danach gute Freunde wurden. In Gesprächen mit schwarzen Hamburger Bürgern erfuhr ich, dass die Stadt und auch das übrige Norddeutschland weitaus weniger Vorurteile gegenüber Schwarzen hegten als der Süden Deutschlands, vermutlich weil im hohen Norden so gut wie keine schwarzen GIs stationiert waren. »Im Großen und Ganzen«, so wurde mir gesagt, »sind die (Nord-)Deutschen Schwarzen gegenüber ungemein hilfsbereit – in Wohnungsanzeigen wird sogar manchmal erwähnt, dass ausdrücklich farbige Mieter erwünscht sind.«

In Westberlin machten wir uns ein Bild davon, wie es um die Gleichberechtigung von Schwarz und Weiß bei der sechstausend Mann starken US-Brigade bestellt war, die der sowjetischen Militärmaschinerie auf der anderen Seite der Mauer gegenüberstand. Als ich feststellte, dass die Diskriminierung von Schwarzen in der Brigade geringer war als im zivilen Leben Amerikas, kam ich zu dem Schluss, dass sich Vorurteile gegenüber Schwarzen zwar nicht dramatisch verändern, sobald jemand eine Army-Uniform anzieht, dass sie sich aber erfolgreich eindämmen lassen, wenn ein militärisches Oberkommando mit aller Härte gegen Rassismus durchgreift.

Ein Thema, das mir aus nahe liegenden Gründen besonders am Herzen lag, war das Schicksal der so genannten »braunen Babys«, der großen Zahl von unehelichen Kindern, die aus Verbindungen zwischen schwarzen GIs und deutschen Frauen hervorgegangen waren. Natürlich waren diese Kinder, von denen nach wie vor unverändert viele das Licht der Welt erblickten, deutsche Staatsbürger, woran meinen Recherchen nach auch noch niemand Anstoß genommen hatte. Öffentliche Ausschreitungen oder gar Massenproteste, wie ich sie aus den Vereinigten Staaten kannte, hatte es jedenfalls nicht gegeben, als die ersten schwarzen Kinder eingeschult wurden. Kein deutscher Politiker hatte sich bemüßigt gesehen, sich wie George Wallace, der Gouverneur von Alabama, vor der Tür einer Schule aufzubauen, um schwarzen Kindern den Zutritt zu verwehren. Und es regte sich auch niemand auf, als schwarze Jugendliche in allen möglichen Berufen Einzug hielten, mit Weißen Liebesbeziehungen eingingen, Familien gründeten und schließlich selbst hellbraune Babys in die Welt setzten. Nach außen hin sah es daher ganz so aus, als hätte Deutschland das Problem seiner kleinen »dunkleren« Minderheit gelöst. Doch in Wirklichkeit verhielt es sich leider ganz anders.

Von einer deutschen Sozialarbeiterin erfuhr ich, dass die schwarzen Kinder in Deutschland in mancherlei Hinsicht schlechter dran waren als ihre amerikanischen Pendants, wenngleich die Hautfarbe dabei eine untergeordnete Rolle spielte. Die meisten Nachkriegsdeutschen waren zwar gegenüber Menschen anderer Hautfarbe im Großen und Ganzen tolerant, so erläuterte sie, doch bei unehelichen Kindern hörte bei vielen die Aufgeschlossenheit auf. Ein schwarzes Kind in Amerika war zwar kulturell benachteiligt, wenn es in den Slums und in Armut lebte, doch seine Hautfarbe lieferte zumindest keinerlei Hinweis darauf, ob es unehelich oder ehelich geboren worden war. Ein schwarzes Kind in Deutschland war dagegen unübersehbar als »Kind der Schande« gebrandmarkt. Ein Gesetz, das Abhilfe versprach, stand nicht zu erwarten. Eine Verbesserung der Situation hätte eine drastische Veränderung in der öffentlichen Haltung zu außerehelichen Partnerschaften erfordert. Im überwiegend römisch-katholischen Süddeutschland, wo es auch die meisten schwarzen Kinder gab, war die Aussicht auf einen solchen Wandel gelinde gesagt utopisch.

Die Folgen dieser sichtbaren Unehelichkeit waren tragisch, so die Sozialarbeiterin. In nicht wenigen Fällen führte sie zur Ablehnung der Kinder durch ihre Mütter, von denen viele sich schämten, mit diesen lebenden Beweisen ihres »Fehltritts« gesehen zu werden. In manchen Fällen wurde aus Ablehnung offene Feindseligkeit, vor allem wenn die Mütter ihre Kinder als Hindernis für eine zukünftige Ehe sahen. Denn obwohl viele deutsche Männer nichts dagegen hatten, eine Frau mit einem unehelichen Kind zu heiraten, besaßen nur wenige die Charakterstärke, ein Kind anzunehmen, dessen äußere Erscheinung Aufschluss über das voreheliche Leben ihrer Angetrauten lieferte.

Die Folgen waren unausweichlich: Vaterlos von Geburt an, abgelehnt von dem einzigen Menschen, den sie hatten und am meisten brauchten, wurden schwarze Kinder häufig zu Großmüttern oder Tanten »abgeschoben« oder, wenn sie Pech hatten (und das war bei rund acht Prozent der Fall), in Waisenhäuser oder Kinderheime gesteckt.

Wir wollten mehr über die Situation dieser Unglücklichen herausfinden, die vom deutschen Wirtschaftswunder der Nachkriegszeit offenbar vergessen worden waren, und reisten nach München, um mit Al Hooseman zu sprechen, dem Gründer und Vorsitzenden einer Hilfsorganisation für schwarze und elternlose Kinder. Der vierundvierzigjährige Hooseman stammte aus Waterloo in Iowa und war ein ehemaliger Schwergewichtsboxer, der nach seinem Dienst bei den US-Besatzungstruppen in

Deutschland 1958 nach München zurückgekehrt war, um wieder als Boxer in den Ring zu steigen. Doch zu dem erhofften Comeback sollte es nicht kommen, da er das Angebot erhielt, in dem deutschen Film *Schwarzer Engel* einen GI zu spielen, der Vater eines schwarzen Kindes wird. Durch diese Rolle entwickelte er ein so starkes Interesse für die schwierige Lage schwarzer Kinder, dass er schließlich den Entschluss fasste, in München zu bleiben und sich für die Kinder zu engagieren.

Der freundliche Exsportler schilderte mir ausführlich die Lage der so genannten »braunen Babys« in Deutschland. Er war der festen Überzeugung, dass die Probleme, unter denen die Kinder schwarzer GIs zu leiden hatten, nicht auf Rassismus, sondern auf Armut zurückzuführen waren. Erschwerend hinzu kam seiner Meinung nach das Klassenbewusstsein der Deutschen. »In Deutschland«, so erklärte er, »bleiben die Menschen meistens in der Schicht, in die sie hineingeboren wurden. Und ›braune Babys‹, die ja schon durch ihre Hautfarbe Nachteile erfahren, gehören obendrein auch noch automatisch zur Unterschicht.«

Hauptsächlich weil ihm die finanziellen Mittel fehlten, scheiterte Hooseman mit seinem Traum, durch eine gut funktionierende Organisation das Leben der schwarzen Kinder in Deutschland entscheidend zu verbessern. Einige Jahre nach unserer Begegnung in München erhielt ich einen Trauerbrief von seiner deutschen Verlobten, in dem sie mir mitteilte, dass Al an Prostatakrebs gestorben war.

Deutschland hatte in den zwei Jahrzehnten seit dem Zweiten Weltkrieg einen enormen Wandel durchlaufen, denn aus einer Nation, die Menschen wegen ihrer rassischen Unterschiede vernichtet hatte, war ein Staat geworden, dessen Bürger Schwarzen gegenüber eher positiv eingestellt waren. Doch um diesen Wandel wirklich ermessen zu können, muss man die deutsche Geschichte unmittelbar vor dem Dritten Reich genauer unter die Lupe nehmen. Bis 1884 bestand zwischen Deutschen und Afrikanern praktisch keinerlei Kontakt. In jenem Jahr führte ein gutmütig aussehender, Kneifer tragender deutscher Wissenschaftler namens Dr. Carl Peters eine private Expedition nach Afrika, um sich dem zunächst recht donquichottisch anmutenden Unterfangen der Kolonisation zu widmen. Es erwies sich jedoch, dass der gute Doktor kein weltfremder Träumer war, und ehe die Franzosen und Briten recht wussten, wie ihnen geschah, hatte er schon die erste Kolonie seines Landes gegründet: Deutsch-Ostafrika. Auch nachdem weitere Kolonien in Afrika hinzugekommen waren, blieben die Kontakte der Deutschen mit Afrikanern meist auf die Angehörigen der Kolonialverwaltung und militärische Garnisonen beschränkt. Die brutale Unterdrückung afrikanischer Rebellionen gegen die Kolonialherren, wie zum Beispiel der Völkermord an den Herero in Deutsch-Südwestafrika (dem heutigen Namibia), wurde vertuscht und vor der Öffentlichkeit in der Heimat verschwiegen. Zu keinem Zeitpunkt wurde Afrikanern nahe gelegt, in das neue »Vaterland« überzusiedeln. Nach seiner ersten vernichtenden Niederlage gegen die Alliierten im Jahre 1918 verlor Deutschland seine sämtlichen überseeischen Besitzungen, und das Rheinland wurde von Frankreich und Belgien besetzt, zum großen Teil mit afrikanischen Kolonialtruppen. Aus der Okkupation gingen tausende von Kindern hervor, die unschuldigen Nachkommen afrikanischer Väter und deutscher Mütter, die man verächtlich als »Rheinland-Bastarde« bezeichnete.

Um den Zorn des deutschen Volkes auf den Versailler Vertrag zu schüren, beschwor Hitler immer wieder »die schwarze Schmach am Rhein«. Damit meinte er nicht einfach nur die Okkupation des Rheinlandes als solche, sondern vor allem die dort stationierten afrikanischen Truppen, die er als die ultimative Beleidigung empfand, mit der die besiegten Deutschen noch tiefer gedemütigt werden sollten. Schon im Jahre 1925 formulierte Hitler seine abstrusen Gedanken zum Thema Schwarze in seiner entlarvenden Autobiographie *Mein Kampf*: »Juden waren und sind es, die den Neger an den Rhein bringen, immer mit dem gleichen Hintergedanken und klaren Ziele, durch die dadurch zwangsläufig eintretende Bastardisierung die ihnen verhasste weiße Rasse zu zerstören.«

Es ist daher kaum verwunderlich, dass Afrodeutsche in der

Nazizeit in einem Klima von Feindseligkeit, Häme und tiefster Verachtung aufwuchsen. Manche wurden als Statisten in Nazipropagandafilmen missbraucht, wo sie unweigerlich als wilde, tiergleiche Kreaturen oder als kindische Witzfiguren besetzt wurden. Andere wurden in zerrissenen Lumpen in deutschen Zoos neben Affen und anderen wilden Tieren ausgestellt. Diese beliebten Ausstellungen wurden als »Kulturschauen« angepriesen und gaben vor, authentisches afrikanisches Leben darzustellen. Wieder andere wurden in ähnlich beschämenden Rollen im Zirkus und im Varieté vorgeführt. Dennoch, die relativ wenigen Schwarzen, die in der Unterhaltungsbranche Engagements erhielten, konnten sich vergleichsweise glücklich schätzen, da ihre Arbeit, so demütigend sie auch sein mochte, einen Schutz vor der weit ungeheuerlicheren Behandlung durch die Nazis darstellte. Bevor sie Opfer der »Endlösung« wurden, mit der Deutschland von allen Juden und sonstigem »minderwertigem Blut« »gesäubert« werden sollte, wurden viele Afrodeutsche sterilisiert – häufig ohne ihr Wissen – oder als Versuchspersonen für fragwürdige medizinische Experimente eingesetzt und schließlich in einem der vielen Konzentrationslager ermordet. Die Zahl der afrodeutschen Jugendlichen, die auf diese Weise ihr Leben verloren, ist nie genau ermittelt worden.

Der Verlust der Kolonien wurde von den Deutschen damals zwar heftig beklagt, erwies sich jedoch im Nachhinein als Segen. So blieb Deutschland die schmerzliche Verwicklung in die schwarze Revolte gegen die europäischen Kolonialmächte erspart, die nach dem Zweiten Weltkrieg den afrikanischen Kontinent und Westindien erfasste. Deutschland blieb auch vor der Einwanderungswelle aus den ehemaligen Kolonien verschont und erlebte nicht die damit verbundenen wirtschaftlichen und sozialen Probleme, wie sie in England, Frankreich und in anderen Kolonialstaaten auftraten. Somit konnte Deutschland nach dem Krieg einen Neuanfang machen, unbelastet von der Bürde eines überlebten Kolonialismus.

Die Ergebnisse waren überwiegend positiv, wie ich nach meiner dreiwöchigen Reise durch Deutschland schrieb. »Die Deutschen«, so schloss ich meinen Bericht, »haben unbestreitbar Riesenschritte gemacht, um das Stigma zu tilgen, das seit den zwölf Jahren Naziterror an ihrem Namen haftet, und es ist ebenfalls nicht zu leugnen, dass ihre Bereitschaft, einen Menschen aufgrund seines individuellen Wertes und nicht seiner Hautfarbe zu akzeptieren, einen mitunter grotesken Gegensatz zu den rassischen Vorurteilen bildet, die ihre Besieger – Großbritannien und die Vereinigten Staaten, die selbst ernannten Lehrer der Demokratie – an den Tag legen.«

Leider war das ein vorschnelles Urteil, wie ich bereits in meinem vorherigen Buch erwähnt habe. Zahlreiche Berichte über Misshandlungen von Afrodeutschen und anderen Menschen afrikanischer Abstammung in der Bundesrepublik während der letzten Jahrzehnte sowie ein immer wieder aufkeimender Antisemitismus lassen keinen Zweifel daran, dass Deutschland noch viel vor sich hat, wenn es sein Versprechen einlösen will, eine Demokratie zu sein, die wirklich frei von Rassismus ist.

Dieser Eindruck vertiefte sich bei einem späteren Besuch in Deutschland, als ich 1997 nach Wetzlar zur Jahresversammlung der »Initiative Schwarze Menschen in Deutschland« (ISD-Bund e. V.) eingeladen wurde. Im ISD engagieren sich etliche hundert Afrodeutsche aus allen gesellschaftlichen Schichten, weil sie überzeugt sind, dass zur Bekämpfung rassistischer Tendenzen in Deutschland eine schwarze Solidarität und eine geschlossene Front erforderlich sind. Als ich in den Workshops, Vorträgen und Diskussionen von den Erfahrungen und Sorgen einzelner Mitglieder erfuhr, wurde mir klar, dass das Leben als schwarzer Mensch in Deutschland zwar nicht unerträglich war, aber doch nach wie vor mit vielen Frustrationen, Schwierigkeiten und Demütigungen einherging. Die meisten klagten darüber, dass die Deutschen offenbar nicht begreifen konnten oder wollten, dass Afrodeutsche ganz normale Deutsche waren und keine Ausländer mit einer fremden Kultur und dass sie natürlich wie Deutsche behandelt werden wollten. Eine Afrodeutsche erzählte aufgebracht: »Es passiert mir öfters, dass ich in einem Geschäft in akzentfreiem Deutsch eine Frage stelle, und der Verkäufer oder die Verkäuferin antwortet mir auf Englisch. Ich will das Problem nicht überbewerten, aber es zeigt mir, dass ich von meinem Gegenüber – ob nun bewusst oder unbewusst – nicht als echte deutsche Mitbürgerin akzeptiert werde. Wann kapieren die Deutschen endlich, dass deutsch sein nicht mehr gleichbedeutend ist mit blond und blauäugig sein?«

Auf der Versammlung in Wetzlar wurde ich wiederholt gefragt, wie dem Rassismus in Deutschland meiner Meinung nach abzuhelfen sei. Da ich den größten Teil meines Lebens außerhalb Deutschlands verbracht hatte, wollte ich mir keineswegs anmaßen, Afrodeutschen zu sagen, was für sie am besten ist. Aber ein paar Tipps konnte ich dennoch geben, denn meine Erfahrungen in den USA waren vielleicht auch für die Bekämpfung des Rassismus in Deutschland hilfreich. Dringend erforderlich, so sagte ich, sei die Bildung von Bündnissen und Koalitionen mit Leuten, die mit ähnlichen Problemen zu tun haben wie Afrodeutsche. Die Gründung des ISD-Bundes, der alle Afrodeutschen vereinen will, ist ein logischer erster Schritt. Der Kampf der Afroamerikaner um Gleichberechtigung hätte nicht so erfolgreich verlaufen können, wenn er nicht von allen schwarzen Bürgerrechtsorganisationen im Einvernehmen mit politischen, religiösen und anderen Gruppen in der weißen Bevölkerung unterstützt worden wäre. Da ich in meiner Kindheit ganz allein von Diskriminierung aufgrund meiner Hautfarbe betroffen war, weiß ich, wie wichtig es ist, sich mit anderen zusammenzutun, denn im Verein mit vielen ist man stark. Genauso wichtig finde ich es, dass Afrodeutsche Kontakt zu Leuten suchen, die einflussreiche Positionen innehaben, wie zum Beispiel in den Medien, in Politik und Wirtschaft. In den USA heißt es nicht ohne Grund: »Es kommt nicht darauf an, was du weißt, sondern wen du kennst.«

Egal wie frustriert Afrodeutsche als Gruppe oder Einzelperson auch sein mögen, sie sollten auf jeden Fall auch weiterhin nur mit gewaltfreien Mitteln ihre Ziele zu erreichen versuchen. Sobald sie zur Gewalt greifen, verlieren sie den strategischen Vorteil, der mit moralischer Autorität einhergeht. In den USA haben sich die Fernsehbilder von Polizisten, die in Mississippi und anderen

Südstaaten mit Wasserwerfern und aggressiven Hunden gegen friedliche schwarze Demonstranten vorgingen, tief ins Bewusstsein der anständigen, aufgeschlossenen weißen Amerikaner eingeprägt. Nur deshalb ergriff die öffentliche Meinung Partei für die gerechte Sache der Schwarzen, mit der Folge, dass in den Südstaaten die strikte Trennung von Schwarz und Weiß in allen Bereichen des öffentlichen Lebens aufgehoben wurde. Schwarze haben sich also ihre Bürgerrechte erkämpft, ohne einen einzigen Schuss abgefeuert zu haben.

Ein altes Sprichwort in den Vereinigten Staaten hat sich meiner Erfahrung nach ungeheuer bewahrheitet. Es lautet: »Das Rad, das am lautesten quietscht, wird geölt«, was natürlich nichts anderes heißt als: Wer ein Problem hat, das dringend gelöst werden muss, soll nicht still vor sich hin leiden, sondern so laut darauf aufmerksam machen, wie er nur kann. Irgendwann wird jemand den Lärm satt haben und versuchen, das Problem zu beheben.

In meinen vierundvierzig Jahren als eingebürgerter US-Amerikaner bin ich zu der Erkenntnis gelangt, dass die Wahlurne das wirkungsvollste Mittel ist, politische Ziele zu erreichen. Daher rate ich allen volljährigen Afrodeutschen, durch die Abgabe ihrer Wählerstimme am politischen Geschehen teilzunehmen. Selbst als kleine Minderheit können Afrodeutsche Einfluss auf Regierungsbeschlüsse ausüben, wenn sie gezielt solche Kandidaten unterstützen, die sich als sensibel für die Belange der Schwarzen erwiesen haben. Mitunter sind nur wenige Stimmen bei einer Wahl ausschlaggebend.

Trotz der vielen Ärgernisse und Kränkungen, die praktisch alle Afrodeutschen kennen, konnte ich jedoch auch feststellen, dass es vielen gelungen ist, diese Schwierigkeiten zu überwinden und sich in unterschiedlichen Berufen hohes Ansehen und sogar Ruhm zu verschaffen. Ein solches Beispiel ist Cherno Jobatey, der in Berlin geborene Sohn eines Schiffskochs aus Gambia und einer deutschen Klavierlehrerin, der sich nach einer journalistischen Ausbildung einen Namen als Moderator so bekannter Fernsehsendungen wie »Morgenmagazin«, »Leute heute« und

»Verstehen Sie Spaß?« gemacht hat. Ganz nebenbei hat er auf diese Weise auch seinen charakteristischen Zopf und die weißen Turnschuhe gesellschaftsfähig gemacht.

Jobateys Kollege, Pierre Geisensetter, in Jena geboren und Sohn einer deutschen Mutter und eines afrikanischen Vaters aus Mali, moderierte zwei Jahre lang die Fernsehshow »Herzblatt«, nachdem er sich als Jurastudent, Fitnesstrainer, Model, Fotoassistent und Werbefachmann versucht hatte.

Eine weitere Erfolgsgeschichte erlebte Arabella Kiesbauer, die in Wien zur Welt kam und seit 1989 diverse Talkshows wie »X-Large«, »Inter-City« und »Rund um Hollywood« moderierte, bis sie schließlich ihre eigene Show »Arabella« erhielt. Kiesbauer pendelt zwischen Wien und München und fühlt sich in beiden Städten daheim.

Wenn es um bekannte Personen des öffentlichen Lebens geht, die trotz – oder wegen – ihrer afrikanischen Wurzeln in Deutschland zu Ruhm und Ansehen gelangt sind, darf man den Weltklassefußballspieler Gerald Asamoah nicht übersehen. Er ist deutscher Staatsbürger und wurde in Ghana geboren, wo sein Vater als Journalist arbeitete, bevor er in Deutschland politisches Asyl erhielt. Asamoah gelang trotz einer schweren Herzkrankheit bei Schalke 04 eine erfolgreiche Profikarriere, und er war der erste Afrodeutsche, der in die deutsche Nationalmannschaft berufen wurde. In einem Interview mit dem *Spiegel* wurde er gefragt, ob er darüber nachdenke, dass sein Mitwirken als schwarzer Spieler eine ganz besondere Bedeutung für das Image der Nationalmannschaft habe. Asamoah verneinte, wies aber darauf hin, dass er gelegentlich von Schwarzen auf der Straße angesprochen werde, die ihm erzählen, ihnen werde mehr Anerkennung und Respekt entgegengebracht, seit er für Deutschland spiele. Er sehe sich nicht als Retter der Schwarzen in Deutschland, wisse aber wohl, dass viele Leute sich besonders freuen, wenn er in einem Spiel dabei sei.

Ein weiterer Fußballstar ist Anthony Baffoe, der seine Laufbahn aber inzwischen beendet hat. Er wuchs als Sohn eines ghanaischen Diplomaten in Bonn-Bad Godesberg auf, spielte unter anderem für den 1. FC Köln und Fortuna Köln und ist jetzt als Moderator und Fotomodell tätig. Tony, wie er von seinen Fans genannt wird, sagt, dass die Kölner im Stadion nicht mehr auf seine Hautfarbe achteten, sondern nur auf seine fußballerische Leistung.

Genauso bekannt wie ihr Bruder Anthony ist Liz Baffoe, die sich als Schauspielerin einen Namen gemacht hat. Sie wohnt in Köln und spielt seit Jahren in der »Lindenstraße« mit.

Eine Klasse für sich ist das Multitalent und Unterhaltungsurgestein Roberto Blanco, der seit 1958 als Sänger, Schauspieler und Tänzer im deutschen Fernsehen, in Filmen und auf der Theaterbühne erfolgreich ist. Er erblickte in Tunesien als Sohn kubanischer Eltern das Licht der Welt und ist, wie Blanco beteuert, nie Opfer von Rassismus gewesen. Im Gegenteil, er glaubt, dass seine Hautfarbe für ihn im Showgeschäft eher von Vorteil war.

Selbstverständlich darf in meiner Aufzählung afrodeutscher Erfolgsmenschen der Kölner Theodor Wonja Michael nicht fehlen, den ich 1997 kennen lernte und mit dem ich seitdem gut befreundet bin. Theodor unterscheidet sich von den meisten Afrodeutschen nicht nur durch seinen grauen Bart und das großväterliche Aussehen, sondern auch dadurch, dass er (wie ich) einer der wenigen letzten Schwarzen ist, die die Schrecken der Nazizeit durchlitten und überlebt haben. Er wird deshalb von den anderen Mitgliedern der »Initiative Schwarze Menschen in Deutschland« sozusagen als graue Eminenz verehrt.

Michael, ein bekannter Theaterschauspieler, der in erfolgreichen Inszenierungen von Dramen wie Shakespeares *Sturm* und *Der Widerspenstigen Zähmung* sowie in dem modernen Stück *Miss Daisy und ihr Chauffeur* mitwirkte, wurde 1925 in Berlin als Sohn einer deutschen Mutter und eines afrikanischen Vaters aus Kamerun geboren. In jungen Jahren verwaist, war er früh auf sich allein gestellt und verdingte sich schließlich als Komparse in Nazipropagandafilmen, in denen er afrikanische Eingeborene darstellte. Als die Nazis schließlich ihre Filmproduktionen einstellten, um sich ganz auf die Kriegsanstrengungen zu konzentrieren, wurde er zur Arbeit in einer deutschen Munitionsfabrik gezwungen, bis die russische Armee ihn befreite. Endlich konnte er an der Hamburger Hochschule für Wirtschaft und Politik studieren und als Journalist arbeiten. Doch seine Filmauftritte während der Nazizeit hatten ihm die Schauspielerei schmackhaft gemacht, und so begann er nach einer seriösen Schauspielausbildung eine Bühnenkarriere, die über fünfzig Jahre währen sollte.

Nach der Veröffentlichung meines Buches im Jahre 1999 schickte Theo mir folgenden Brief, der mich tief beeindruckt hat. Denn damals, während meiner Kindheit, hätte ich mir gar nicht vorstellen können, dass irgendwo in einer anderen deutschen Stadt ein anderer Mensch die gleichen Qualen durchlitt wie ich, und das nur, weil unsere Haut dunkel war.

Lieber Hans,
soeben habe ich einen Vorabdruck deines Buches *Neger, Neger, Schornsteinfeger!* zu Ende gelesen. Es war mir ein Bedürfnis, dir sofort zu schreiben, denn das, was du da schreibst, ist an vielen Stellen ein Spiegelbild meiner eigenen unmittelbaren Erlebnisse in meiner Kinder- und Jugendzeit. Z. B. das Gejohle und Gefeixe der Kinder, wenn sie mich das erste Mal sahen, das mitleidige Lachen der Erwachsenen. Die Erlebnisse in der Schule und auf der Straße waren die gleichen. Ja, selbst das Verwechseltwerden mit einem amerikanischen Piloten und die sich daraus entwickelnde Lebensbedrohung ist mir ebenfalls passiert. Und das Hinausgeworfenwerden aus der Schleuse eines Luftschutzbunkers ist mir ein unvergessliches Erlebnis. Tief beeindruckt hat mich auch dein Verhalten, indem du versucht hast, dich so unauffällig wie möglich zu bewegen. Genau das war auch meine Maxime. Denn wenn man aus irgendeinem Grunde in das Räderwerk der Nazis kam oder sie auf einen aufmerksam wurden, konnte es bedrohlich werden. Meine Musterung zum Militär verlief ähnlich deiner: Auch ich wurde als wehrunwürdig erklärt. Als alle meine Schulkameraden zum Jungvolk (der HJ) gingen, war ich, nach vergeblichen Anläufen, ebenfalls völlig niedergeschlagen.

Von meiner Umgebung als minderwertiges Subjekt, das eigentlich froh sein sollte, dass es noch leben durfte, betrachtet zu werden, war eine schreckliche Belastung meiner gesamten Jugendzeit und brachte mir im Alter von 14 Jahren Magengeschwüre ein …

In schicksalhafter Verbundenheit,
herzlichst: Theodor Michael

Johnson Publishing geht nach Paris

Nach unserer dreiwöchigen Rundreise durch Deutschland im Jahre 1966 beauftragte Mr Johnson Marshall und mich, einen Abstecher nach Paris zu machen, wo wir an der offiziellen Eröffnung des Pariser Büros der JPC teilnehmen sollten, die gleichzeitig ihr zwanzigjähriges Bestehen feierte. Das Büro sollte *Ebony*, *Jet* und *Negro Digest* mit Berichten über Aktivitäten von Schwarzen in Europa beliefern. Nachdem Marshall und ich drei Wochen lang aus dem Koffer gelebt hatten, konnten wir es kaum erwarten, nach Hause zu kommen. Aber da sich nun mal jemand opfern musste – Champagner zu trinken und mit Prominenten zu plaudern –, bissen wir in den sauren Apfel. Ohne Zögern sagten wir Deutschland auf Wiedersehen und begrüßten die Stadt der Verliebten nach einem kurzen Air-France-Flug mit einem fröhlichen *Bonjour*.

An der Feier im noblen Hotel George V. auf der berühmten Avenue George V., direkt gegenüber von unserem neuen Büro im achten Stock, nahmen über vierhundert geladene Gäste teil, darunter eine erlesene Schar Pariser Prominenz wie Maestro René Leibowitz, die international bekannte Pianistin und Sängerin Hazel Scott, der legendäre Bluesmusiker Memphis Slim und die Schauspielerin Marpessa Dawn, die durch den Film *Orfeu Negro* bekannt geworden war. Es dauerte buchstäblich Stunden, bis Mr J, mein Freund und neuer Pariser Redaktionsleiter Charles L. Sanders, Chefredakteur von *Negro Digest* Hoyt Fuller und ich die letzten eintreffenden Gäste begrüßt hatten.

Als Dank für unsere Mühe lud Mr J uns am nächsten Tag zu einer Besichtigungstour durch Paris ein, auf der wir den Eiffelturm, Vorstellungen in den »Folies-Bergère«, im Lido und im Moulin Rouge besuchten und zum krönenden Abschluss im international bekannten Restaurant Maxim's fürstlich dinierten. Mr J, der zwar edle Restaurants zu schätzen wusste, aber einfache Speisen bevorzugte, sorgte für einiges Aufsehen, als er uns den besten Champagner des Hauses bestellen ließ, selbst aber den eleganten Sommelier bat, ihm eine Flasche Cola zu bringen – ausgerechnet! Der Sommelier wirkte eine Sekunde verdattert, offenbar war ihm so etwas noch nicht untergekommen, gewann dann aber seine Fassung zurück und erwiderte: »Einen kleinen Augenblick, Monsieur.«

Anscheinend hatten sie keine Cola vorrätig und mussten erst welche in der Nähe besorgen. Als wir schon fürchteten, dass Mr J der Geduldsfaden reißen könnte, kam der Sommelier mit einer Flasche Coca-Cola, die er diskret unter einer großen weißen Serviette vor den Augen der übrigen Gäste verbarg.

Lotse für die deutsche Presse

Je mehr die Bürgerrechtsbewegung in den USA in den sechziger Jahren an Stoßkraft gewann und von den Südstaaten auf die großen Metropolen im Norden übergriff, desto hellhöriger wurden die Menschen in Europa. Mit Feuereifer informierten die europäischen Journalisten ihre Landsleute über die fast täglichen Konfrontationen zwischen den Schwarzen und Weißen in Amerika.

Deutsche Journalisten bildeten da keine Ausnahme. Die Kollegen, die nach Chicago kamen, erfuhren bald über das deutsche Generalkonsulat, dass bei *Ebony* ein schwarzer Redakteur namens Hans J. Massaquoi arbeitete, der ihnen bezüglich der aktuellen Auseinandersetzungen gern Rede und Antwort stand. Er spreche nicht nur Deutsch, sondern sogar Deutsch mit Hamburger Akzent. Wie nicht anders zu erwarten, liefen mir dank des Tipps vom Konsulat die deutschen Journalisten von Rundfunk, Fernsehen und Presse in der Redaktion förmlich die Tür ein, um sich von mir die unterschiedlichen Ansätze der diversen, mitunter konkurrierenden Bürgerrechtsgruppen erläutern zu lassen. Zu den deutschen Kolleginnen und Kollegen, die von Zeit zu Zeit bei mir vorbeischauten, zählten Gitta Bauer vom Springer-Auslands-Dienst, Gerd Ruge von der ARD, Michael Herde von RIAS Berlin, Hanns Joachim Friedrichs von den »Tagesthemen«, ARD-Journalist Werner Baecker, der mit seinem Amerika-Magazin »New York, New York« Fernsehgeschichte schrieb, Werner Baroni von der deutschsprachigen *Abendpost* in Chicago, Hans Hielscher und Helmut Sorge vom *Spiegel.*

Helmut Sorge lernte ich im Herbst 1968 kennen. Als er mich in der Redaktion anrief, um zu fragen, ob ich etwas Zeit für ein Gespräch mit ihm erübrigen könne, verabredeten wir uns nach Feierabend im Presseraum des Chicago Stadium, wo die Demokraten einen Parteitag abhielten, auf dem sie Vizepräsident Hubert H. Humphrey zu ihrem Präsidentschaftskandidaten küren wollten. Da Vietnamkriegsgegner gedroht hatten, den Parteitag zu stören, weil Humphrey nicht bereit war, sich von Präsident Lyndon B. Johnsons Vietnamkriegspolitik zu distanzieren, wurde das Stadium rundherum mit Stacheldraht umzäunt und von schwer bewaffneten Nationalgardisten und Polizisten abgeriegelt. Es herrschte eine Atmosphäre wie im Kriegszustand.

Kurz nach meiner Ankunft im Presseraum tauchte ein junger, blonder Mann auf, der aussah, als könne er Helmut Sorge sein, was sich auch als richtig erwies. Auf seine Frage, wie die Schwarzen sich in der bevorstehenden Wahl verhalten würden, erklärte ich, es könne gut sein, dass die vielen Schwarzen ihre Stimme dem in Bürgerrechtsfragen extrem liberal eingestellten Humphrey verwehrten, weil er als Vize einer Regierung angehöre, die den Vietnamkrieg befürwortete. Dadurch würden sie leider seinem republikanischen Kontrahenten Richard M. Nixon, der in Bürgerrechtsfragen als extrem konservativ galt, unbeabsichtigte

Schützenhilfe geben. Noch im Laufe des Tages sickerte durch, dass es in der Innenstadt von Chicago zu gewaltigen Krawallen gekommen war, nachdem der demokratische Bürgermeister Richard J. Daley der ihm unterstellten Polizei den Befehl erteilt hatte, die Demonstranten notfalls mit Schusswaffen aufzuhalten.

Als ich Helmut Sorge zu seinem Hotel fuhr, dem am Michigansee gelegenen Conrad Hilton, wo zufälligerweise auch Vizepräsident Humphrey wohnte, wurden wir Zeuge der unter der Bezeichnung »Schlacht im Grant Park« bekannt gewordenen Gewalttätigkeiten von Chicagoer Polizisten gegen Teilnehmer einer Antikriegsdemo. Wir mussten mit ansehen, wie die Beamten mit ihren berüchtigten Schlagstöcken wahllos auf Hunderte von Menschen einprügelten, egal ob Demonstranten oder unbeteiligte Zuschauer, und sie in Polizeibusse verfrachteten.

Seitdem, also schon seit über fünfunddreißig Jahren, sind Helmut und ich gut befreundet und haben uns regelmäßig gegenseitig in Hamburg, New Orleans und Los Angeles besucht. Keiner von uns beiden wird die »Schlacht im Grant Park« vor dem Chicagoer Hilton Hotel vergessen, die viele Menschen für die vernichtende Wahlniederlage von Vizepräsident Humphrey verantwortlich machen und für den Anfang vom Ende der Ära Daley, dem »letzten Großstadtpatriarchen«.

Nicht alle meine deutschen Besucher waren Medienvertreter auf der Suche nach frischem Stoff für eine Bürgerrechtsstory. Eines Tages teilte mir meine Sekretärin mit, dass ein Gentleman aus Hamburg, dessen Namen sie nicht aussprechen könne, am Empfang sei und mich zu sprechen wünsche. Da ich bis heute eine Schwäche für Menschen aus Hamburg habe, bat ich sie, ihn auf der Stelle zu mir hochzubringen. Der große, kräftig gebaute Besucher, der mit einer dicken Hornbrille auf der Nase mein Büro betrat, stellte sich als Erich Lüth vor, ehemaliger Leiter der Staatlichen Pressestelle in Hamburg und zeitweilig Abgeordneter in der Hamburger Bürgerschaft. »Ich habe in Hamburg viel über Sie gehört«, erklärte er, »und da ich zufällig in Chicago bin, möchte ich die Gelegenheit nicht versäumen, Sie persönlich kennen zu lernen.«

Ich dankte ihm für sein Interesse, und wir unterhielten uns eine Weile, überwiegend über unsere gemeinsame Heimatstadt und darüber, was für unterschiedliche Erfahrungen unser jeweiliges Leben geprägt hatten. Bevor ich ihm unseren Verleger vorstellte, reichte er mir ein Buch, seine Autobiographie mit dem Titel *Viele Steine lagen am Weg*. Vorn hatte er für mich eine Widmung hineingeschrieben: »Für Hans Massaquoi, auf den wir in Hamburg sehr stolz sind.« Die Anerkennung rührte mich zutiefst, doch leider konnte ich mich für die Geste nicht revanchieren, da mein Buch erst 1999 erschien, lange nachdem ich erfahren hatte, dass Erich Lüth verstorben war.

Weitere prominente Besucher aus Hamburg waren unter anderem Lufthansa-Chef Heinz Ruhnau, der während einer Besichtigung der Chicagoer Büros seiner Fluggesellschaft bei mir in der Redaktion vorbeischaute, sowie der Afrikakenner, Forschungsreisende und Schriftsteller Rolf Italiaander, der damals Gastdozent für afrikanische Geschichte und Kultur am Hope College in Holland, Michigan, war und eine ganze Busladung deutscher Studenten mitbrachte. Auf seine Einladung hin besuchte ich ihn, als ich das nächste Mal in meiner Heimatstadt war, in seinem Haus unweit der Alster und im Museum Rade am Schloss Reinbek, wo er künstlerischer Leiter und Stifter war und viele der Kunstgegenstände ausstellte, die er in vielen Jahren auf seinen Reisen rund um den Globus gesammelt hatte.

Der deutsche Satchmo

Im Jahre 1967 kam uns bei JPC ein seltsames Phänomen zu Ohren. Ein aus Trinidad stammender Trompeter namens Billy Mo war in Westdeutschland durch Liveauftritte und Schallplattenaufnahmen zum Star geworden. Der vierundvierzig Jahre alte Musiker, den man als den »deutschen Satchmo« vermarktete und dessen Schallplatten die Hitparaden stürmten, wurde sowohl in musikalischer als auch in optischer Hinsicht als Doppelgänger Louis Armstrongs bejubelt. Um unsere Leser über diese erfreuliche Entwicklung im ehemaligen Dritten Reich zu informieren, reiste ich in meine alte Heimatstadt Hamburg, wo ein Treffen mit dem Möchtegern-Satchmo arrangiert worden war.

Als meine deutsche Fotografin Digne Meller-Markowitz und ich den beliebten Unterhaltungskünstler zum ersten Mal zu Gesicht bekamen, hatte er einen Auftritt in der Waldschloss-Diskothek im Stadtteil Bergedorf, wo er auch wohnte. Auf den ersten Blick, das musste ich zugeben, war die Ähnlichkeit mit dem Jazzveteranen aus New Orleans verblüffend. Die gleichen großen Glupschaugen, die kratzige, raue Stimme, das vertraute zähnefletschende Grinsen und das weiße Taschentuch, mit dem er sich, wenn er kurz seine Trompete absetzte, das verschwitzte Gesicht abwischte. Auf dem überfüllten Tanzparkett vor dem Musikpodium tanzten junge Paare merkwürdige Varianten des Boogaloo, während das übrige Publikum vor Begeisterung tobte. Bis dahin war Billy Mos Anpreisung als »Deutschlands Louis Armstrong« durchaus gerechtfertigt. Doch damit hatte es sich mit der Ähnlichkeit auch schon.

Billy Mo fehlte es, wie ich fand, im Vergleich zu Satchmo nicht nur an Leibesfülle, sondern auch – und das war entscheidend – an Jazz-Talent. Was Billy Mo verkaufte, vielleicht besser als jeder andere, war musikalischer Durchschnitt, so kitschig, dass selbst Amerikas damalige Könige der »uncoolen« Musik, Guy Lombardo und Lawrence Welk, von ihm noch etwas hätten lernen können. Polkas, Walzer, Märsche, Foxtrotts, moderne und alte Schlager (zum Beispiel »Ich fahr' mit meiner Clara in die Sahara«) machten sein buntes Repertoire aus, das er mit einem schier unerschöpflichen Vorrat an Witzchen, Gags und Parodien aufpeppte, die ebenso abgedroschen waren wie seine musikalische Darbietung.

Im Verlauf des Abends setzte Billy sich einen Tirolerhut auf, der, wie mir erklärt wurde, zu seinem Markenzeichen geworden war und ohne den er sich praktisch nirgendwo mehr blicken ließ. Einige Jahre zuvor hatte er die inzwischen legendäre Kopfbedeckung erstmals als Requisite für einen Schlager mit dem Titel

»Ich kauf' mir lieber einen Tirolerhut« getragen. Der Schlager wurde über Nacht ein Hit und erwies sich als die lukrativste von den über hundert Scheiben, die Billy Mo bis dahin aufgenommen hatte, denn sie spielte über vier Millionen Mark ein. Mir kam der Gedanke, dass sein Erfolg – anders als bei vielen schwarzen Jazzmusikern in Europa – weiß Gott nicht auf der meisterlichen Beherrschung einer exotischen Musikform beruhte. Im Gegenteil, seine Popularität gründete auf seinem Talent, die Deutschen in ihrer eigenen Spezialsparte zu schlagen – der Humtata-Musik.

Als Billys Auftritt weit nach Mitternacht zu Ende ging und ich ihn fragte, wann und wo wir ihn interviewen könnten, sagte er, wir sollten am nächsten Morgen um zehn Uhr zu seinem Reihenhaus ganz in der Nähe kommen, wo wir auch seine übrige Familie kennen lernen würden, seine deutsche Frau Margot und die beiden Kinder, Susanne, sechs Jahre alt, und Geoffrey, fünf. Als wir uns von Billy verabschiedeten, war er eifrig damit beschäftigt, Autogramme für einen ganzen Schwarm junger Frauen zu schreiben, die ihn umringt hatten.

Am nächsten Tag klingelte ich mit der mir angeborenen preußischen Pünktlichkeit um Punkt zehn Uhr an Billy Mos Haustür, während meine Fotografin im Wagen wartete. Zu meiner Bestürzung öffnete mir eine leicht verstimmt wirkende blonde Frau, in der ich richtigerweise Billys Gattin vermutete, und erklärte mir, ihr Mann sei nicht zu Hause und sie habe nicht die blasseste Ahnung, wo er sich aufhalte.

Ich wusste, dass mir Ärger ins Haus stand. Da ich am nächsten Tag in die Staaten zurückfliegen sollte, wo schon weitere Termine meiner harrten, drohte mein Interview mit Billy zu platzen, was bedeuten würde, dass ich vergeblich den weiten Weg nach Deutschland gekommen war. Wenn ich mit leeren Händen in der Redaktion auftauchte, würde das einen dunklen Fleck auf meiner bis dahin makellos weißen Weste als zuverlässiger Journalist hinterlassen, von den praktisch zum Fenster hinausgeworfenen Reisekosten ganz zu schweigen.

In meiner Not erläuterte ich Mrs Joachim (der richtige Nachname ihres Mannes) meine prekäre Lage und flehte sie an, ihrem Mann doch bitte auszurichten, er möge mich im Hotel Vier Jahreszeiten anrufen, sobald er nach Hause käme. Dann wartete ich mit angehaltenem Atem im Hotel, nachdem ich der Fotografin gesagt hatte, sie solle die Fotos nach meiner Abreise auf eigene Faust schießen. Doch als Billy endlich anrief, verlängerte er meine Nervosität nur, anstatt sie zu beenden. Aus irgendwelchen persönlichen Gründen, so erklärte er, sei es ihm unmöglich, mir das Interview noch am selben Tag zu geben, aber er versprach, sich am nächsten Morgen etwa anderthalb Stunden vor seinem Abflug zu einem anderen Engagement am Hamburger Flughafen mit mir zu treffen. Da mein Flug nach Frankfurt etwa um dieselbe Zeit ging wie seiner, verabredeten wir uns an seinem Gate, und ich beschwor ihn, mich nicht wieder zu enttäuschen.

Am nächsten Tag schwitzte ich Blut und Wasser, während ich lange vor dem vereinbarten Zeitpunkt an dem Gate auf meinen ersehnten Interviewpartner wartete. Doch meine Sorgen erwiesen sich als unbegründet. Plötzlich kam sein Erkennungszeichen, der Tirolerhut, in Sicht, und Billy Mo begrüßte mich mit einem fröhlichen Guten Morgen, ohne auch nur mit einem Wort auf die Tatsache einzugehen, dass ich seinetwegen um mindestens zehn Jahre gealtert war. Nein, er drängte mich sogar, gleich mit dem Interview anzufangen.

Im Gegensatz zu der lärmenden Extravaganz, die er auf der Bühne an den Tag gelegt hatte, machte der private Billy auf mich den Eindruck eines leutseligen, freundlichen Mannes, dem nichts von der Großspurigkeit anzumerken war, die man ihm nachsagte. Ich war überrascht, als er mir ausführlich den seltsamen Weg schilderte, der ihn aus der Namenlosigkeit in Trinidad zur Bekanntheit in Deutschland geführt hatte. Den deutschen Nachnamen Joachim und seine Bewunderung für die Deutschen hatte er von seinem Großvater mütterlicherseits geerbt, einem deutschen Offizier in der kaiserlichen Kolonialarmee in Kamerun, der eine Kamerunerin geheiratet hatte. Anstatt nach seinem Abschied aus der Armee in seine Heimat zurückzukehren, wanderte er mit seiner Braut nach Trinidad aus. Billy, Jahrgang 1923, erzählte, er habe schon mit fünf beide Eltern verloren und sei dann mit seinen zwei Schwestern ins Waisenhaus gekommen. Hätte nicht ein anonymer Spender dem Waisenhaus ein ramponiertes Waldhorn geschenkt, so meinte er, hätten die Deutschen vielleicht auf ihren »Mr Tirolerhut« verzichten müssen. Aber weil er und das Horn bald unzertrennlich wurden, ließ das Waisenhaus ihm Musikunterricht erteilen. Mit vierzehn Jahren wurde er jüngstes Mitglied in Trinidads Polizeimusikkapelle, und 1945 entdeckte ihn ein Offizier der britischen Handelsmarine, der Musiker für eine rein schwarze Tanzcombo suchte. Billy wurde engagiert und fuhr mit dem Schiff nach London, wo die neu gegründete Gruppe fürs Radio spielte und in Nachtclubs und vor britischen und amerikanischen Truppen auftrat. Diese Phase in Billys Leben erinnerte mich seltsam an meine eigene kurze Musikerkarriere, als ich kurz nach dem Zweiten Weltkrieg vor amerikanischen und britischen Soldaten aufgetreten war.

Irgendwann blieben die Engagements aus, die Band löste sich auf, und Billy hielt sich die nächsten elf Jahre mit spärlichen Auftritten mehr schlecht als recht über Wasser. Während dieser Zeit legte er sich den Namen »Billy Mo« zu, nachdem er in einem Musical die Titelrolle des »Old Man Moses« gespielt hatte.

1956 hatte er die Nase voll von London und machte sich eingedenk seines deutschen Vorfahren auf nach Hamburg. Nachdem er nur wenige Stunden durch St. Pauli gestreift war, hatte er sich bereits einen Job in einem verrufenen Striplokal auf der Reeperbahn geangelt. Drei Tage später lernte er in einem Restaurant eine Verkäuferin namens Margot kennen, die später seine Frau wurde. Zumindest bei Margot war es nicht gerade Liebe auf den ersten Blick, so erinnerte er sich. Anfangs wollte sie nicht mal mit ihm reden. Doch offenbar setzte sich sein Trinidad-Charme schließlich durch, obwohl er vier Monate auf seinen ersten Kuss warten musste.

Über dem Nachtclub, in dem er auftrat, war eine Pension, und als einige der Stammgäste sich beschwerten, seine Trompete sei so laut, dass sie nicht schlafen könnten, und handgreiflich zu werden drohten, sagte der Nachtclubbesitzer, er solle die Trompete beiseite legen und lieber singen. Billy hatte noch nie zuvor in der Öffentlichkeit gesungen, aber da er sonst seinen Job verloren hätte, gab er sein Bestes. Zu seiner eigenen Überraschung kam sein Gesang bei den Leuten gut an, und schon bald rissen sich die Clubbesitzer auf der Reeperbahn um den Sänger und Trompeter. Eines Abends kam der Chef des Fernsehorchesters, Viktor Reschke, in seine Show und engagierte ihn vom Fleck weg. Von da an nahm Billy Mos Karriere einen kometenhaften Aufstieg, und sein Name wurde in ganz Deutschland und darüber hinaus ein Begriff.

Obwohl seine Satchmo-Nummer beliebt war, widerstand er der Versuchung, sich ausschließlich auf amerikanischen Jazz zu beschränken, sondern landete große Erfolge mit deutschen Evergreens, wie beispielsweise dem Dreißiger-Jahre-Schlager »Das Fräulein Gerda«, seiner ersten Schallplattenaufnahme, die sofort ein Hit wurde. Weitere Hits folgten, darunter »Wenn die Elisabeth nicht so schöne Beine hätt'«.

Billy Mo war sich durchaus darüber im Klaren, dass seine alberne Taschentuch-Masche und die Tatsache, dass er erst kürzlich die Ehrenmitgliedschaft der Schornsteinfegerinnung angenommen hatte (die ihm natürlich aufgrund seiner dunklen Hautfarbe angeboten worden war), ihn bei Afrodeutschen und Afroamerikanern nicht gerade beliebt machten, aber er war in dieser Hinsicht weder überempfindlich noch kleinlaut. Für ihn gehörte das alles zum Showbusiness, und er fand es einfach nur lustig, mehr nicht. Er war richtig stolz auf seine kürzlich errungene deutsche Staatsbürgerschaft und versicherte mir, dass damit sein schönster Traum in Erfüllung gegangen sei.

Ein »Träumer« bewegt die Welt

Als wir am 4. April 1968 die schreckliche Nachricht hörten, dass Dr. Martin Luther King jr. in Memphis, Tennessee, ermordet worden war, senkte sich über das in Schwarz und Weiß gespaltene Chicago eine Stille, die in der ganzen Stadt spürbar war. Es war nur die Ruhe vor dem Sturm. Wenige Stunden später explodierten die Schwarzenghettos der Stadt. Der lang gehegte Hass auf die Willkürherrschaft einer brutalen weißen Machtstruktur brach aus wie ein Vulkan, und Tausende Slumbehausungen wurden von ihren frustrierten und zornigen Bewohnern in Brand gesteckt. Der Mord an dem geliebten Schwarzenführer lieferte den Funken, der das entzündete, was der prophetische Schriftsteller James Baldwin »The Fire Next Time« genannt hatte, wie der Titel seiner Essaysammlung heißt (auf Deutsch: *Hundert Jahre Freiheit ohne Gleichberechtigung).*

Um mit meiner Trauer über den ungeheuren Verlust fertig zu werden, den ich persönlich und die Schwarzen als Bevölkerungsgruppe erlitten hatten, fuhr ich zur überwiegend von Schwarzen bewohnten West Side, wo, wie ich gehört hatte, die Zerstörungswut besonders heftig tobte. Während ich den Wagen durch von Rauchschwaden durchzogene Straßen lenkte, sah ich Gestalten aus brennenden Gebäuden huschen, die Arme beladen mit gestohlenen Waren aus geplünderten Läden. Die Feuersbrunst erinnerte mich an meine Heimatstadt Hamburg, wo ich vier Jahrzehnte zuvor erlebt hatte, wie Barmbek, das Viertel, in dem ich aufgewachsen war, in Flammen aufging.

Beim Anblick dieser Szenen der Gewalt, die sich da vor meinen Augen in der West Side abspielten, musste ich an ein Ereignis denken, das sich mir als einer der ergreifendsten Augenblicke meines ganzen Lebens tief in die Seele eingeprägt hatte – der Marsch auf Washington im Jahre 1963. Die Veranstaltung, zu der Asa Philip Randolph, Bayard Rustin und andere Schwarzenführer aufgerufen hatten, sollte eine friedliche Demonstration gegen die Benachteiligung von Schwarzen in Ausbildung, Beruf und Lebensumfeld werden. Einige Skeptiker prophezeiten, das Ganze würde entweder wegen mangelnder Beteiligung ein gewaltiger peinlicher Flop oder, wenn die Massen außer Kontrolle gerieten, in blutige Krawalle ausarten. Mr J, der mit einem Erfolg rechnete, hatte seine ganze Redaktion – etwa fünfzig Leute – nach Washington geschickt. In den frühen Morgenstunden des

28. August, dem großen Tag, sah es zunächst so aus, als würden die Propheten eines Flops Recht behalten, denn es waren erst einige hundert Leute von auswärts gekommen. Doch gegen Mittag veränderte sich das Bild dramatisch, als eine wahre Lawine von Menschen – schwarze und weiße – aus allen Teilen der Vereinigten Staaten mit Flugzeugen, Bussen, Pkws und Zügen eintrafen und auf die Lincoln Mall strömten. Auf rund 300 000 wurde die Zahl der Demonstranten geschätzt, die größte Menschenansammlung in der Geschichte der Landeshauptstadt.

Praktisch alle Gruppierungen der Bürgerrechtsbewegung waren gekommen, von der NAACP (Vereinigung zur Förderung Farbiger) über Dr. Kings SCLC (Christliche Leitungskonferenz der Südstaaten) und dem CORE (Kongress für »Rassengleichheit«) bis hin zum »Studentischen Gewaltfreien Koordinierungskomitee« SNCC, gesprochen »Snick«. An der Spitze der Bürgerrechtselite stand Rosa Parks, »die Mutter der Bewegung«. Ihre beherzte Weigerung, ihren Platz in dem Bus, mit dem sie tagtäglich zur Arbeit fuhr, einem Weißen zu überlassen, hatte 1955 den Bus-Boykott in Montgomery, Alabama, ausgelöst und zur Gründung der Bürgerrechtsbewegung geführt. Um ihre Solidarität zu bekunden, nahm auch eine Reihe von Hollywoodstars an der Großdemonstration teil, darunter Sidney Poitier, Harry Belafonte und Marlon Brando. Jazz-Legende Lena Horn war ebenso gekommen wie Gospel-Königin Mahalia Jackson und Sammy Davis jr. Einige kamen extra aus Afrika und Europa angereist, wie die legendäre Tänzerin und Sängerin Josephine Baker aus ihrer Wahlheimat Frankreich. Menschen, die einen repräsentativen Querschnitt durch die Bevölkerung des Landes bildeten, was ihre Hautfarbe, politische Überzeugung, ihren Bildungsgrad, ihre wirtschaftliche Situation und Religion betraf, bekundeten durch ihre Teilnahme ihre Solidarität mit dem schwarzen Freiheitskampf in den USA. Sogar Charlton Heston, der sich damals noch nicht ins ultrakonservative Lager geschlagen hatte, zeigte auf der Demonstration Flagge.

Höhepunkt des Tages war natürlich die berühmte Rede von Martin Luther King. Ich stand nicht weit von der Rednertribüne auf den Stufen des Lincoln-Denkmals, als King, flankiert von seiner Frau Coretta und den führenden Bürgerrechtlern des Landes, seine Vision von der Zukunft Amerikas vorstellte. »Ich habe einen Traum«, so sprach er, »dass meine vier kleinen Kinder eines Tages in einem Land leben werden, in dem sie nicht nach ihrer Hautfarbe, sondern nach ihrem Charakter beurteilt werden ... wo kleine schwarze Jungen und Mädchen sich mit kleinen weißen Jungen und Mädchen an den Händen halten und als Brüder und Schwestern Seite an Seite gehen ...«

Es schien absurd und dennoch verständlich, dass der Tod dieses großartigen Streiters für Frieden und Gewaltlosigkeit so viel Hass und Zerstörung auslöste.

Ich war Martin Luther King mehrfach begegnet, und jedes Mal beeindruckte er mich erneut mit seiner zurückhaltenden, freundlichen und bescheidenen Art, vor allem aber mit seinen Ideen und Überzeugungen. Ich erinnere mich gut an eine Besprechung mit ihm beim Lunch in unserem Verlag, lange bevor der Protest gegen Amerikas Beteiligung am Krieg in Vietnam populär wurde. Martin Luther King äußerte damals die kühne Meinung, dass eine Unterstützung der von der US-Regierung verfolgten Vietnamkrieg-Politik mit seinen Überzeugungen als engagierter Verfechter von Gewaltlosigkeit unvereinbar sei.

Im Herbst 1966 gab Dr. King bekannt, dass er nach Chicago kommen wolle, um den Kampf gegen die erbärmlichen Umstände, unter denen Schwarze lebten, in seinen gewaltlosen Widerstand gegen Rassendiskriminierung zu integrieren. Er hatte vor, durch einen Frontalangriff die bedingungslose Kapitulation von Kräften zu erreichen, die für die Schaffung und Aufrechterhaltung der Slums verantwortlich waren. Um *Ebony* über seine neue Initiative zu informieren, hatte er sich mit mir am Chicagoer O'Hare International Airport verabredet, wo er mir direkt nach seiner Ankunft ein Exklusivinterview geben wollte. Obwohl seine Maschine aus Atlanta erst spät abends mit erheblicher Verspätung landete und er sichtlich erschöpft war, bestand er darauf, sein Versprechen sofort einzulösen. In einem kleinen Raum, den ihm die Fluggesellschaft zur Verfügung stellte, sagte

King mir, er sei sich durchaus bewusst, dass sein neues Vorhaben das bislang ehrgeizigste sei, und wegen des gewaltigen Ausmaßes des Problems erwarte er immense Schwierigkeiten.

»Ich bin nach Chicago gekommen«, sagte er, »weil die Zustände hier in den Slums typisch sind für die Slums im ganzen Land. Als Großstadt eignet sich Chicago ideal, um die beklagenswerte Situation anzuprangern und die Öffentlichkeit aufzurütteln.« King sagte, man könne die dreckigen und heruntergekommenen Unterkünfte erst dann abschaffen, wenn er mit dem weit verbreiteten Irrglauben aufgeräumt habe, die Mieter ließen die Wohnungen absichtlich oder aus Gleichgültigkeit verkommen, während die weißen Vermieter darum kämpften, ihr Eigentum in einem guten Zustand zu halten, dabei aber auf verlorenem Posten stünden. Er war der festen Überzeugung, solange in den meisten Großstädten des Landes die Bauvorschriften nur locker oder gar nicht beachtet würden und man weniger Steuern bezahlte, wenn man sein Haus verwahrlosen ließ, solange sähen die Besitzer von Mietskasernen in den Slums grünes Licht für ihre Ausbeutungspraktiken.

Um deutlich zu machen, dass er es mit seiner Aktion ernst meinte, mieteten Martin Luther King und seine Frau Coretta eine Wohnung im dritten Stock eines abbruchreifen Hauses in Lawndale, einem ärmlichen Stadtteil in der West Side von Chicago, um von dort seine Kampagne zu starten. Nur wenige Stunden, nachdem die weißen Eigentümer erfahren hatten, wer die neuen Mieter waren, beauftragten sie Handwerker, die gröbsten Mängel, die gegen die Bauvorschriften der Stadt verstießen, in den Wohnungen zu beheben. Weitere Hausbesitzer in der Gegend taten es ihnen schnellstens nach, als sie spürten, was sich da zusammenbraute.

Auch ich schloss mich schließlich den Hunderten von Schwarzen und Weißen an, die unter Führung von Martin Luther King durch Chicagos Stadtteile marschierten, in denen Schwarze illegalerweise daran gehindert worden waren, Immobilien zu mieten oder zu kaufen. Auf einem unserer friedlichen Märsche kamen wir durch Gage Park, eine ausschließlich von Weißen bewohnte Enklave mit einfachen, aber penibel gepflegten Häusern in der South West Side am Rande der Stadt. Dort musste uns ein Spalier von Polizisten schützen, und wir wurden mit »Nigger raus«-Rufen empfangen. Seit dem Zweiten Weltkrieg, als ich in Hamburg von einer Gruppe Landsleute versehentlich für einen abgeschossenen Piloten der Alliierten gehalten wurde und beinahe gelyncht worden wäre, hatte ich nicht mehr solche hassverzerrten Gesichter gesehen. Als King uns aufforderte, zu einem stillen Gebet niederzuknien, prasselte ein Hagel Steine auf uns herab, wodurch einige von meinen Mitdemonstranten schwer verletzt wurden.

All diese Szenen der Vergangenheit gingen mir durch den Kopf, als ich um den Mann trauerte, der mein Leben nur kurz, aber unauslöschlich berührt hatte. Heute, rund fünfunddreißig Jahre später, muss ich leider Gottes sagen, dass die Träume meines Helden von sozialer Gerechtigkeit und Brüderlichkeit noch weitestgehend unerfüllt geblieben sind.

Alex Haley, der Autor von *Roots*

Irgendwann im Jahre 1969, lange bevor Fluggesellschaften knapp bei Kasse waren und Erdnüsse statt richtiger Mahlzeiten servierten, rief mich Joe Zucker an, ein PR-Mann im Chicagoer Lufthansa-Büro, und lud mich zu einer Pressereise anlässlich eines Jungfernfluges von München nach Mailand ein. Im Falle meiner Zusage, so Zucker, würde Lufthansa mir den Linienflug von Chicago nach München spendieren. Da ich noch nie in Italien gewesen war und ohnehin ein paar Tage Urlaub nehmen wollte, ergriff ich die Gelegenheit beim Schopf.

Ich hatte angenommen, so ein Jungfernflug würde gebührend begangen, vielleicht mit einer Musikkapelle oder einer Abordnung von Lufthansa-Mitarbeitern, die uns »Ehrengäste«, die eigens zur Teilnahme an diesem historischen Ereignis ausgewählt worden waren, begrüßen würde. Doch zu meiner Enttäuschung wurde bei meiner Ankunft in München, wo ich die Maschine nach Mailand bestieg, kein roter Teppich ausgerollt. Auch waren offenbar ein weiterer Gentleman, der einen Platz in meiner Nähe hatte, und ich die einzigen Passagiere, die dem Anlass entsprechend Anzug und Krawatte trugen. Als ich mir die wehende weiße Mähne des Mannes, den kalten Zigarrenstummel in seinem Mundwinkel und sein Markenzeichen, die roten Socken, genauer ansah, dämmerte mir, dass er kein anderer war als Studs Terkel, bekannter Autor, Radiostar und Chicagoer Original. Während des zweistündigen Fluges nach Mailand unterhielt Terkel mich mit seinem Witz und seinen originellen Ansichten über »Amerikas irrwitzigen Krieg in Vietnam«, der das Land regelrecht in zwei feindliche Lager gespalten hatte.

Lufthansa hatte uns in einem feudalen Hotel untergebracht, und nachdem wir dort eingecheckt hatten, unternahm ich einen Spaziergang, um mir ein wenig die Stadt anzuschauen. Kaum war ich auf der Piazza del Duomo, um mir die phantastische Architektur des *duomo* anzuschauen, Mailands riesiger gotischer Kathedrale, hörte ich Polizeisirenen und Geschrei. Plötzlich kam eine Kolonne Jeeps auf den Platz gebraust, und blau uniformierte Carabinieri sprangen heraus. Mit Gummiknüppeln gingen die Polizisten auf Demonstranten los, die Transparente mit der Aufschrift »Humphrey Go Home« trugen, und verfrachteten sie in die Jeeps. Ein Englisch sprechender Zuschauer erklärte mir, dass US-Vizepräsident Hubert H. Humphrey der Stadt einen offiziellen Besuch abstatte und einige Mailänder wegen der militärischen Einmischung Amerikas in Vietnam nicht gerade gastfreundlich aufgelegt seien. Als ich Studs anschließend im Hotel erzählte, was ich gesehen hatte, ärgerte er sich, dass er nicht dabei gewesen war, denn die Demonstration und der Polizeieinsatz wären Wasser auf seine Mühlen gewesen.

Am selben Abend lud Studs mich ein, ihn in ein Restaurant zu begleiten, wo er mit einem alten Bekannten verabredet war, Giovanni Pirelli, einem Mitglied der gleichnamigen steinreichen Autoreifen-Dynastie. Pirelli, ein großer Mann in den mittleren Jahren mit scharf geschnittenem, aristokratischem Gesicht und grauem Haar, empfahl mir eine Reihe von köstlichen italienischen Speisen, die mir zu meinem ewigen Bedauern bis heute in der Qualität nicht gelungen sind. Während mir das Essen vorzüglich mundete, konnte ich das von meiner Unterhaltung mit Signor Pirelli nicht behaupten. Er verwickelte mich nämlich in eine hitzige Diskussion, in deren Verlauf er beteuerte, dass er den Ansatz von *Ebony*, Gleichheit für Afroamerikaner durch bessere Bildung sowie durch politisches und gesellschaftliches Engagement zu erreichen, für grundsätzlich falsch halte. Stattdessen, so schlug er vor, sollten wir die westliche Kleidung und Kultur ablehnen und uns wieder auf unsere afrikanischen Bräuche und Bekleidungsformen besinnen. Als ich genug von gutem Essen und schlechten Gesprächen hatte, wollte ich den Abend beenden. Doch Studs fand unsere Unterhaltung so anregend, dass er Pirelli fragte, ob er nicht Lust auf einen Absacker in unserem Hotel hätte, wo wir unsere »Diskussion« fortsetzen könnten. Nur diesmal würde er seinen Kassettenrecorder mitlaufen lassen. Widerwillig ließ ich mich darauf ein. Und so lieferten wir uns erneut einen Schlagabtausch, in dem – zu Studs Belustigung – keiner auch nur einen Zentimeter nachgeben wollte, bis wir uns schließlich bei Pirelli bedankten und ihm *arrivederci* sagten.

Während Studs sich noch einen Tag lang Mailand ansehen wollte, reiste ich weiter nach Rom, wo mein Freund Charles L. Sanders, der Leiter des Pariser *Ebony*-Büros, sich mit mir treffen wollte, um mir die Stadt zu zeigen. Wie versprochen bekam ich die bekanntesten Sehenswürdigkeiten von Rom zu Gesicht, darunter das Kolosseum, die berühmte Via Veneto, die Fontana di Trevi, die Spanische Treppe, Villa Borghese, den Vatikan und die Piazza di Popolo, wo, wie ich aus den Wochenschauen der Nazis wusste, Benito Mussolini von einem Balkon aus flammende Reden gehalten hatte.

Zum Abschluss unserer rasanten Sightseeingtour nahm Charles mich mit in eine kleine Kellerkneipe namens The White Elephant, die angeblich von Amerikanern frequentiert wurde. Wir hatten uns gerade mit unseren Drinks an einen Tisch gesetzt, da deutete Charles auf einen stämmigen Schwarzen mit dicker

Brille und langem, traurigem Gesicht, der allein an der Theke saß. »Das ist Alex Haley«, sagte er. »Komm, ich stell dich ihm vor.«

Ich wusste, dass Haley der Herausgeber von *Malcolm X. Die Autobiographie* war, aber ich hatte ihn bisher nicht persönlich kennen gelernt. Kurz nachdem Charles uns miteinander bekannt gemacht hatte, entschuldigte er sich unter dem Vorwand, einen dringenden Termin zu haben, und ließ uns beide allein. Es dauerte nicht lange, und Alex vertraute mir an, dass seine Ehe rettungslos zerrüttet sei und er sich scheiden lassen wolle. Deshalb sei er auch in Rom, erklärte er, weil seine Schwägerin hier lebe, die er überreden wolle, beim Scheidungsprozess für ihn auszusagen. Er sagte, er wolle die Scheidung möglichst schnell durchbringen, weil er an einem Buch arbeite, das garantiert ein Erfolg werde. »Wenn ich dann im Geld schwimme«, fügte er hinzu, »möchte ich nicht bis aufs Hemd ausgezogen werden, wenn Sie wissen, was ich meine.«

Da ich wusste, dass sein Buch über Malcolm X sich nur mäßig verkauft hatte, war ich eher skeptisch, was seine Erwartung anging, durch einen Megabestseller an das große Geld zu kommen. Dennoch erkundigte ich mich neugierig, worüber er denn schreibe.

»Mir ist etwas gelungen, was bisher noch kein Schwarzer in Amerika geschafft hat«, erklärte er sachlich. »Ich habe den Stammbaum meiner Familie bis nach Afrika zurückverfolgt und Kontakt zu noch lebenden Angehörigen aufgenommen.« Dann erzählte er mir, das Buch handele vom Schicksal eines seiner Vorfahren, Kunta Kinte, der von Sklavenhändlern aus Gambia verschleppt und im kolonialen Amerika verkauft wird. Im Grunde, so fügte er hinzu, erzählt das Buch die Geschichte aller Afroamerikaner.

Während ich Alex lauschte, verflogen meine anfänglichen Vorbehalte und machten der Überzeugung Platz, dass das Buch, über das er so leidenschaftlich sprach, gute Chancen auf dem Markt habe. Von Stund an wurde ich einer von Alex' treusten Fans.

Zurück in den Staaten liefen wir uns andauernd in unterschiedlichen Teilen des Landes über den Weg. Jedes Mal lautete meine erste Frage an Alex: »Was macht das Buch?«, und jedes Mal lautete seine Antwort: »Es wird langsam.« Die Zeit verging, aus Wochen wurden Monate, aus Monaten Jahre, und noch immer kein Buch, bis meine Zuversicht, dass Alex das Buch jemals fertig stellen würde, ernsthaft ins Wanken geriet. Um ihn nicht in Verlegenheit zu bringen, erkundigte ich mich einfach nicht mehr, wie er mit dem Buch vorankam. Doch eines Tages, nach einem Vortrag über sein Sklavenbuch, traute ich meinen Ohren nicht, als er zu mir sagte: »Weißt du was? Mein Buch ist fertig.«

Ich war sprachlos. »Im Ernst?«, fragte ich, sobald ich meine Stimme wiedergefunden hatte.

»Hundertprozentig«, erwiderte er grinsend. »Ich hab's endlich geschafft.«

Es fehle nur noch der Titel, sagte er, dann könne das Buch in Druck gehen. Dann wollte er von mir wissen, welcher der beiden Titel, die er in die engere Wahl genommen habe, mir besser gefiel. »Wie findest du *Before This Anger*?«, fragte er, woraufhin ich erwiderte, das sei meiner Meinung nach ein ausgezeichneter Titel für sein Buch. »Und was hältst du von *Roots*?«

Ohne Zögern sagte ich: »*Roots* verkauft sich niemals.« Der Rest ist, wie es so schön heißt, Geschichte.

Glücklicherweise war Alex schlau genug, nicht auf meinen Rat zu hören. Binnen weniger Monate nach meiner Expertenprognose wurde *Roots* der Bestseller des Jahrhunderts und machte aus Alex Haley nicht nur einen Volkshelden, sondern auch, wie er prophezeit hatte, einen schwerreichen Mann. Im ganzen Land standen die Menschen vor den Buchhandlungen Schlange, um ein begehrtes Exemplar von *Roots* zu ergattern, das in vier Monaten eine Million Mal über die Ladentheke ging. Nachdem die Startauflage von 200 000 Exemplaren – ein absoluter Rekord – im Nu vergriffen war, blieb dem Verlag Doubleday nichts anderes übrig, als die Produktion von *Roots* mit Hilfe einer Hochgeschwindigkeitsdruckerpresse zu verdoppeln, die 100 000 Exemplare am Tag schaffte. In Deutschland überboten sich die Verlage gegenseitig, um ein Stück vom Kuchen abzubekommen. Der Zuschlag wurde angeblich für 260 000 Dollar erteilt, die bis dahin höchste Summe, die je für die Vermarktungsrechte irgendeines ausländischen Buches bezahlt worden war. Wie ich von Alex erfuhr, verkauften sich von seinem Buch, das in einunddreißig Sprachen übersetzt wurde, weltweit sieben Millionen Hardcover-Ausgaben.

Alex' steigender internationaler Ruhm entwickelte sich für *Ebony* zu einer schier unerschöpflichen Themenquelle für die Berichterstattung. Als der Fernsehsender ABC aus *Roots* eine sechseinhalb Millionen Dollar teure Miniserie drehte, begleiteten *Ebony*-Fotograf G. Marshall Wilson und ich Alex nach Savannah in Georgia, wo vor der Küste Szenen auf einem nachgebauten Sklavenschiff gedreht wurden. Es heißt, die Serie lockte einhundertdreißig Millionen Amerikaner vor die Bildschirme – eine beispiellose Sehbeteiligung, die das Vorurteil widerlegt, Weiße hätten kein Interesse daran, sich eine ernste Fernsehserie über ein schwarzes Thema anzusehen.

Im Laufe der vielen Interviews, die ich mit Alex führte, gestand er mir, dass ihn die Arbeit an *Roots* fast in den Selbstmord getrieben hätte. Nachdem er den fünften Abgabetermin für das Manuskript nicht eingehalten hatte, versprach er seinem Verlag, spätestens in einem halben Jahr fertig zu werden, obwohl er genau wusste, dass er vom Stoff her mindestens noch zwei Jahre brauchen würde. Dann, als er Kunta Kintes Transport übers Meer schildern wollte, kam er nicht weiter. »Ich fragte mich«, erinnerte er sich, »mit welchem Recht sitze ich hier in einer bequemen Hochhauswohnung und maße mir an, darüber zu schreiben, wie es im Bauch eines Sklavenschiffs war?«

Er sagte, er sei nahezu pleite gewesen und habe irgendwie das Geld für einen Flug nach Liberia zusammengekratzt, wo er auf dem erstbesten Schiff, das in die USA fuhr, eine Passage buchte. Sobald er auf hoher See war, verbrachte er die Nächte nur noch im Laderaum des Schiffes. Er zog sich bis auf die Unterwäsche aus und legte sich auf die Planken, um ungefähr nachvollziehen zu können, was sein afrikanischer Vorfahre durchgemacht haben musste. Eines Abends, als er deprimiert war, weil es ihm wieder einmal nicht gelungen war, sich in Kunta hineinzuversetzen, ging er zum Heck des Schiffes. Plötzlich stürmten all seine Probleme auf ihn ein – sein Schuldenberg, der unmöglich einzuhaltende Abgabetermin, seine Schwierigkeiten, nachzuempfinden und zu beschreiben, was Kunta Kinte durchlitten hatte. »Wie ich so da stand«, erinnerte er sich, »kam mir der Gedanke, dass es eine ganz einfache Lösung gab: Steig über die Reling und spring. Das Gefühl war beinahe euphorisch, fast wie ein Triumph, nach dem Motto: Damit wären alle Scheißprobleme aus der Welt – ein für alle Mal. Keine Schulden mehr, keine Abgabetermine mehr, kein Stress mehr mit dem Thema Sklaverei, kein gar nichts mehr.«

Alex erinnerte sich, dass er »drauf und dran war zu springen«, als er plötzlich Stimmen hörte, die ihn aufforderten, es nicht zu tun und sich wieder an die Arbeit mit seinem Buch zu machen. »Ich wusste genau, wer da rief«, sagte Alex. »Es waren Bell, Kizzy, Chicken George, Cousine Georgia, meine Großmutter – alle meine Vorfahren.«

Er erzählte, dass er es mit allerletzter Kraft irgendwie schaffte, sich von der Reling abzuwenden und in seine Kabine zurückzukehren, wo er einen Weinkrampf bekam, der stundenlang dauerte. Dann, noch in derselben Nacht, ging er erneut in den Laderaum des Schiffes. »Als ich dort auf dem Boden lag, erlebte ich so etwas wie eine Katharsis. Ich hatte zum ersten Mal das Gefühl, ich wäre Kunta Kinte. Danach hatte ich keine Probleme mehr aufzuschreiben, was seine Sinne während der Ozeanüberquerung wahrgenommen hatten.«

Alex gestand mir auch ein paar Marotten, auf die nur er sich einen Reim machen konnte. So musste er sich zum Beispiel, wenn er schrieb, blitzsauber fühlen.

»Manchmal dusche ich sechs- bis achtmal am Tag«, erzählte er. »Nach jeder Dusche ziehe ich mir frische Unterwäsche an.« Wie zur Verteidigung dieser Macke fügte er hinzu: »Es stört ja keinen. Ich brauche bloß meine saubere Wäsche schneller auf.«

Außerdem, so erzählte er, wusch er sich in der Regel zwanzig- bis fünfundzwanzigmal die Hände, wenn er das getippte Manuskript mit einem Stift überarbeitete, eine Prozedur, die er mit der

Arbeit eines Chirurgen gleichsetzte, der mit einem Skalpell eine komplizierte Operation durchführt.

Ein weiterer Tick, aus dem er keinen Hehl machte, war der abergläubische Zwang, sich die Schuhe nie ohne Schuhlöffel anzuziehen, weshalb er auf Reisen stets mindestens ein halbes Dutzend Schuhlöffel im Koffer hatte. Außerdem hatte es ihm die Farbe Grün angetan. »Ich finde Grün einfach schön«, sagte er mit Leidenschaft. »Ich kaufe mir manchmal Dinge, die ich gar nicht brauche, nur weil sie grün sind.«

Alex erzählte mir auch, dass er eher per Zufall zur Schriftstellerei gekommen war. Nachdem er mit siebzehn zur US-Küstenwache gegangen war – nach einem kurzen Intermezzo auf dem College –, »avancierte« er schon nach kurzer Zeit zum Schiffskoch. Wenn ihn an Bord seines Munitionsschiffes, das während des Zweiten Weltkrieges im südwestlichen Pazifik patrouillierte, die Langweile überkam, setzte er sich an seine Reiseschreibmaschine und schrieb – zunächst Liebesbriefe für seine weniger wortgewandten Kameraden, dann Artikel, die er an diverse Magazine in den Staaten schickte. Sein Schreibtalent brachte ihm schließlich eine Beförderung zum Journalisten ein, der für die PR der Küstenwache zuständig war. Dennoch hörte er nicht auf, Zeitschriftenredaktionen mit seinen Artikeln zu bombardieren, immer wieder ermutigt, wenn unter den zahllosen Ablehnungen auch dann und wann mal ein Honorarscheck war. Im Jahre 1959 sagte er der Küstenwache nach zwanzig Dienstjahren Lebewohl, und zwar im Rang eines »Chief Journalist«, eine Position, die vor ihm noch kein Schwarzer bekleidet hatte.

Da er den Ehrgeiz besaß, sich als freier Schriftsteller durchzusetzen, mietete er eine Kellerwohnung im New Yorker Stadtteil Greenwich Village und machte sich ans Werk. Seiner Erinnerung nach schrieb er sechs schwarzen Schriftstellern im Village einen Brief mit der Bitte um Tipps und moralische Unterstützung, von denen nur einer, James Baldwin, reagierte. »Jimmy [Baldwin] hat meinen Brief nicht beantwortet«, erzählte Alex, »er ist direkt rübergekommen und hat bei mir an die Tür geklopft. Das werde ich mein Lebtag nicht vergessen.«

Ganz allmählich, so sagte er, stellte sich der Erfolg ein, denn immer mehr Zeitschriften, darunter auch *Reader's Digest*, kauften seine Artikel. Sein erster großer Durchbruch war ein Auftrag vom *Playboy*, den Jazztrompeter Miles Davis zu interviewen. Das Interview machte die Rubrik »Playboy Interview« zu einer festen Einrichtung und brachte Alex einen weiteren Auftrag für *Playboy* ein – ein Interview mit Malcolm X. In dem Gespräch mit Malcolm X fragte Alex den Unruhestifter der Black Muslims, ob er über dessen Leben ein Buch schreiben dürfe, und Brother Malcolm stimmte einer Zusammenarbeit zu. Die *Autobiographie* machte Alex in der literarischen Welt bekannt und brachte ihm mehr Aufträge ein, als er bewältigen konnte.

Dabei, so Alex, hätte er es gut belassen und glücklich und zufrieden bis an sein seliges Ende leben können. Er hatte sein lang gehegtes Ziel erreicht, ein bekannter Autor zu werden, er genoss hohes Ansehen bei seinen Schriftstellerkollegen und vor allem bei jungen Schwarzen, die es ihm hoch anrechneten, dass er ihrem Helden und Märtyrer ein Denkmal gesetzt hatte. Und er konnte von dem, was er am liebsten tat, nämlich schreiben, ausgesprochen gut leben. Doch stattdessen verfiel er, weil »es Gottes Wille war, mich einer strengen Prüfung zu unterziehen«, wie er später einmal sagte, der Idee, den Wurzeln seiner Familie nachzuspüren, indem er die blutige Spur der Sklaverei von der Veranda seiner Großmutter über den Atlantik bis nach Afrika verfolgte. Es war eine Obsession, die ihn zwölf Jahre lang nicht mehr losließ. Während dieser Zeit legte er gut eine halbe Million Meilen über Land und Wasser zurück und geriet dabei nicht selten an die Grenzen seiner körperlichen und psychischen Leidensfähigkeit, bis er schließlich den absoluten Tiefpunkt erreichte, ja sogar kurz davor stand, sich das Leben zu nehmen.

Als Alex im Anschluss an den Megaerfolg von *Roots* noch einmal nach Juffure reiste, das kleine Dorf in Gambia, aus dem Kunta Kinte verschleppt worden war und wo Alex zehn Jahre zuvor mit den Recherchen für sein Buch begonnen hatte, durften *Ebony*-Fotograf Moneta Sleet jr. und ich ihn begleiten, um über das historische Ereignis zu berichten. Auf der Reise wurden wir vom senegalesischen Präsidenten Leopold Senghor begrüßt, der Alex und seine beiden Brüder, den Architekten Julius und den Anwalt George, wie Staatsoberhäupter empfing. Ebenfalls zur Stelle war US-Botschafter Rudolph Aggrey, mit dem ich ein Jahr zuvor in seinem Amtssitz in Dakar ein Interview geführt hatte, das in *Ebony* unter dem Titel »Unser Mann in Dakar« erschienen war.

Für mich war der einprägsamste und erschütterndste Eindruck dieser Reise ein Besuch des berüchtigten Sklavenhauses auf der Insel Goree vor der Küste von Dakar, wo Tausende entführte afrikanische Männer, Frauen und Kinder bis zu ihrer Verschleppung in die Neue Welt gefangen gehalten wurden. Das festungsähnliche Sklavenhaus, das die Holländer 1776 errichteten, diente in ganz Afrika als wichtigstes Zentrum für den Sklaventransport. Ich sah mir die Kerker an, wo die angeketteten Sklaven monatelang zusammengepfercht waren, nachdem sie ihren Familien entrissen und für ihre zukünftigen Bestimmungsorte und Einsatzzwecke eingeteilt worden waren. Dort überkamen mich Wut und Trauer zugleich, gemischte Gefühle, wie ich sie auch bei meinen Besuchen der Konzentrationslager Dachau und Nordhausen empfunden hatte. Es drängte sich mir der Gedanke auf, dass sich hinsichtlich der Grausamkeiten, die Menschen ihren Mitmenschen antun, im Laufe der Jahrhunderte nur sehr wenig geändert hatte.

Nach unserem Rückflug in die Staaten wartete am JFK International Airport auf Alex eine große Überraschung: Er war für *Roots* mit dem begehrten Pulitzerpreis ausgezeichnet worden.

Als ich den mittlerweile geschiedenen Alex fragte, ob er sich vorstellen könne, je wieder zu heiraten, erwiderte er prompt: »Ja klar«, und erklärte, dass er fest vorhabe, irgendwann in der Zukunft, wenn sich alles wieder ein wenig beruhigt hätte, den Sprung erneut zu wagen. »Ich habe auch schon jemanden im Auge«, gestand er mit einem liebevollen Blick in Richtung seiner hübschen Lektoratsassistentin, die seit drei Jahren eine gute Freundin von ihm war. Myran (My) Lewis war eine neunundzwanzigjährige promovierte Kommunikationswissenschaftlerin aus Columbus, Ohio, die Alex als »die insgesamt verträglichste Frau, der ich je begegnet bin« bezeichnete.

Während und auch nach seinem Aufstieg zur Berühmtheit blieb Alex ganz der Alte und ließ sich seinen Erfolg nie zu Kopf steigen. Für mich war er nach wie vor der anspruchslose, lockere, umgängliche Bursche, den ich damals in Rom kennen gelernt hatte, als sein Ruhm und Reichtum nicht mehr waren als ein Traum. Er sagte einmal zu mir: »Das viele Geld, das ich verdient habe und noch verdienen werde, bedeutet mir nichts im Vergleich dazu, dass die Hälfte der Schwarzen, denen ich begegne – ob gebildet oder nicht – zu mir sagen: ›Ich bin stolz auf dich.‹ Das Lob möchte ich mir auch weiterhin verdienen und meine schwarzen Brüder und Schwestern niemals enttäuschen.«

Nichtsdestotrotz wusste er die Annehmlichkeiten zu schätzen, die man sich mit Geld kaufen konnte. Alex, der sich im Kreise von Familie und Freunden immer am wohlsten fühlte, gönnte sich ein fast fünfzig Hektar großes Anwesen in East Tennessee und ließ darauf eine Reihe von modernen Gästehäusern errichten. So konnte er sich den ausschweifenden Luxus gönnen, Hunderte von Menschen, die er auf seinen Reisen um die ganze Welt kennen gelernt hatte, als Gäste zu empfangen. Er konnte zwar nicht immer der Versuchung widerstehen, mich gelegentlich wegen meiner Prophezeiung aufzuziehen, ein Buch mit dem Titel *Roots* würde sich niemals verkaufen, aber dabei war niemals Gehässigkeit im Spiel. Er wusste von meiner Kindheit in Nazideutschland und war einer von etlichen Freunden, die mich davon zu überzeugen versuchten, dass auch ich ein Buch in mir hätte, und mir ständig in den Ohren lagen, meine Schreibblockade oder was auch immer mich hinderte endlich zu überwinden. Schon am 26. Januar 1980 schickte Alex mir nachstehenden Brief, in dem er deutlich zum Ausdruck brachte, wie sehr ihn meine mangelnden Fortschritte frustrierten und wie sehr ich ihm am Herzen lag:

26. Januar 1980

Brother Hans,
das mit dem Buch, das du schreiben musst, lässt mir wirklich keine Ruhe mehr, und es wurmt mich richtig, dass du diese verfluchte Blockade hast, statt dich endlich hinzusetzen und mit dem Schrei-

ben anzufangen. Weil du es nämlich kannst, verdammt nochmal, ganz gleich, was du sagst. Wenn ich von den Leuten, die ich kenne, diejenigen aussuchen müsste, die meiner Meinung nach am besten schreiben können, dann gehörst du mit Sicherheit zu den ersten vier. Man braucht nur deine Artikel in *Ebony* zu lesen. Ich lese sie alle mit kritischem Blick. Vielleicht bist du sogar besser, als du dir selbst eingestehst. Ich kann hier nur noch einmal wiederholen, was ich dir schon öfter gesagt habe. Schreib das Buch so, wie ich an Malcolms Autobiographie gearbeitet habe – jedes Kapitel praktisch wie einen Artikel. Deine Blockade rührt vielleicht daher, dass du das ganze Buch vor Augen hast und denkst, das ist eine Nummer zu groß. Aber nach dem, was du mir erzählt hast, reicht das Material auf jeden Fall für jeweils ein Kapitel in Artikellänge. Schreib so, als hättest du von *Ebony* einen Auftrag dazu, den du dir selbst gegeben hast, was ja auch stimmt. Schreib diesmal für Hans. Leg es anschließend beiseite. Sobald du kannst, schreib das nächste Kapitel. Und das legst du dann auch wieder beiseite. Hau einfach alles in die Maschine, auch wenn es noch so ungeschliffen ist. Bring das Material einfach in eine grobe Artikelform. Ich verspreche dir hoch und heilig, mein Interesse an dir und an deinem Buch, als dein Freund, und das ist nicht nur so dahin gesagt, ist so groß, dass ich, wenn du alles beisammen hast, egal in welcher Rohfassung, es irgendwie einrichten werde, mich in ein Flugzeug zu setzen und nach Chicago zu kommen, wo ich mich mindestens einen ganzen Tag und Abend mit dir zusammensetzen und alles durchgehen werde, um dir, wenn ich kann, ein paar hilfreiche Tipps zu geben. Du hast da ein besseres, wichtigeres Buch als acht von zehn, die zurzeit erscheinen. Du hast, um es anders auszudrücken, in dir ein Buch, das sozusagen innerhalb weniger Monate dein Leben verändern kann. Und das ist Hans Hans schuldig. Und seinen Kindern, die er über alles liebt.

Lass von dir hören, mein Freund Hans.

In brüderlicher Liebe,

Alex

Alex' Brief, auf den er gelegentlich einen Anruf folgen ließ, gab schließlich den Anstoß, dass ich seinen Rat befolgte und stichwortartig ein paar Fakten und Anekdoten notierte, die auf jeden Fall in meinem Buch vorkommen sollten. Ich wäre auch ohne Journalismus-Studium überzeugt gewesen, dass meine Erlebnisse als schwarzes Kind in Nazideutschland und die Zeit danach in Afrika und in den Vereinigten Staaten ein Buch ergeben würden, das einige Leute interessant finden könnten. Wie die meisten in meinem Beruf hatte auch ich ab und zu mit dem Gedanken gespielt, eines Tages ein Buch zu schreiben. Doch ebenso wie die meisten Journalisten merkte ich, dass es etwas ganz anderes war, tatsächlich mit dem Schreiben anzufangen. Nach der täglichen Hektik in der Redaktion, dem ständigen Termindruck und der ewigen Jagd auf Prominente wusste ich meine Freizeit mit entspannenderen Dingen zu füllen als mit dem Verfassen eines Buches.

Doch da Alex nicht lockerließ, setzte ich mich schließlich irgendwann hin und skizzierte grobe Entwürfe für ein paar Kapitel, die ich ihm prompt zur kritischen Durchsicht schickte und er mir prompt mit wertvollen Vorschlägen zurücksandte. Es dauerte nicht lange, und unsere einstigen Rollen waren vertauscht. Jetzt war es Alex, der *mich* fragte: »Was macht das Buch?«, worauf ich zaghaft erwiderte: »Es wird langsam.« Alex versicherte mir, ich bräuchte mich nur darum zu kümmern, mein Buch fertig zu schreiben, dann würde er sich darum kümmern, einen Verlag zu finden. Leider konnte Alex sein Wort nicht mehr halten.

Am 10. Februar 1992 erhielt ich die traurige Nachricht, dass Alex nach seiner Ankunft in Seattle, Washington, wo er eine Rede halten sollte, im Alter von siebzig Jahren an einem Herzinfarkt gestorben war. Nur wenige Monate zuvor war er noch auf einen kurzen Besuch bei mir zu Hause in Chicago gewesen. Das war das letzte Mal, dass ich Alex gesehen hatte. Während ich um meinen so plötzlich verschiedenen Freund trauerte, kam mir der Gedanke, dass er, soweit ich das beurteilen konnte, nur eine Schwäche hatte – seine fast krankhafte Unfähigkeit, nein zu sagen. Dieses Unvermögen hatte zur Folge, dass er sich ständig zu stark engagierte, was meiner Überzeugung nach in erheblichem Maße mit verantwortlich für seinen viel zu frühen Tod war. Leider muss ich gestehen, dass ich, da Alex mich nun nicht mehr ständig antrieb, mein Buchprojekt für etliche Jahre wieder in der Schublade verschwinden ließ.

Wenn Jungfrau auf Steinbock trifft

So unterschiedlich die Prominenten, mit denen ich beruflich zusammenkam, vom Typ und vom Charakter her auch waren, es waren überwiegend angenehme Zeitgenossen, an die ich nette Erinnerungen habe. Es gab aber auch ein paar einprägsame Ausnahmen. Eine davon war Lola Falana. Es begann ausgerechnet im herrlichen Rom, als ich 1966 zum ersten Mal in Italien war. Wie immer auf der Suche nach Stoff für eine *Ebony*-Story, fiel mir wiederholt eine wunderschöne schwarze Frau auf, die mich vom Titelblatt diverser italienischer Zeitschriften anlächelte. Obwohl des Italienischen nicht mächtig, kaufte ich die Zeitschriften, um mehr über diese schwarze Sängerin und Tänzerin herauszufinden, die in Italien so viel Furore machte. Aufgrund ihres Namens hatte ich sie für eine Italienerin gehalten, doch zu meiner Überraschung erfuhr ich, dass sie ursprünglich aus Philadelphia stammte und nur in Italien lebte.

Sobald ich in die Staaten zurückgekehrt war, wo noch kein Mensch von Lola Falana gehört hatte, erzählte ich auf einer Redaktionsbesprechung von meiner Neuentdeckung. Nachdem alle einen Blick auf die Zeitschriftentitelblätter geworfen hatten, herrschte die einhellige Meinung, dass die *Sister* eine *Ebony*-Story verdiente. Ein freier Mitarbeiter sollte die Story machen, und wenig später prangte auf der Titelseite von *Ebony* eine strahlende Lola Falana, die ihren amerikanischen Landsleuten in einem längeren Artikel vorgestellt wurde.

Ich freute mich riesig, dass meine Idee solche Früchte trug, und beobachtete mit einigem Besitzerstolz aus der Ferne, wie

Lola Falana nach ihrer Rückkehr in die Heimat eine kometenhafte Karriere machte und ihr Name bald in aller Munde war. Es dauerte nicht lange, und sie erregte die Aufmerksamkeit von Sammy Davis jr., der sie in seinem erfolgreichen Musical *Golden Boy* zum Star an seiner Seite machte. Als das Musical nach Chicago kam, schaute Sammy, der ein häufiger Gast bei *Ebony* war, auf einen Sprung bei uns in der Redaktion vorbei, um seine Hauptdarstellerin vorzustellen. Ich hatte gehört, dass die beiden kommen wollten, und konnte es kaum erwarten, den neuen Star endlich persönlich kennen zu lernen und Ms Falana vielleicht sogar zu verraten, dass ich ihrem Erfolg ein ganz klein wenig auf die Sprünge geholfen hatte.

Ich saß gerade an meinem Schreibtisch mit Blick auf die offene Bürotür, als plötzlich keine Geringere als Ms Falana den Kopf hereinsteckte. Bevor ich aufstehen konnte, um sie zu begrüßen und mich vorzustellen, fragte sie unvermittelt: »Was sind Sie für ein Sternzeichen?«

Etwas verdutzt über die seltsame Frage erwiderte ich: »Steinbock.«

Hätte ich gesagt, ich sei Jack the Ripper, ihr Ausdruck hätte nicht entsetzter sein können. Als hätte sie eben eine Klapperschlange gesehen, verzog sich ihr hübsches Gesicht zu einer angewiderten Grimasse, und ohne ein weiteres Wort drehte sie sich auf dem Absatz um und ging.

Ich war wie vor den Kopf gestoßen. Was hatten wir netten Steinböcke denn getan, um eine so rüde Behandlung zu verdienen? Schließlich jedoch stufte ich das verwirrende Verhalten der jungen Dame einfach als weiteren Beleg dafür ein, dass man, auch wenn man sich noch so sehr bemüht, nun mal nicht alle für sich gewinnen kann.

Einige Jahre später war Lola erneut bei uns im Verlagshaus zu Besuch. Als wir einander vorgestellt wurden, schenkte sie mir ein zauberhaftes Lächeln. Ich sah ihr an, dass sie sich weder an mich noch an den Vorfall erinnerte, der mich fast traumatisiert hätte. Inzwischen hatte ich herausgefunden, dass sie am 11. September im Sternzeichen der Jungfrau geboren war, und hätte sie liebend gern gefragt, was sie an Steinböcken auszusetzen habe, aber ich verkniff es mir und ließ die Sache auf sich beruhen.

Mittlerweile habe ich von dem tapferen Kampf gehört, den der einstige Las-Vegas-Star gegen die Multiple Sklerose führt. Ich wünsche ihr von Herzen alles Gute und hoffe, dass wir Steinböcke wieder in ihrer Gunst stehen.

Mein Freund Winston

Als mein guter Freund und Nachbar im Wohnviertel Lake Meadows, Winston E. Moore, 1968 Direktor des skandalumwitterten Gefängnisses Cook County wurde, war er der erste Schwarze in den Vereinigten Staaten, der eine größere Strafanstalt leitete, und der erste schwarze Henker im Land. Die Nachricht von der Berufung des über hundert Kilo schweren, neununddreißig Jahre alten Mannes aus New Orleans auf den wichtigen Posten im Strafvollzug löste erhebliche Skepsis aus, auch bei mir.

Die Bedenken waren durchaus berechtigt. Moore hatte vorher nie eine Strafanstalt geleitet und galt allgemein als zu nett für so einen harten Job. Noch bedenklicher war der Umstand, dass das Cook-County-Gefängnis aus gutem Grund als »wahrer Sumpf der sexuellen Perversion, des Drogenhandels, der Erpressung und bestialischen Gewalt – die schlimmste Strafanstalt aller Zeiten« bezeichnet worden war. Moores weißer Vorgänger Jack Johnson, ein Expolizist, war mitten in einem riesigen Gefängnisskandal gefeuert worden, der es von seinen Ausmaßen her nur mit dem auf einer Gefängnisfarm in Arkansas aufnehmen konnte, wo die Leichen von Insassen entdeckt wurden.

Die Nachricht von dem frisch ernannten schwarzen Gefängnisdirektor verbreitete sich wie ein Lauffeuer unter den siebzehnhundert Insassen der festungsähnlichen Anstalt, zu achtzig Prozent Schwarze. Die Reaktionen auf diesen schwarzen »Pionier« waren gemischt. Manche erfüllte es mit Stolz auf ihren »Brother«, der ihnen aber gleichzeitig auch Leid tat, weil der arme Tropf, da waren sie sicher, ins offene Messer gelaufen war oder noch laufen würde. Anderen war es egal: Ein schwarzer Direktor? Na und? Wen scherte es schon, ob ein Weißer oder ein Schwarzer den Schalter drückte, der die neunzehnhundert Volt durch den elektrischen Stuhl jagte? Ganz bestimmt nicht die Gefangenen in den Todeszellen, die auf die Urteilsvollstreckung warteten.

Viele Insassen waren überzeugt, dass auch der neue Direktor nichts daran ändern könne, wer im Gefängnis wirklich das Sagen hatte – nämlich die so genannten »Knast-Bosse«, außergewöhnlich fiese und brutale Gefangene, häufig wegen Mordes verurteilt, die mit dem stillschweigenden Einverständnis von Direktor Johnson und seinen Aufsehern ihre Mitgefangenen eingeschüchtert hatten. Um mit den unhaltbaren Zuständen ein für alle Mal aufzuräumen, so die einhellige Meinung, müsse man schon das Gefängnis bis auf den letzten Stein niederreißen.

Aufseher und Insassen blickten einander viel sagend an: Soll der Neue ruhig kommen, er wird schon bald merken, wer hier der Boss ist. In einem Punkt waren sich alle einig: Moore war entweder der größte Idiot oder der größte Blender – oder beides. Sie sollten bald sehen, dass es noch eine andere Möglichkeit gab.

Ich hatte Winston als sanftmütigen und umgänglichen Menschen kennen gelernt, aber ich wusste auch, dass unter der leutseligen Schale ein abgebrühter Profi steckte, der schroff, direkt und aggressiv sein konnte, ein Typ, der sich nichts vormachen ließ und kein Blatt vor den Mund nahm, auch auf die Gefahr hin, jemandem auf den Schlips zu treten. Außerdem durfte man sich von seiner einfachen Sprache nicht darüber hinwegtäuschen lassen, dass er einen messerscharfen Verstand besaß, sich in Sachen Strafvollzug bestens auskannte und gerade an seiner Doktorarbeit in Psychologie arbeitete.

Direktor Moore hatte seinen neuen Job gerade mal fünf Minuten angetreten, als er sich auch schon gezwungen sah, eine Kostprobe seiner harten Seite zu zeigen. Während er in seinem Büro seine erste Pressekonferenz abhielt, wurde er darüber informiert, dass fünfunddreißig weibliche Häftlinge Krawall schlugen, nachdem eine von ihnen, angeblich aus Protest gegen das schlechte Essen, Seifenpulver über ihren Teller mit Spareribs gekippt hatte.

Moore zog sich rasch Jackett und Krawatte aus und stürmte mit einem Trupp neuer Aufseher im Gefolge zum Frauentrakt. Ohne Einsatz von Pfefferspray oder sonstigen Hilfsmitteln sorgten er und seine Leute in weniger als zwanzig Minuten für Ordnung. Um den rebellischen Ladys ein für alle Mal klarzumachen, wer das Sagen hatte, ließ er sie ohne Abendessen in die Zellen sperren.

»Das ist wie in der Schule, wenn die Kinder einen Lehrer auf die Probe stellen, um zu sehen, wie weit sie bei ihm gehen können«, sagte der Psychologe Moore zu mir, als wieder Ruhe eingekehrt war. »Vielleicht«, fügte er mit einem verlegenen Grinsen hinzu, »wollten sie mich auch bloß kennen lernen.«

Um das Problem an der Wurzel zu packen, machte sich Moore schließlich daran, die Knast-Bosse zu entmachten. Unter ihrem Regiment waren homosexuelle oder andere Übergriffe von vielen oder einzelnen Gefangenen gegen Mitgefangene eher die Regel als die Ausnahme, und zwar sowohl im Männer- als auch Frauentrakt. Jugendliche Straftäter wurden wahllos von ganzen Gruppen verrohter Insassen vergewaltigt, auch von den Knast-Bossen selbst, die ja eigentlich für Ruhe und Ordnung sorgen sollten. Für gewöhnlich fanden die Übergriffe mit der stillschweigenden, häufig sogar offenen Billigung der Aufseher statt. Insassen starben unter rätselhaften Umständen, einige eindeutig aufgrund von äußerer Gewalteinwirkung, doch als offizielle Todesursache wurde Selbstmord angegeben. Prominente Gefangene, so vor allem Mafiosi mit Draht zu Politikern, mussten hinter Gittern weder auf Wein noch auf sonstige Gaumenfreuden verzichten, und einige ließen sich sogar einen Kühlschrank in die Zelle schmuggeln. Gefangenen ohne einflussreiche Beziehungen oder körperliches Durchsetzungsvermögen wurden dagegen häufig die dürftigen Mahlzeiten oder erlaubte Genussmittel wie Zigaretten und Süßigkeiten gestohlen. Gewalt zwischen Schwarzen und Weißen sowie Schlägereien zwischen Gangs waren an der Tagesordnung, und der Rauschgifthandel blühte genauso wie außerhalb der Gefängnismauern.

»Ab Montagmorgen gehören die Knast-Bosse der Vergangenheit an«, verkündete Moore am Freitagabend, als er gerade mal vierundzwanzig Stunden Direktor war. Dann schritt er mit beispielloser Härte zur Tat und ließ rund dreißig von ihnen in Einzelzellen sperren. Danach durchsuchte er höchstpersönlich Zelle für Zelle nach Waffen und allem anderen, was nicht erlaubt war, und förderte so ein ganzes Arsenal von gefährlichen, meist selbst gebastelten Messern zutage. Die Insassen waren natürlich sauer und entfachten gleich wieder einen kleinen Aufstand, bei dem ein paar Aufseher drangsaliert wurden. Die Ordnung war rasch wieder hergestellt, als Moore mit seinem handverlesenen Einsatztrupp von achtzehn Männern auftauchte und weitere vierzig Hilfssheriffs, die dienstfrei hatten, in Bereitschaft versetzte, nur für alle Fälle. Um halb elf saßen alle Gefangenen wieder in ihren Zellen, und es herrschte Ruhe im Knast.

»Unser Sicherheitspersonal schiebt rund um die Uhr Dienst, bis wir die Strafanstalt voll und ganz unter Kontrolle haben«, schwor Moore. »Und wenn dafür jeder freie Tag gestrichen und sieben Tage die Woche gearbeitet werden muss, dann werden wir das tun.« Am meisten betroffen von dem Schwur war der Direktor selbst, der in seinem ersten Jahr praktisch im Gefängnis wohnte, wovon seine Frau Mabel (er nannte sie »Mae«) nicht gerade begeistert war. Sie war seit vierzehn Jahren mit ihm verheiratet, Lehrerin an einer Chicagoer Schule und zufällig die Tante des noch nicht entdeckten Golfgenies Tiger Woods.

Am Montag waren die berüchtigten Knast-Bosse, wie Moore versprochen hatte, tatsächlich ihrer Macht enthoben. »Ich denke, wir haben die Anstalt in den Griff bekommen«, verkündete der Direktor. »Jetzt müssen wir dafür sorgen, dass das auch so bleibt. Alle Häftlinge sollen wissen, dass *wir* die neuen Knast-Bosse sind.«

Falls Moore irgendetwas aus seiner Feuertaufe gelernt hatte, dann ganz gewiss, dass sein Hauptproblem nicht die Häftlinge waren, sondern die untauglichen Aufseher, die er von seinem

Vorgänger geerbt hatte. So war beispielsweise kostbare Zeit vergeudet worden, weil die alten Aufseher während der brenzligen Situation seine Anweisungen nur im Schneckentempo befolgt hatten. »Wenn ich eine Tür geöffnet haben will«, hatte er einen verschreckten Wärter angeschnauzt, »dann aber dalli. Das geht mir alles zu langsam.«

Was ihn besonders beunruhigte, war der hohe Krankenstand unter den alten Hasen. Die kritische Situation im Gefängnis war seiner Meinung nach dadurch entstanden, dass von dreiundzwanzig Leuten in der Schicht nur elf zur Arbeit erschienen waren. Die anderen, so sagte er, »waren nicht mal so höflich, sich krank zu melden«.

Kein Wunder also, dass kaum einer vom alten Personal dem dynamischen neuen Boss und seinen neumodischen Vorstellungen von effizienter Gefängnisführung große Sympathien entgegenbrachte. »Ich habe es hier mit einer regelrechten Rebellion der alten Wärter zu tun, die meine Reformen boykottieren«, beschwerte sich Moore, »aber ich werde mich durchsetzen, und wenn ich sie feuern muss, alle, wie sie da sind. Die kriegen alle Rückendeckung von Politikern. Sie sind faul und tun keinen Schlag. Ich werd sie mir vom Hals schaffen. Und mir ist egal, wer ihre Gönner sind und wie viel politische Beziehungen sie haben. Ich kann den Laden hier nicht mit Leuten schmeißen, die unfähig oder nicht loyal sind.«

Tatsächlich musste er nur fünfzehn Leute entlassen. Die überwiegende Mehrheit der Blockierer, an die hundert, erkannten die Zeichen der Zeit und kündigten von sich aus. Seitdem stellte er zweihundertfünfzig neue Wärter ein, hielt aber noch mindestens fünfzig weitere Mitarbeiter für erforderlich, um sein Sicherheitspersonal auf die optimale Stärke von dreihundertfünfzig aufzustocken.

Direktor Moore saß nun in seinem großen Büro und sinnierte über die achtzehn Monate, die er das Gefängnis leitete. Während er sprach, stieß neben ihm ein knisterndes Funkgerät unentwegt Nachrichten aus, die nur das eingeweihte Ohr entziffern konnte. Der Direktor war lässig gekleidet: Freizeithose und dunkelgrünes, eng sitzendes T-Shirt, aus dem zwei kräftige Ringerarme ragten. Seine ähnlich strammen Beine hatte er lang vor sich ausgestreckt, während er zurückgelehnt in einem dick gepolsterten Chefsessel saß. Er hatte die Schuhe ausgezogen und achtlos auf dem Teppichboden liegen gelassen. Er entschuldigte sich für seinen legeren Aufzug, den er damit erklärte, dass er einen Gefangenentransport zu der Strafanstalt im Chicagoer Vorort Joliet begleitet habe und gerade erst zurückgekommen sei.

Es gab immer wieder Störungen: Anrufe von der Stadt- und Bezirksverwaltung, vom Gericht, der Staatsanwaltschaft, der Polizei und seinen eigenen Wachleuten. Eine Sekretärin kam mit einem Stapel Formulare herein, die seiner Unterschrift harrten. Männer vom Wachpersonal mit Walkie-Talkie, ordentlichem weißem Uniformhemd und dunkelblauer Hose erstatteten Bericht. Der Vater eines Insassen bat um Sondererlaubnis, seinen Sohn zu besuchen.

»Ich denke«, sagte Moore, »entscheidend war, dass wir hier schnurstracks in die Trakte reinmarschiert sind. Das war neu für die Gefangenen. Die haben immer gesagt: ›Wir können nicht zu euch raus, aber ihr könnt auch nicht zu uns rein.‹ Die konnten nachts in ihren Trakten machen, was sie wollten. Da gab es immer den größten Ärger, und da fanden auch die meisten körperlichen Übergriffe statt. Dem haben wir einen Riegel vorgeschoben. Die Zahl der Insassen ist zwar inzwischen auf neunzehnhundert gestiegen, aber wir können trotzdem sagen, dass jeder Insasse bekommt, was ihm zusteht – ausreichend Essen und Genussmittel. Und er muss nicht mehr fürchten, dass er nachts überfallen wird.«

Moores Fleischerhände angelten eine Zigarette aus seiner Packung, und während er weitererzählte, machte er zwischendurch tiefe Züge. »Meine Maxime lautet, jeder Häftling hat ein Recht auf Schutz und würdige Behandlung. Außerdem sind wir der Auffassung, dass ein Insasse hier nicht mit dem weitermachen sollte, was ihn überhaupt erst ins Gefängnis gebracht hat. Wir meinen, wenn die Polizei einen Täter verhaften kann, können wir ihn auch in sicherer Verwahrung und unter Kontrolle behalten. Ich glaube fest daran, dass es niemanden gibt, der nicht unter Kontrolle gebracht werden könnte. Deshalb zählen wir zu den wenigen Strafanstalten im Land, die keine Probleme mit Gangs haben.«

Dann war er bei dem Thema, das ihn besonders ärgerte – die »Verhätschelung von schwarzen Jugendgangs durch naive Schwarze und verlogene weiße Linksliberale«. Als er noch in der Jugendkommission von Illinois saß, musste Moore einmal vor einem Ausschuss des US-Senats in Washington aussagen. Es ging um die Summe von 927 341 Dollar, die im Rahmen eines Programms zur Bekämpfung der Armut für die Ausbildung von Jugendbandenmitgliedern bewilligt werden sollten. Moore hatte das Programm abgeschmettert und von »Schmiergeldern« gesprochen, »mit denen die Jugendlichen bestochen werden sollten, damit sie nicht randalierten«, und das Ganze eine »Beleidigung der schwarzen Bevölkerung« genannt.

»Die Kids aus den Gangs kennen meinen Standpunkt«, schäumte er. »Sie wissen, dass ich gegen alles bin, wofür sie stehen. Dieses ganze Geld vom Staat hat doch bislang nichts anderes bewirkt, als die Kids fürs organisierte Verbrechen auszubilden. Es hat eine schwarze Mafia hervorgebracht, die vor nichts zurückschreckt, womit sich Kohle machen lässt, Rauschgifthandel, Prostitution, Erpressung oder Gott weiß was. Was mich auf die Palme bringt, ist, dass es viele tolle schwarze Kids gibt, die sich keiner Gang anschließen und wirklich Hilfe gebrauchen könnten, aber keine kriegen, während die Kids in den Gangs, die gewalttätig sind und andere zwingen, die Schule zu schmeißen – Halbstarke, die nie was zustande bringen, nur alles kaputt machen – immer kriegen, was sie wollen.«

Moores schonungslos offene Kommentare zu brisanten Themen blieben in gewissen Kreisen der schwarzen Chicagoer Bevölkerung nicht ohne Wirkung. Kaum hatte er seinen Posten im Gefängnis angetreten, als er auch schon – völlig unerwartet – von der schwarzen Lokalpresse attachiert wurde. »›Rassentrennung ist richtig‹, sagt schwarzer Gefängnisdirektor«, posaunte die dicke Schlagzeile auf der ersten Seite des Chicagoer *Daily Defen-*

der. Darunter war eine Zeichnung abgedruckt, in der Moore sich ehrerbietig an dem Ku-Klux-Klan-Gewand tragenden Joseph I. Woods festhielt, dem Sheriff von Cook County, der Moore eingestellt hatte. Der Text dazu lautete: »Schwarz und Weiß immer hübsch getrennt, dafür sorg' ich schon, Boss!«

Ein dürftiger Artikel im Innern des Blattes griff noch einmal auf, dass Moore ein Befürworter der Trennung von schwarzen und weißen Häftlingen war, verschwieg allerdings, was Moore zu dem Thema zu sagen hatte. »Als ich anfing, waren Schwarze und Weiße getrennt untergebracht«, erklärte der Direktor. »Vor meiner Zeit war die Trennung aber mal aufgehoben, weil genauso viele schwarze wie weiße Häftlinge da waren. Dann veränderte sich das Verhältnis wieder, bis es zu achtzig Prozent Schwarze waren. Um die zahlenmäßig unterlegenen Weißen zu schützen, hat Jack Johnson [sein Vorgänger] wieder eine Trennung vorgenommen. Bei der begrenzten Zahl von Wärtern und den entsprechend mangelhaften Aufsichtsmöglichkeiten hätte ein weißer Gefangener keine Chance gehabt. Dann kam ich, und wir haben angefangen, die Trennung von Schwarz und Weiß wieder aufzuheben, aber das geht nicht von heute auf morgen, sonst wäre die Sicherheit einiger Gefangener gefährdet. Heute gibt es keinen Trakt mehr, in dem nur Weiße untergebracht sind. Es ist inzwischen sogar möglich, einen einzigen Weißen in einem Trakt mit lauter Schwarzen unterzubringen, ohne dass ihm ein Haar gekrümmt wird.«

Dann führte der Direktor mich durch sein Reich, sogar bis hinunter in den Keller des Gefängnisses, wo er mir eine grausige Vorrichtung zeigte, den umstrittenen elektrischen Stuhl. Als Direktor, so erklärte er, falle ihm bei der Vollstreckung eines Todesurteils die Aufgabe zu, den Schalter zu betätigen, der den Stuhl unter Strom setzt. Bisher sei ihm das aber erspart geblieben, da den dreizehn Todeskandidaten – vier Weiße und neun Schwarze – eine Reihe von Vollstreckungsaufschüben gewährt worden sei. Obwohl ihm dieser Teil seines Jobs äußerst unangenehm sei, halte er die Todesstrafe dennoch für ein notwendiges Mittel zum Schutz der Gesellschaft.

Als Angehöriger des »Establishments« war Moore ein leichtes Angriffsziel für militante Schwarze. Seine offene Bewunderung für seinen Boss, den aus Ohio stammenden Sheriff Woods, erklärter Republikaner, ehemaliger FBI-Mann und unerbittlicher Vertreter von Recht und Ordnung, war seiner Sache nicht gerade zuträglich. »Ich mag und achte Joe Woods«, sagte Moore zu mir. »Er ist ein fairer und ehrlicher Mann. Er schreibt mir nicht vor, wie ich das Gefängnis zu leiten habe. Als er mich eingestellt hat, hat er mir seine uneingeschränkte Unterstützung versprochen. Und er hat sein Versprechen gehalten. Ich bin kein Politiker. Ich habe diese Aufgabe nicht gesucht. Die Aufgabe hat mich gesucht. Aber jetzt, wo ich sie habe, erledige ich sie so, wie ich es für richtig halte. Wenn ich anderer Ansicht bin als der Sheriff, sage ich es ihm.«

Der Respekt war gegenseitig. »Es ist mir egal, was Sie über mich schreiben«, sagte Sheriff Woods zu mir, als ich ihn in seinem Büro in der Chicagoer Innenstadt interviewte. »Ich werde ständig kritisiert, ganz egal, was ich mache. Aber passen Sie auf, was Sie über Direktor Moore schreiben. Ich halte ihn für den fähigsten und engagiertesten Beamten im ganzen Land – und das ist mein voller Ernst.«

Der Moore-Fanclub bestand aber nicht nur aus dem Sheriff. Die lauteste und für ihn wichtigste Anerkennung kam von den Insassen des Cook-County-Gefängnisses selbst. Einer von ihnen, der häufig zu Gefängnisstrafen verurteilte Comedystar und Bürgerrechtler Dick Gregory, bestätigte mir, nachdem er gerade zweiundvierzig Tage inklusive Hungerstreik gesessen hatte: »Moore ist der beste Direktor von allen Gefängnissen, die ich je von innen gesehen habe.«

Hatte Moore »mit den unhaltbaren Zuständen im Cook-County-Gefängnis ein für alle Mal aufräumen« können, wie er versprochen hatte? Die Antwort darauf liefert die folgende kleine, willkürliche Kostprobe von Schlagzeilen der Chicagoer Tageszeitungen, die innerhalb von etwas mehr als einem Jahr seit seinem Amtsantritt erschienen:

Moore kühlt die Gemüter im Frauentrakt – Direktor Moore hat Gefängnis wieder im Griff – Moore in Not: Erneuter Aufstand – Direktor vereitelt Ausbruch – Lob für Moore: Zustände erheblich verbessert – Hut ab vor Moore – dank Direktor bessere Zeiten im Knast.

Obwohl Moore also vorbehaltloses Lob erntete, führte eine gemeine politische Kampagne, in der man ihn fälschlicherweise bezichtigte, Häftlinge misshandelt zu haben, nach neun Jahren vorbildlicher Arbeit dazu, dass er aus dem Amt gejagt wurde. Verbittert und enttäuscht kehrten er und seine Frau schließlich Chicago den Rücken und zogen ins kalifornische Banning. Wir blieben gut befreundet, bis ich am 18. September 2002 von seiner Frau Mae die traurige Nachricht erhielt, dass mein chronisch übergewichtiger Freund mit dreiundsiebzig Jahren an einem Herzinfarkt gestorben war.

André Watts

Als der berühmte kanadische Konzertpianist Glenn Gould 1963 zwei Konzerte mit dem New York Philharmonic Orchestra wegen einer Erkrankung absagen musste, hatte der Dirigent Leonard Bernstein eine kühne und ungewöhnliche Idee. Er ersetzte den weltbekannten Virtuosen durch ein namenloses sechzehnjähriges Bürschchen namens André Watts, den in Nürnberg geborenen Sohn des schwarzen GI Hermann Watts und seiner ungarischen Frau Maria Alexandra. Der junge Pianist hatte erst drei Wochen zuvor in Bernsteins Fernsehsendung »Young People's Concerts« mitgewirkt, die der Maestro moderierte, um Kindern Freude an Musik zu vermitteln. »Als er vorspielte, war ich hin und weg«, sagte Bernstein damals, der nicht so leicht zu begeistern war.

Der junge André, der mit sechs Jahren in die Staaten gekommen war, als sein Vater aus Deutschland zurück in die Heimat versetzt wurde, hatte nur zwei Tage zum Proben, nachdem Bernstein ihn entdeckt und vom Fleck weg engagiert hatte. In den Augen vieler New Yorker Konzertliebhaber grenzte es an Blasphemie, einen Künstler wie Gould durch einen unbekannten, unerfahrenen schwarzen Jugendlichen zu ersetzen, der noch nicht mal mit der High School fertig war. Sie prophezeiten daher einen riesigen Flop und eine gewaltige Blamage für Dirigent und Schützling gleichermaßen. Doch alle Bedenkenträger, einschließlich derjenigen, die sich dazu herabließen, die »Talentshow« zu besuchen, erlebten die Überraschung ihres Lebens.

»Der Junge«, um Maestro Bernstein zu zitieren, »schritt auf die Bühne wie ein persischer Prinz«, setzte sich an den Flügel und hatte binnen Minuten mit Franz Liszts anspruchsvollem *Klavierkonzert Nr. 1 in Es-Dur* die Herzen selbst der kritischsten Musikkenner erobert. Der Auftritt löste nicht nur »die stürmischsten Ovationen dieser Spielzeit« aus, sondern schaffte es auch auf die Titelseite der traditionell reservierten *New York Times*.

Ein jubilierender Bernstein, der sich in seinem guten Riecher bestätigt sah, lobte seine Neuentdeckung in höchsten Tönen: »Er hat das Zeug, ein ganz Großer zu werden …« André Watts hatte sich seine musikalischen Sporen verdient.

Als mein Fotograf G. Marshall Wilson und ich den jungen Virtuosen zum ersten Mal trafen, war er zweiundzwanzig Jahre alt und hatte mit praktisch allen großen Orchestern in den USA, Asien und Europa gespielt. Musikkritiker, die damals geunkt hatten, sein zugegebenermaßen sensationelles Debüt könne sich auch als Eintagsfliege entpuppen, waren durch die anhaltenden Erfolge des jungen Stars längst verstummt.

In Watts' Wohnung in West Manhattan, nur einen Steinwurf von der Carnegie Hall entfernt, empfing uns zunächst ein eifriger Pförtner, der über die museale, schwach erhellte Eingangshalle eines historischen Gebäudes regierte, das schon seit Jahrzehnten als Refugium für bekannte Musiker diente. Nachdem er sich vergewissert hatte, wer wir waren und was wir wollten, geleitete er uns zu einem Aufzug, der uns nach einer endlos dahinkriechenden Fahrt in den achten Stock brachte, wo der junge Musiker und seine Mutter benachbarte Wohnungen hatten.

Wenn mich die ein wenig abschreckende Umgebung befürchten ließ, gleich einer verklemmten, reizbaren Primadonna gegenüberzustehen, so musste ich mein Vorurteil rasch revidieren, als ein freundlicher, bebrillter junger Mann auf mein Klingeln hin an die Tür kam. Mein erster Eindruck von Watts als einem sympathischen und überhaupt nicht verwöhnten Menschen sollte sich im Laufe meines Besuches noch verstärken. Dass er mit Leib und Seele Pianist war, schlug sich auch auf seine private Umgebung nieder. Sein großes Wohnzimmer wurde von einem Baldwin-Konzertflügel beherrscht, die hohe Decke war schallisoliert, und den Kaminsims zierten nicht nur die obligatorischen Minibüsten von Beethoven und Liszt, sondern auch ein Grammy, den er 1963 als »Vielversprechendster Nachwuchskünstler im Bereich Klassik« erhalten hatte.

Ein Musikkritiker hatte ihn zwar einmal als »unneurotischsten« Konzertpianisten bezeichnet, doch Watts gab ohne weiteres etliche Marotten zu. So trank er beispielsweise literweise Kaffee (schwarz mit Zucker), rauchte zehn holländische Zigarillos am Tag, trug wann immer möglich eine Weste und hatte bei jedem Konzert allerlei Glücksbringer wie ein japanisches Messer oder ein griechisches Komboloi in der Tasche. Er bestritt allerdings, dass die Seelenruhe, die er auf der Bühne ausstrahlte, etwas mit seinen Talismanen zu tun habe. »Ich übe sechs Stunden pro Tag«, erklärte, »da kann nur noch wenig schief gehen.«

Als ich mich erkundigte, was er in der Freizeit mache, wenn er also nicht Klavier spiele, erwiderte er: »Nichts.« Dann erklärte er fast entschuldigend, dass sein Privatleben »ziemlich öde« sei, und fügte hinzu, der Kick, den ihm das Klavierspielen und ein bisschen Yoga zur Entspannung verschafften, würde ihm vollkommen reichen. Dann gab er uns eine kurze Kostprobe von seinem Yoga-Können, indem er ohne viel Federlesens einen Kopfstand machte.

Mit Frauen auszugehen oder eine feste Freundin zu haben kam für ihn nicht in Frage. »Meinen Sie«, sagte er, »ich hätte

Lust, mit einer Frau auszugehen und hinterher sagen zu müssen: ›Ich glaub, ich kann mich in sechs Monaten wieder melden‹? Meine Karriere erlaubt es mir noch nicht, auch nur an einem oder zwei Wochenenden Pause von der Musik zu machen. Ich habe noch viel vor. Eine feste Beziehung ist in meinem Metier ein Hindernis. Das Klavier und die Frauen lassen sich nicht miteinander vereinbaren.«

Inzwischen war auch Mrs Watts dazugekommen, eine jugendlich wirkende, geschiedene Frau mit einem starken ungarischen Zsa-Zsa-Gabor-Akzent. Sie stimmte ihrem Sohn zu, der zuvor gesagt hatte, dass sie in ihm die Begeisterung für Musik und fürs Klavier im Besonderen geweckt habe. »Es ist nun mal, wie es ist«, sagte sie, »wir müssen uns leider damit abfinden, dass André nicht der nette Junge von nebenan ist. Wer der nette Junge von nebenan sein will, kann nicht Konzertpianist werden.«

Genauso wenig, wie Watts der nette Junge von nebenan werden wollte, hatte er irgendein Interesse daran, sich von den Schwarzen, Ungarn, Deutschen oder von welcher ethnischen oder nationalen Gruppe auch immer als Held vereinnahmen zu lassen. Seine schwarze Hautfarbe war für ihn weder ein Grund sich zu schämen noch etwas, worauf er besonders stolz war, und er betonte, dass es ihm »gehörig gegen den Strich« ging, wenn Afroamerikaner sich in ihrem Schwarzsein suhlten. Natürlich rührte sein begrenztes Verständnis für die schwarze Revolution, die sich zu der Zeit im Land abspielte, in erster Linie daher, dass er sich gänzlich seiner Musik verschrieben hatte und eine recht behütete Existenz in einer nahezu ausschließlich »weißen Welt« führte.

Kein Wunder also, dass er auch für schwarze Musik oder Soulmusik und so berühmte Soulsänger wie James Brown nichts übrig hatte. »Die Musik gefällt mir nicht«, gab er unumwunden zu. »Wahrscheinlich verstehe ich sie nicht richtig. Für meinen Geschmack ist sie einfach einen Tick zu ausgefallen, zu exotisch und exhibitionistisch. Wenn ich schon sehe, was dieser Brown auf der Bühne für Verrenkungen macht. Aber ich will ihn nicht schlecht machen. Ich kenne ihn nicht persönlich. Für ihn ist es anscheinend genau das Richtige. Aber meine Sache ist seine Musik nicht.«

Auch für Jazz-Pianisten konnte Watts sich nicht erwärmen. Zu Thelonius Monk, der genau wie er bei CBS unter Vertrag war, fiel ihm nichts Besseres ein als, »sein Stil ist ja ganz interessant, aber nicht mein Fall«. Ahmad Jamal kam noch schlechter weg. »Er ist mir zu kommerziell«, sagte Watts, »in etwa wie Eddy Duchin.«

Doch der unterste Platz an seinem musikalischen Totempfahl war für die Beatles reserviert, eine Einschätzung, die sich krass von der seines einstigen Förderers unterschied. »Bernstein findet die Beatles toll und dass sie toll für die Musik sind«, sagte er. »Und es gibt eine ganze Reihe ernsthafter Musiker, die behaupten, dass die Beatles eine neue Kunstform geschaffen haben. Ich hab sie kürzlich gesehen, wie sie ihre neueste Schöpfung gespielt haben, diesen Song ›Jude‹. Du lieber Himmel, was soll das sein? Es ist nichts. Es hat ein paar Akkorde, und es hat einen Takt, und alle kreischen und singen ›hey Jude‹. Wenn das eine neue Kunstform oder richtungsweisend für die Zukunft sein soll, dann gute Nacht. Mir gefällt so was nicht, und es ärgert mich, wenn gesagt wird – ich meine, von guten Musikern, von Leuten, die ich respektiere: ›Die Beatles sind *Spitze*.‹ Es gibt einfach zu viele Feiglinge, glauben Sie mir.«

Auf die Frage, welcher Konzertpianist seine größte Bewunderung genieße oder eine Vorbildfunktion habe, erwiderte er knapp: »Keiner.« Dann erklärte er: »Bis jetzt habe ich den Pianisten, der alles hat, noch nicht gehört – Gott sei Dank. Du besuchst unterschiedliche Konzerte und hörst dir unterschiedliche Pianisten an und bist beeindruckt von den unterschiedlichen Facetten des Talents. Dann versuchst du all die unterschiedlichen Dinge mit deinem eigenen Stil zu verschmelzen, bis du schließlich deinen idealen Stil gefunden hast.«

Watts freute sich, dass er bei den jüngeren Leuten so beliebt war, was er darauf zurückführte, dass er selbst auch noch so jung war. »In der Regel«, so sagte er, »hören junge Leute klassische Musik, die von jemandem über vierzig gespielt wird, und das

Mit meiner dritten Klasse (zweite Reihe links, mit Mütze) in der Kätnerkampschule in Hamburg

Nachfolgende Doppelseite: In der Tanzschule Arthur Lukas, Barmbek (oberste Reihe, Siebter von links)

Mein erstes großes Interview mit
dem Filmproduzenten und Regisseur
Stanley Kramer in Chicago

Bei der Vereidigung zum US-Staatsbürger im Jahre 1960

Mit meinen beiden Söhnen Steve (links) und Hans jr. (rechts) bei einer Bürgerrechtsdemonstration

Mit Muhammad Ali und seiner
Tochter Myriam in Miami

Interview mit dem Anführer der Black Muslims, Elijah Muhammad, in seinem Chicagoer Zuhause

Mit den *Spiegel*-Redakteuren Helmut Sorge und Walter Gloede in den Büros von *Ebony* in Chicago

Ansprache vor deutschen Studenten, die mit ihrem Professor, Rolf Italiaander (links), den *Ebony* Hauptsitz besuchten

Mit meinem Freund Alex Haley, Autor von *Roots*

Auf einem US-Luftwaffenstützpunkt in der Nähe von Tokio mit zwei Offizieren der US Air Force bei der Recherche für einen Beitrag

Der Gouverneur von Illinois, Otto Kerner, überreicht die Auszeichnung »Immigrant Achievement Award«

Interview mit dem jamaikanischen Premierminister Michael Manley in Kingston, Jamaika

Journalismus-Preis vom Übersee-Presseclub in Washington, D. C., für meinen Artikel über ein Gipfeltreffen in Kingston, Jamaika

Besuch beim US-Botschafter Walter J. Stoessel in der amerikanischen Botschaft in Bonn

Im Gespräch mit dem berühmten Fotografen Yousuf Karsh aus Ottawa bei einer Presseveranstaltung in Washington, D. C.

Mit meinem Chef John H. Johnson (links) und den Kollegen Herbert Nipson (Zweiter von links) und Charles L. Sanders (rechts) während einer Redaktionsbesprechung in Johnsons Büro

Interview mit Carlo von Tiedemann in der *Aktuellen Schaubude* in Hamburg

Interview mit der Legende des Entertainment, Lena Horne, in ihrem Haus in Santa Barbara, Kalifornien

Herumalbern mit dem Popstar Bootsie, der mal kurz bei *Ebony* vorbeischaute

Mit dem Rock'n'Roll-König Fats Domino in Las Vegas

Interview mit dem berühmten Air Force Generalleutnant Daniel (Chappy) James, kurz bevor er der erste afroamerikanische Vier-Sterne-General der Air Force wurde

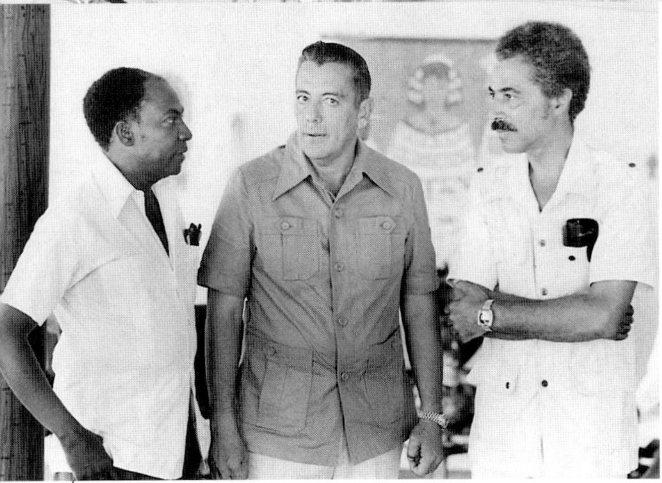

Mit dem führenden Kopf Panamas, General Omar Torrijos (Mitte) und einem Dolmetscher

Im Gespräch mit Lufthansa-Geschäftsführer Heinz Ruhnau (links) und einem Lufthansa-Manager während eines Geschäftstermins in Chicago

Mit Generalmajor Fred Davison, dem ersten schwarzen Kommandeur einer Kampfdivision, auf seinem Stützpunkt in Bad Kreuznach

Schwergewicht-Boxchampion George Foreman vor seinem Bus bei ihm zu Hause in Texas

Präsidentschaftskandidat Ronald Reagan besucht Johnson Publishing Co. kurz vor der Wahl

Mit meinem langjährigen Freund Ralph Giordano (wie ich ein Opfer der Nazis) bei einem Treffen in Hamburg

Mein deutscher Kommilitone Waldemar Adam und ich (an der Universität von Illinois) zeigen unsere Willenskraft. Jahre später haben wir die Szene, allerdings ohne Schnee, bei mir zu Hause in New Orleans nachgestellt

Wiedersehen mit Erika Stobbe, die 55 Jahre zuvor (damals noch Erika Schmedemann) nackt mit mir posiert hatte (siehe *Neger, Neger, Schornsteinfeger!*)

Treffen mit dem Chef der CIA und zukünftigen Präsidenten der Vereinigten Staaten, George W. H. Bush in Washington, D. C.

Tanz mit dem berühmten ehemaligen Kinderstar Shirley Temple, US-Botschafterin zu Ghana, bei einer Veranstaltung der US-Botschaft in Accra, Ghana

Interview mit dem Premierminister von Jamaika, Edward Seaga, in seiner Residenz in Kingston

In meiner Rolle als Gastgeber bei einem Besuch der First Lady von Liberia, Mrs Samuel Doe, im Haus der Johnson Publishing Company

Meine Frau Katharine und ich an unserem Hochzeitstag 1997

schafft eine gewisse Distanz, wie eben zwischen den Generationen.« Er bedauerte zwar den Trend im populären Musikgeschmack, der gewisse Künstler mit relativ wenig Arbeit oder Talent reich und berühmt machte, aber er hatte sich anscheinend damit abgefunden. »Ein Musiker in meiner Musiksparte«, so sinnierte er, »kann nun mal nicht erwarten, dass fünfundneunzig Prozent der Bevölkerung Bach hören.«

Ich fragte den jungen Virtuosen, der an der Schwelle zum Erwachsensein bereits Erfolge erzielt hatte, auf die andere große Pianisten lange warten müssen, was er denn überhaupt noch erreichen könne, und er erwiderte, dass er in Zukunft noch härter arbeiten wolle, um sich künstlerisch stetig weiterzuentwickeln. »Mit sechzehn«, sagte er, »habe ich gemerkt, dass ich dafür arbeiten muss, wo ich mit einundzwanzig sein will. Jetzt, wo ich da angekommen bin, muss ich dafür arbeiten, wo ich mit dreißig sein will.«

Ein Blick auf seine kometenhafte Karriere als reifer Weltklasse-Pianist zeigt, dass der heute sechsundfünfzigjährige Watts alle Hoffnungen erfüllt hat, zu denen er als Jugendlicher Anlass gab.

Deutliche Worte

Im Frühjahr 1970 erlebte ich eine angenehme Überraschung. Die »Immigrant Service League« der »Travelers' Aid Society« der Stadt Chicago teilte mir mit, dass ich zusammen mit vier anderen den angesehenen Preis erhalten solle, den die Organisation jedes Jahr an eingebürgerte Immigranten verleiht, die sich durch besondere Leistungen hervorgetan haben.

An der feierlichen Preisverleihung, die im Ballsaal des direkt am Michigansee gelegenen Chicagoer Drake Hotel stattfand, nahmen hochrangige Honoratioren teil, so auch der ehemalige Gouverneur von Illinois, Richter Otto Kerner, der selbst deutsche Vorfahren hatte. Natürlich waren auch meine Frau Joan und unsere Söhne unter den Gästen.

In der Begründung für die Verleihung des Preises an mich hieß es, Hans J. Massaquoi werde geehrt, »weil es ihm gelungen ist, finanzielle Hürden zu überwinden und eine anspruchsvolle Ausbildung zu absolvieren, um Journalist zu werden, weil er mit Hilfe seines Könnens und seiner Talente als Journalist einen Dialog geführt hat, der das Verständnis und den Respekt zwischen Schwarzen und Weißen fördert, und weil er maßgeblich an einer ›schwarzen‹ und ›weißen‹ Fernsehdokumentation mitgearbeitet hat, die von vielen europäischen Sendern ausgestrahlt wurde«.

In meiner kurzen Dankesansprache nutzte ich die Gelegenheit, einige meiner deutschen Immigranten-Kollegen ins Gebet zu nehmen, die, wie ich im Laufe der Jahre hatte feststellen müssen, gegenüber Afroamerikanern erschreckend rassistische Haltungen an den Tag gelegt hatten. Ich musste dabei vor allem an meinen Onkel Paul denken, den Bruder meiner Mutter, der nach dem Ersten Weltkrieg von Nordhausen nach Chicago immigriert war und mit allen Mitteln versucht hatte, mich davon abzubringen, in die Staaten zu kommen, nur weil er sich gegenüber seinen weißen Nachbarn und Freunden für seinen schwarzen Neffen schämte. Da er, als die Nazis an die Macht kamen, längst nicht mehr in Deutschland war, konnte Onkel Paul seine bigotte Einstellung nicht einmal mit Hitler entschuldigen.

»Als eingebürgerter schwarzer Amerikaner«, sagte ich in meiner Rede, »der sowohl in seinem Vaterland als auch in seiner Wahlheimat Opfer von Rassismus wurde, weiß ich das Ziel der Immigrant Service League, nämlich Bruderschaft in Wort und Tat, ganz besonders zu schätzen. Ich wünschte nur, dass noch mehr von meinen Mitimmigranten – in Chicago und überall sonst in den USA – das hehre Ideal, für das die League sich seit langem stark macht, unterstützen würden. Selbstverständlich gibt es viele Immigranten, die aufgrund ihres Gerechtigkeitssinns und der unauslöschlichen Erinnerungen an die Ungerechtigkeiten in ihrer jeweiligen Heimat eindeutig positiv auf unsere Bewegung reagiert haben, die sich für ein wahrhaft gerechtes Amerika einsetzt. Doch es ist eine traurige, aber unwiderlegbare Tatsache, dass einfach viel zu viele diesem Kampf keinerlei Beachtung schenken, weil sie meinen, dass er sie nichts angeht. Noch schlimmer ist, dass einige Immigranten – zumeist in völliger Verkennung der historischen Bedingungen, die zu der gesellschaftlichen und wirtschaftlichen Misere der schwarzen Amerikaner geführt haben – diese Misere als Ausdruck und Bestätigung ihrer eigenen ethnischen Überlegenheit betrachten.

Um auf dieses Paradoxon aufmerksam zu machen, kann ich mir keine passendere Gelegenheit vorstellen als diese Feierstunde, in der Sie unter anderem einen schwarzen Immigranten dafür ehren, dass er mithilft, über den Zaun hinweg, der Schwarze und Weiße in diesem Land trennt, einen Dialog zu führen, und in der Sie die positive Rolle, die Immigranten bei der Gestaltung dieses Landes gespielt haben, erneut bestätigen.

Abschließend möchte ich all meinen Mitimmigranten – und auch allen Nachfahren von Immigranten – ans Herz legen, nicht die religiöse und politische Verfolgung zu vergessen, die viele von ihnen – oder ihre Vorfahren – in ihrem jeweiligen Heimatland erleiden mussten. Ich möchte sie bitten, ihr Gewissen und ihr Herz zu befragen, bevor sie in welcher Form auch immer zum Elend und Leiden eines Volkes beitragen, das viel zu viel und viel zu lange gelitten hat. Vor allem aber möchte ich sie bitten, sich vor der Versuchung zu hüten, ihr eigenes emotionales und wirtschaftliches Wohl auf Kosten ihrer schwarzen Landsleute erlangen zu wollen, deren Geschichte in diesem Land einige Jahrhunderte früher anfängt als die ihre.

Danke – noch einmal – für die Auszeichnung und für die Gelegenheit, zu Ihnen sprechen zu dürfen.«

Einen Moment lang herrschte verdutzte Stille, sodass ich schon fürchtete, ich könnte jemandem zu fest auf die empfindlichen Zehen getreten sein. Doch sobald meine Botschaft wirklich angekommen war, brandete tosender Beifall auf.

Wieder ganz am Anfang

Als Vater schien ich ein voller Erfolg zu sein. Leider konnte ich das nicht auch von mir als Ehemann behaupten. Nachdem Joan und ich vierzehn Jahre mehr oder weniger glücklich verheiratet waren, begann unsere Ehe zu bröckeln, und schließlich ließen wir uns scheiden. Da Mütter im amerikanischen Scheidungsrecht bessere Karten hatten, behielt Joan das Haus mit allem, was dazugehörte, und die Kinder. Mir blieben nur der Wagen, ein Paar Schlittschuhe und meine Anzüge. Ich hatte das Gefühl, wieder genau da angekommen zu sein, wo ich angefangen hatte. Vierzehn Jahre Mühe und harte Arbeit waren umsonst gewesen. Eine Zeit lang suhlte ich mich in Selbstmitleid. Doch dann dachte ich an meine gut geratenen Söhne, die aus der Ehe hervorgegangen waren, und meine Lebensgeister waren augenblicklich wieder hellwach. Nachdem ich einige Monate in einem Motel gewohnt hatte, zog ich in eine einfache Zwei-Zimmer-Wohnung im dritten Stock eines modernen Hochhauses in der Chicagoer Near South Side, um ein neues Kapitel in meinem Leben aufzuschlagen.

Meinen Söhnen war es zwar nicht anzumerken, aber ich wusste, dass die Scheidung ein schwerer Schock für sie gewesen sein musste. Um die schmerzhaften Auswirkungen für sie unter den gegebenen Umständen so gering wie möglich zu halten, versuchte ich ihnen klarzumachen, dass ich sie niemals verlassen würde, auch wenn wir nicht mehr unter einem Dach wohnten. Mir selbst schwor ich, immer für sie da zu sein, wenn sie mich brauchten. Zum Glück schafften Joan und ich es im Interesse aller, Vereinbarungen zu treffen, die es mir erleichterten, weiterhin mit meinen Söhnen engen Kontakt zu haben.

Von nun an holte ich sie jeden Freitagabend nach der Arbeit oder am Samstagmorgen ab, und sie blieben übers Wochenende bis Sonntagabend bei mir. Selbst als mein Leben wieder in halbwegs normalen Bahnen lief und ich erneut mein Glück bei den Frauen versuchte, stellte ich bei Verabredungen von Anfang an klar, dass die Wochenenden meinen Jungs gehörten. Eine Frau, die damit ein Problem hatte, kam von vornherein nicht in Frage.

Eine so vielseitige Stadt wie Chicago bot mir und den Jungs zu jeder Jahreszeit abwechslungsreiche Möglichkeiten für gemeinsame Unternehmungen. Regelmäßige Anlaufstellen am Wochenende waren für uns das Museum of Science and Industry (Museum für Wissenschaft und Industrie), das Museum of Natural History (Naturkundemuseum), das berühmte Kunstmuseum Art Institute of Chicago, die Aussichtsplattform auf dem Sears Tower, damals das höchste Gebäude der Welt, das Planetarium, der Brookfield und der Lincoln Park Zoo, die schön gelegenen Radwege am Michigansee und die Indiana Dunes, ein fünfundzwanzig Kilometer langer Streifen aus Sandstränden und Dünen, nur eine Autostunde von Chicago entfernt, sowie – für die kalten Monate – etliche Eishallen in und um die Stadt herum.

Um ihnen auch ernstere Dinge zu vermitteln, nahm ich sie mit auf Bürgerrechtsdemonstrationen in Chicago, auf denen wir unseren Stolz auf unser afrikanisches Erbe und unsere Solidarität mit der afrikanischen Freiheitsbewegung bekundeten, indem wir echte afrikanische Gewänder trugen, die mein Onkel Fritz liebevoll genäht und uns aus Liberia geschickt hatte. Als jedoch die Reaktion der Weißen auf diese friedlichen Demos zunehmend aggressiver wurde, hielt ich es für ratsam, meine Söhne nicht mehr mitzunehmen.

Feuer und Flamme waren die Jungs auch jedes Mal, wenn wir ihre »Omi« und ihren Stiefgroßvater Mileta in Elgin besuchten. Ihre Begeisterung verwunderte mich ganz und gar nicht, denn es gab niemanden – mich eingeschlossen –, der eine höhere Meinung von Steve und Hans hatte als meine Mutter. Von dem Tag an, als beide auf die Laboratory School der Universität Chicago kamen, bis Steve in Harvard Medizin und sein Bruder an der Universität Michigan Jura studierte, sorgte Omi dafür, dass jeder in ihrem Freundes- und Bekanntenkreis über die schulischen und akademischen Leistungen ihrer Enkel im Bilde war.

Besonders groß war der Jubel bei meinen Jungs, wenn ich mit ihnen zum Riverview Park fuhr, einem riesigen Rummelplatz in

Chicagos Northwest Side mit einer gewaltigen Achterbahn und einem Riesenrad, das eine atemberaubende Aussicht über die Stadt bot. Wenn ich sah, wie die Augen meiner Kinder angesichts der schwindelerregenden Fülle an Attraktionen strahlten, musste ich an meine eigene Kindheit denken, wenn meine Mutter und ich in der Vorweihnachtszeit dem ehrwürdigen Dom, wie die große Kirmes in Hamburg heißt, unsere alljährliche Aufwartung machten. Nach einer kurzen Fahrt mit der Hochbahn von Denhaide zum Millerntor gingen wir das kurze Stück zum Heiligengeistfeld zu Fuß, wo wir uns unter die Tausenden von Vergnügungssüchtigen mischten, die sich für ein paar Stunden Spaß und Nervenkitzel gönnen wollten. Meine Mutter hatte zwar nicht das Geld, mich auf viele Karussells und in Vorführungen zu lassen, aber ich kam trotzdem voll auf meine Kosten. Ich hatte längst gelernt, schon Vergnügen daraus zu ziehen, den mit kreischenden Menschen voll besetzten Achterbahnwagen zuzuschauen, ohne selbst an Bord sein zu müssen. Das Gleiche galt für die Vorführungen. Wenn die Muskelmänner, Zauberer, Schwertschlucker und Feuerspucker und andere Akrobaten vor ihren Zelten eine Kostprobe ihrer Kunst gaben, hatte ich meist genug gesehen. Die große Ausnahme waren die so genannten Steilwandfahrer, die mit Hilfe der Fliehkraft der Schwerkraft trotzten, während sie auf ihren Motorrädern in halsbrecherischem Tempo an der Innenwand eines vertikalen Holzzylinders im Kreis herumbrausten. Ich hatte sie zwar schon oft gesehen, aber ich konnte nicht genug davon kriegen. Da es im Riverview Park leider keine Steilwandfahrer gab, konnte ich die Begeisterung, die mich als Kind beim Zuschauen gepackt hatte, nicht an meine Söhne weitergeben.

Zu den besonderen Unternehmungen mit meinen Söhnen zählten Campingurlaube bis nach Kanada, Urlaub in New York bei Yankee-Werner, meinem alten Kumpan aus der Zeit auf St. Pauli, und seiner Familie, Reisen nach Jamaika, Puerto Rico und natürlich Hamburg. Dort schlossen mein alter Freund Fred Gass und seine Frau Gisela Steve und Hans augenblicklich ins Herz, die wiederum schon bald zu Gisela Tante sagten.

Als meine Söhne mir irgendwann gestanden, dass sie gern einen Hund hätten, war ich sogleich von der Idee angetan. Ein Hund, so fand ich, wäre ein ausgezeichneter Beschützer für meine Jungs und ihre Mutter in einem Haus, wo ich diese Aufgabe ja nicht mehr erfüllen konnte. Ich rief sofort bei einem Bekannten von mir an, einem Polizisten, der für die Hundestaffel der Chicagoer Polizei deutsche Schäferhunde züchtete, und bat ihn, mir aus dem nächsten Wurf einen Rüden zu reservieren. Der wenige Wochen alte Welpe, den der Polizist mir schließlich zusammen mit einem ellenlangen Stammbaum zur Bestätigung der »Rassereinheit« (wo hatte ich das Wort schon mal gehört?) verkaufte, war winzig und ein eher mickriger Anblick. Er hatte weiß Gott noch einen weiten Weg vor sich, wenn er mal potenziellen Einbrechern Respekt einflößen sollte. Doch bereits nach einigen Monaten war aus Pasha, wie die Jungs ihren neuen Liebling nannten, ein großes, stattliches Exemplar geworden, ein deutscher Schäferhund, der bewundernde, manchmal ängstliche Blicke auf sich zog, wo immer die Jungs mit ihm auftauchten. Pasha, der gute Manieren hatte und aufs Wort gehorchte, durfte uns an unseren gemeinsamen Wochenenden überallhin begleiten, wo Hunde erlaubt waren.

Als wir einmal an Kanadas wunderschönem Lake of the Woods Camping machten, bescherte Pasha uns unerwarteten Ärger. Nachdem wir vier den ganzen Tag durch den Wald gestreift waren und schließlich tief und fest in unserem Zelt schliefen, wurden wir plötzlich von einem lauten Lärm wach, der sich anhörte, als würden Töpfe und Pfannen durcheinander geworfen. Siedendheiß fiel mir ein, dass ich gegen eine wichtige Campingregel verstoßen hatte: Kein schmutziges Geschirr stehen lassen, weil es wilde Tiere, zum Beispiel Bären, anlocken könnte. Als ich durch einen Schlitz im Zelt spähte, um nachzuschauen, was für ein Biest uns da einen nächtlichen Besuch abstattete, sah ich zwei winzige Punkte im Schein meiner Taschenlampe funkeln. Und ehe ich ihn festhalten konnte, hatte sich Pasha schon knurrend durch die Öffnung des Zeltes nach draußen gezwängt, um sich auf alles zu stürzen, was da im Dunkeln lauerte. Doch einige

Sekunden später war er wieder im Zelt und winselte Mitleid erregend, als hätte er sich mit einem Ungeheuer angelegt. Er war mit einer Flüssigkeit bedeckt, die uns schier den Atem raubte. In null Komma nichts stank es im Zelt zum Gotterbarmen: Pasha hatte Streit mit einem Stinktier gehabt.

Gegen den widerlichen Gestank konnten wir nichts ausrichten. Im Morgengrauen bauten wir unser Zelt ab, packten alles zusammen und fuhren ins nächstbeste Motel, wo ein mitfühlender Mann an der Rezeption uns, einschließlich Pasha, gnädigerweise ein Zimmer gab. So konnten meine Söhne und ich uns von der Strapaze erholen und vor allen Dingen ein dringend erforderliches Bad nehmen. Unsere Sachen reinigten wir in einem Waschsalon in der Nähe. Es dauerte tatsächlich Wochen, bis wir den süßlichen Gestank unseres uneingeladenen nächtlichen Besuchers endgültig los waren.

Wenn ich auf die Jahre zurückblicke, in denen ich meine Söhne aufwachsen sah, während ich meine eigene Jugend noch einmal durchlebte und die Welt mit ihnen an meiner Seite neu entdeckte, muss ich sagen, dass es mit die schönsten Jahre meines Lebens waren.

Allahs Bote

Der zweifellos umstrittenste Schwarzenführer der siebziger Jahre war der viel geliebte, viel geachtete und viel verspottete Elijah Muhammad, der selbst ernannte »Bote Allahs«. Seit Marcus Garvey und seiner »Back to Africa«-Bewegung in den zwanziger Jahren hatte es kein einzelner Schwarzer mehr geschafft, bei so vielen Menschen so viel blinden Gehorsam zu erzeugen wie der schmächtige, dreiundsiebzigjährige Patriarch bei den schätzungsweise hunderttausend Black Muslims, deren Anführer er war. Seine erstaunliche Macht, die er so resolut einsetzte wie ein Feldmarschall, erwuchs aus seinem Versprechen, dass die völlige Unterwerfung unter einen schwarzen, erbittert antiweißen Allah und dessen »letzten Propheten«, nämlich Muhammad höchstpersönlich, zur Befreiung von der weißen Unterdrückung führen würde. Als absoluter Herrscher der »Lost-Found Nation of Islam in the Wilderness of North America«, wie die Black Muslims offiziell heißen, war er auch der radikalste schwarze Verfechter eines konsequenten Separatismus gegenüber den Weißen.

Die wichtigsten Mittel, mit denen die von Muhammad so genannten »weißen Teufel« die Schwarzen auf Dauer spalten und versklaven, seien das Christentum und die Bibel, das »Giftbuch«. Zwar zitierte er häufig aus der Bibel, denn eine »gewisse Wahrheit« sprach er ihr durchaus zu, doch für Schwarze sei sie praktisch nutzlos, weil die Weißen »die Wahrheit nach ihrer Fasson zurechtgestutzt« hätten. Hätten die Sklavenhalter, so fragte er, einen besseren Schutz finden können, als den armen Schwarzen zu predigen: »Wer dich schlägt auf eine Wange, dem biete auch die andere dar«?

Von ihren religiösen und mystischen Doktrinen einmal abgesehen, erwies sich Muhammads einzigartige Mischung aus schwarzem Nationalismus, schwarzem Kapitalismus und schwarzem Sozialismus als einer der realistischsten, vernünftigsten Ansätze, die Missstände des Lebens in den schwarzen Ghettos zu beheben. Dieser Ansatz wurde zwar von vielen kritisiert, aber niemandem gelang es, ebenso gute oder gar bessere Resultate zu erzielen. Einige Kritiker behaupteten herablassend, dass der »ungebildete« Bote Allahs auf die Mitglieder der schwarzen Mittelschicht nur wenig oder gar keinen Einfluss ausüben könne, dass er den größten Anklang nur bei armen Schwarzen ohne schulische Ausbildung finde. Diese Beobachtung war zwar nicht falsch, doch statt wie beabsichtigt eine Schwäche hervorzuheben, betonte sie nur das, was vielleicht Muhammads größte Stärke war. Denn wo wenn nicht unter den Armen und Enteigneten waren Eingliederungsmaßnahmen und Reformen am dringendsten erforderlich? Indem er die Armen wirklich erreichte, stahl der »ungebildete« Muhammad allen professionellen Institutionen, die gegen Armut kämpften, die Schau.

Auch ich hatte den Boten Allahs zunächst als Scharlatan abgetan, der es nicht verdiente, dass *Ebony* ihm auch nur eine Zeile widmete. Doch meine Skepsis ließ nach, als ich hörte, was er mit seiner »göttlichen Mission, mein Volk aus der weißen Sklaverei zu befreien« schon alles erreicht hatte. In der Überzeugung, dass »Menschen, die unabhängig sein möchten, vor allem lernen müssen, sich selbst zu ernähren, zu kleiden und sich ein Dach über dem Kopf zu verschaffen«, hatte er mit rasanter Geschwindigkeit einen riesigen landwirtschaftlichen Betrieb aus dem Boden gestampft und verblüffte damit erfahrene Geschäftsleute und Wirtschaftswissenschaftler. Muhammads moderne Farmbetriebe in Michigan, Georgia und Alabama – insgesamt an die siebzehnhundert Hektar Land – waren auf Milchprodukte, Hühnerzucht und Eier spezialisiert, verfügten über siebenhundert Rinder und mehr als sechshundert Schafe, riesige Silos, eine Sägemühle, Apfelplantagen, eine Konservenfabrik und gewaltige Flächen Acker- und Weideland.

Aber die Landwirtschaft war nur ein Teil von Muhammads Streben nach wirtschaftlicher Unabhängigkeit. Ein weiteres Glanzstück, das die »Brothers« mit Stolz als »ein modernes Wunder von Mr Muhammad« anpriesen, war das im Süden des Chicagoer Geschäftsviertels Loop vollendete »Muhammad Speaks Building«, in dem das gleichnamige offizielle Wochenmagazin (*Muhammad Speaks* – Auflage 600 000) hergestellt wurde. Das Gebäude mit seinen sage und schreibe fünfeinhalbtausend Quadratmetern Fläche war für mehr als zwei Millionen Dollar renoviert worden. In weniger als zwei Jahren ließ Muhammad moderne Redaktionsbüros einrichten, die neueste Drucktechnik installieren (darunter eine zwanzig Meter lange Vierfarb-Offsetpresse und eine mit Computern arbeitende Fotosetzerei) und hatte auch noch Platz für einen modernsten Ansprüchen genügenden Fleischverarbeitungsbetrieb mit riesigen Kühlräumen, wo muslimische Agrarprodukte und Fleisch gelagert wurden.

Weitere Selbsthilfebetriebe, die Allahs Bote von der Ost- bis zur Westküste aufmachte, waren Supermärkte, Frisörsalons, eine Bekleidungsfabrik, chemische Reinigungen, Bekleidungsgeschäfte, Hammelschlachtereien und Restaurants, darunter das Salaam Restaurant, wo man in Chicagos South Side angeblich am besten essen konnte. Doch noch beeindruckender als seine Wirtschaftsunternehmen fand ich, dass Muhammad es schaffte, Hunderte von Menschen aus der Kriminalität sowie aus der Drogen- und Alkoholsucht zu retten, sodass sie ein produktives und rechtschaffenes Leben führten.

Ich wollte mir den »Boten Allahs« genauer ansehen und rief seinen PR-Chef John Ali an, den ich um ein Interview mit seinem Boss bat. Schon eine Woche später erhielt ich einen Termin. Weil er sich immer seltener in der Öffentlichkeit blicken ließ und die hohen Tiere bei den Black Muslims eine Vorliebe dafür hatten, sich selbst und ihren geistigen Führer mit dem Schleier des Geheimnisses zu umhüllen, war der Mensch Elijah Muhammad noch immer eine unbekannte Größe, obwohl seine Ideen bei den Schwarzen zunehmend Anklang fanden. Die Öffentlichkeit kannte ihn lediglich aus dem Fernsehen, wenn in den Nachrichten ein kurzer Bericht über seine alljährliche Kundgebung im Chicago Coliseum gebracht wurde. Mit seiner eher unscheinbaren Körpergröße (ein Meter siebzig), der dünnen, asthmatischen Stimme und der ausgeprägten Neigung, gegen die Regeln der Syntax zu verstoßen, hatte der Bote Allahs auf viele Menschen den Eindruck eines humorlosen alten Despoten gemacht. Wer allerdings Muhammad persönlich kennen lernte, konnte bezeugen, wie unfair dieses nicht sehr schmeichelhafte Urteil war.

Mein Interview-Termin in Muhammads Neunzehn-Zimmer-Villa in der vornehmen Chicagoer Wohngegend Hyde Park am Rande eines Schwarzenghettos war für zehn Uhr morgens vereinbart. Ich erschien zusammen mit meinem Fotografen drei Minuten zu früh, und als ich an der Haustür klingelte, fragte ich mich, ob wir durch die Überwachungskamera, die uns von der Decke des Eingangs aus anstarrte, kritisch beäugt wurden. Melodiöse Glocken im Innern des Hauses riefen einen älteren Mann in Arbeitskleidung an die Tür, und nachdem wir uns vorgestellt hatten, bat er uns herein. Wir betraten ein geräumiges Foyer und wurden weiter ins Wohnzimmer geführt. Statt der bedrohlichen, in Karate ausgebildeten Leibwächter, mit denen ich gerechnet hatte, begrüßte uns ein rundlicher, pausbäckiger Mann in den Dreißigern, der sich als Herbert Muhammad vorstellte, einer der sechs Söhne des Boten Allahs.

»Mein Vater kommt gleich«, sagte er zwanglos zu uns. »Fühlen Sie sich wie zu Hause.« Da aus »gleich« genau fünfundfünfzig Minuten wurden, hatte ich reichlich Zeit, mich umzusehen. An den Wänden des Wohnzimmers standen plüschige, farbenfrohe Sofas und Sessel, deren durchsichtige Plastikschonbezüge wohl schon seit längerem für ein nagelneues Aussehen sorgten. Bis auf zwei große Fotos vom Boten Allahs aus jungen Jahren waren die Wände kahl. Das komfortable, aber ausgesprochen praktisch eingerichtete Wohnzimmer deutete auf ein völliges Desinteresse an dekorativen Accessoires hin, und die herumliegenden Ausgaben von *Business Week* und *Wall Street Journal* ließen ein ganz anders geartetes Interesse vermuten. Ich fragte mich, woher die Gerüchte rühren mochten, der Bote Allahs wohne in üppigem Luxus umgeben von teuren Kunstgegenständen.

Während der Mann in Arbeitskleidung ein großes Tonbandgerät aufbaute (der Bote Allahs nehme jedes Interview auf, wurde mir erklärt), kamen zwei von Muhammads führenden Leuten herein: der streng blickende Raymond Sharieff, des Boten Schwiegersohn und »Supreme Captain« von dessen bekannter Leibgarde »Fruit of Islam« (FOI), und der freundliche John Ali, Generalsekretär der amerikanischen Black Muslims und PR-Mann, der das Interview arrangiert hatte.

Plötzlich betrat der Bote Allahs mit raschen, fast jugendlichen Schritten den Raum und zerstörte augenblicklich viele meiner Vorurteile, indem er mir ein nettes Lächeln schenkte und mir mit beiden Händen herzlich die rechte Hand drückte. Er trug den bekannten, mit Pailletten besetzten Samt-Fez, der mit den Sternen und dem Halbmond des Islam geschmückt war, einen ordentlichen, konservativ geschnittenen schwarzen Anzug, ein weißes Hemd und eine dunkle Fliege. Zum Schutz der Augen, die sich noch von einer Staroperation erholten, trug er eine dunkle Brille. In natura wirkte er noch gebrechlicher, als ich vermutet hatte – ein extremer Gegensatz, so dachte ich, zu den Tausenden starker, robust aussehender schwarzer Männer, die ihm aufs Wort gehorchten.

»Wo soll ich mich hinsetzen?«, fragte er zuvorkommend. »Suchen Sie mir einen Platz aus.« Nachdem ich ihm versichert hatte, dass mir jeder Platz recht sei, bestimmte er die Grundregeln für das Interview – fünfzehn Minuten für Fragen und Fotos und keine Zitate aus dem Zusammenhang. »Und drucken Sie ja nicht nur die hässlichsten Fotos von mir, wie die weißen Zeitungen das immer machen«, warnte er mich halb im Scherz, um dann hinzuzufügen: »was nicht heißen soll, dass ich mich für hübsch halte oder so.«

Mit den Bedingungen konnte ich leben. Bedeckt hielt er sich lediglich beim Thema Einkünfte der Black Muslims, worüber er keine Zahlen zur Verfügung habe und »ohnehin nichts verraten würde«, doch abgesehen davon beantwortete Muhammad bereitwillig alle meine Fragen. Die Antworten wichen zwar mitunter vom Thema ab, aber es lag ihm offensichtlich daran, mir seine Ansichten verständlich zu machen.

Als ich wissen wollte, ob er einige der strengen Verhaltens- und Ernährungsbeschränkungen lockern würde, um mehr Anhänger anzulocken – in etwa so wie die katholische Kirche es tue –, erwiderte er in seinem unnachahmlichen Englisch, er habe nicht die Absicht, dem Beispiel der katholischen Kirche zu folgen, das seiner Ansicht nach zum Scheitern verurteilt sei. Der Katholizismus, so prophezeite er, sei ein Auslaufmodell, da er alle Macht über seine Anhänger verloren habe. Sogar der Papst habe die Kontrolle über seine engsten Mitarbeiter verloren. Die Ursache, so erklärte Muhammad, liege darin, dass die Katholiken eine Religion »geschaffen« hätten, die Muslime dagegen »haben die Religion, die der Schöpfer geschaffen hat«. Der heilige Qu'ran, so fuhr er fort, lehre, dass Allah am Jüngsten Tag jede Religion verschmähen werde, die nicht Seine Religion sei, nämlich die völlige Unterwerfung unter Seinen Willen.

»In welcher Weise wird die von Ihnen prophezeite Vernichtung der Weißen erfolgen?«, fragte ich.

»Der heilige Qu'ran sagt, ihre Macht wird in Kriegen gebrochen«, lautete die Antwort des Boten Allahs. »Asien wird sie besiegen. Das schließt alle dunkleren Rassen auf der Erde ein.«

»Wann rechnen Sie mit der Vernichtung der Weißen?«

»Innerhalb der nächsten zehn Jahre.«

»Haben Sie vor, irgendwann in den Ruhestand zu treten?«

»Nein, bei meiner Arbeit gibt es keinen Ruhestand. Ich bin ein Mann, der von Allah gesandt wurde, der von Allah vorbereitet wurde und der von Allah gelenkt wird. Deshalb bin ich auch ohne Studium oder dergleichen erfolgreich.«

»Haben Sie schon einen Nachfolger ausgewählt, der Ihre Arbeit eines Tages fortsetzen wird?«

»Wer könnte meine Arbeit machen? Ich bin ein Mann, der von Allah, gepriesen sei Er in Ewigkeit, ernannt wurde und gelenkt wird.«

Wieder ertönte die Türglocke und verkündete den Anfang von Muhammads neuem Termin und das Ende meines Interviews.

»Kommen Sie mich doch mal wieder besuchen – Sie sind jederzeit willkommen«, sagte er und besiegelte die Einladung, indem er mir wieder mit beiden Händen die rechte Hand drückte.

Seit dem Tod des »Boten Allahs« im Jahre 1975, fünf Jahre nach unserem Interview, verliert die berühmte Bewegung, die er aufgebaut hat, unaufhaltsam an Bedeutung. Mit Ausnahme von Prediger Farrakhan, der die Führung der Restbestände der Bewegung übernommen hat, sind die Black Muslims im Großen und Ganzen recht unauffällig geworden, vor allem nach den Anschlägen vom 11. September mit ihren über dreitausend Todesopfern.

Wieder in Liberia

Im Sommer 1971 wurden wir von unserem Büro in Washington, D. C., darüber informiert, dass das Weiße Haus unter Nixon eine Delegation von hochrangigen Regierungsvertretern nach Liberia schicken würde, um an der Beisetzung von Präsident William V. S. Tubman teilzunehmen, der wenige Tage zuvor überraschend gestorben war. Falls wir Interesse hätten, so ließ das Weiße Haus uns wissen, es seien in der Maschine noch zwei Plätze für einen Journalisten und einen Fotografen reserviert. Alle notwendigen Papiere wie Visa und Presseausweise würden wir ebenso wie die obligatorischen Impfungen an Bord der Maschine erhalten, so hieß es. Der einzige Haken war, dass wir uns sputen mussten, da die Maschine noch am selben Nachmittag starten würde.

Sobald entschieden war, dass unser Fotograf aus dem New Yorker Büro, G. Marshall Wilson, und ich mitfliegen sollten, ließ ich mir von meiner Sekretärin den nächstmöglichen Flug nach Washington buchen, fuhr rasch nach Hause, packte meinen Koffer und nahm ein Taxi zum O'Hare International Airport. Nur wenige Minuten vor dem Start nach Monrovia bestiegen Marshall, der aus New York gekommen war, und ich den riesigen Regierungsjet.

Das Wiedersehen mit Liberia nach einundzwanzig Jahren ging mir emotional näher, als ich erwartet hatte. Während der zwei Jahre, die ich als junger Mann in Afrika gewesen war, hatte ich nie richtig das Gefühl gehabt, mich dort einleben zu können. Doch als ich die Stadt wiedersah, mit ihren Geräuschen und Gerüchen, die mir einmal so vertraut gewesen waren, überkam mich plötzlich eine seltsame Wehmut. Während ich die geschäftige, von Hochhäusern gesäumte Broadstreet entlangspazierte, Monrovias Hauptstraße, hatte ich große Mühe, mir die verschlafene Straße von damals mit ihren ärmlichen, baufälligen Häusern in Erinnerung zu rufen.

Als ich in die betrübten Gesichter der zahllosen trauernden Menschen blickte, die von nah und fern in die Stadt strömten, um ihrem geliebten Präsidenten die letzte Ehre zu erweisen, musste ich an meine angenehmen Begegnungen mit diesem bedeutenden Mann denken. Präsident Tubman war ein persönlicher Freund meines verstorbenen Vaters gewesen und hatte sich einmal ohne Erfolg für mich und meinen Bruder Morris eingesetzt, als ein skrupelloser Onkel uns mit einem Trick um unser rechtmäßiges Erbe brachte.

Ich dachte auch über das Vermächtnis des Präsidenten nach, der mit fünfundsiebzig Jahren in einem Londoner Krankenhaus nach einer Prostataoperation gestorben war. In den siebenundzwanzig Jahren, die Tubman am Ruder war, hatte er das Land, das etwa so groß ist wie Ohio, von Grund auf verändert. Aus dem bitterarmen, malariaverseuchten Katastrophengebiet Liberia, das von Stammesfehden und politischen Streitigkeiten gebeutelt wurde, hatte er eine einigermaßen wohlhabende Nation gemacht. Außerdem hatte er die achtundzwanzig Eingeborenenstämme in das politische Leben integriert, das einst ausschließlich in den Händen der so genannten Americo-Liberianer lag, der Nachkommen befreiter Sklaven aus Amerika, die das Land im Jahre 1847 gründeten. Letztere waren es auch, die Liberias Motto prägten: »Die Freiheitsliebe hat uns hergeführt.«

Zu dem Staatsbegräbnis fanden sich Würdenträger aus der ganzen Welt ein, so auch Kaiser Haile Selassie von Äthiopien, der die versammelte Trauergemeinde nicht gerade fesselte, als er eine rund einstündige Rede auf Amharisch hielt. Unter den zehn anwesenden afrikanischen Staatsoberhäuptern und Premierministern waren auch Félix Houphouet-Boigny, Präsident der Elfenbeinküste, und Präsident Moktar O. Daddah aus Mauretanien. Der angereisten US-Delegation gehörte Roy Wilkins an, der Vorsitzende der NAACP.

Im Anschluss an die Beisetzung durfte ich als erster Journalist mit dem frisch vereidigten Präsidenten, dem ehemaligen Vizepräsidenten William R. Tolbert, ein Exklusivinterview führen. Tolbert machte deutlich, dass er die von Präsident Tubman eingeleitete Politik grundsätzlich fortführen wolle, aber keineswegs engere Beziehungen zu kommunistischen Ländern aufbauen wolle.

»Ein verstärktes wirtschaftliches oder sonstiges Engagement des Ostblocks in unserem Lande liegt nicht in meinem Interesse und wird von mir nicht unterstützt«, sagte er. Gleichzeitig versicherte er mir, dass er der Politik seines Vorgängers seinen persönlichen Stil aufzudrücken gedenke.

Am Tag nach dem Interview meldete sich Charles Hanson bei mir, ein alter Freund aus meiner Zeit in Liberia, der nach vielen Jahren auf anderen Posten wieder in die US-Botschaft in Monrovia versetzt worden war. Charles wollte wissen, ob Präsident Tolbert irgendetwas gesagt hatte, das für die US-Regierung von Interesse sein könnte. Ich hatte nicht das Gefühl, gegen das journalistische Berufsethos zu verstoßen, wenn ich Uncle Sam etwas über Tolbert verriet, denn alles, was der Präsident mir erzählt hatte, würde bald jeder, der bereit war, fünfundsiebzig Cent auszugeben, in *Ebony* lesen können. Also erzählte ich Charles alles, was ihn interessierte, insbesondere, dass Tolbert sich als vehementer Gegner des Kommunismus geoutet hatte.

Während meines kurzen Aufenthaltes in Monrovia anlässlich des Begräbnisses von Präsident Tubman kam ich in den Genuss einer ganz besonderen Ehre. Mein Bruder Morris, der es unter Tubman zum stellvertretenden Verteidigungsminister gebracht hatte und für die Küstenwache zuständig war, nahm mich auf einem seiner schnellen Dienstboote mit auf eine »Patrouillenfahrt« entlang der Küste von Monrovia. Während er mir sein Reich zeigte, erzählte er, dass er eine Art Kleinkrieg mit Stephen Tolbert führe, dem jüngeren Bruder des neuen Präsidenten und Chef des ansehnlichen Fischfang- und Fischkonservenunternehmens der Familie. Stephen Tolbert, so klagte Morris, benutze die Docks der Küstenwache für seine private Fischereiflotte. »Jedes Mal, wenn ich eins von seinen Booten an unseren Docks erwische«, sagte Morris stolz, »lasse ich es auf seine Kosten abschleppen.«

Als ich Morris zu bedenken gab, dass es politisch vielleicht unklug sei, den Bruder des Präsidenten zu verärgern, jetzt wo sein Wohltäter und Beschützer, Präsident Tubman, ihm nicht mehr helfen konnte, lachte mein Bruder: »Keine Sorge. Tolbert hält sich nur noch den Rest von Tubmans Amtszeit. Danach wählen wir ihn ab. Das ist schon so gut wie sicher.«

»Mag ja sein«, sagte ich, »aber ich würde mich an deiner Stelle bei Stephen Tolbert etwas zurückhalten.« Leider kam mein guter Rat viel zu spät. Als ich wieder in Chicago war, erfuhr ich, dass Präsident Tolbert eine Reihe von Regierungsbeamten entlassen hatte, die noch von Tubman berufen worden waren, und dass Morris einer der Ersten gewesen war.

Im Nachhinein stellte sich Morris' Entlassung aber als Segen heraus. Denn so befand er sich neun Jahre später nicht mehr in der Schusslinie, als der von Amerika ausgebildete Feldwebel Samuel Doe durch einen Putsch die Macht in Liberia an sich riss und Präsident Tolbert und andere Regierungsangehörige in einem blutigen Massaker ermorden ließ, das die Welt schockierte. Ich habe die in der Zeitschrift *Life* abgedruckten grausigen Bilder von der öffentlichen Hinrichtung am Strand von Monrovia bis heute nicht vergessen. Sie zeigten in schonungsloser Deutlichkeit, wie die halb nackten, an Pfähle gefesselten Opfer aus nächster Nähe erschossen wurden. Mir selbst ging die brutale Geschichte umso mehr an die Nieren, als ich die Ermordeten alle persönlich kannte, vor allem Außenminister Cecil Dennis, der in meiner Zeit in Monrovia Ende der vierziger Jahre ein guter Freund von mir war.

Zehn Jahre später, nachdem er durch seine Willkürherrschaft im ganzen Land Unzufriedenheit ausgelöst und Liberia heruntergewirtschaftet hatte, bekam der Feldwebel-Präsident Doe die Bedeutung der Redensart »Wie man sät, so erntet man« am eigenen Leibe zu spüren. Im Kampf gegen zwei liberianische Widersacher, die »Warlords« Charles Taylor und Roosevelt »Prince« Johnson, wurde er von Johnsons Leuten gefangen genommen, die ihn grausam verstümmelten und auf den Straßen von Monrovia zur Schau stellten, bevor sie ihn zu Tode folterten. Taylor, der in den USA studiert hatte, setzte sich schließlich durch und schaffte es mit List und Gewalt, sich zum Präsidenten wählen zu lassen. Seine Schreckensherrschaft und skrupellose Ausbeutung verwandelten Liberia in ein unregierbares Land, ohne funktionierende Wirtschaft oder Infrastruktur, und drohte Nachbarstaaten wie Sierra Leone und Elfenbeinküste zu destabilisieren. Unter wachsendem internationalen Druck und nach der Anklage als Kriegsverbrecher durch ein UN-Tribunal trat Präsident Taylor im Oktober 2003 schließlich zurück und ging nach

Nigeria ins Exil, wodurch ein vierzehn Jahre währender Bürgerkrieg ein Ende fand.

Heute ruhen die Hoffnungen der Liberianer auf eine stabile und friedliche Zukunft auf den Schultern eines praktisch unbekannten Geschäftsmannes aus Monrovia namens Gyude Bryant. Er wurde mit vierundfünfzig Jahren im Oktober 2003 von Liberias rivalisierenden Rebellengruppen zum Chef einer Übergangsregierung gewählt. Die Regierung soll zwei Jahre im Amt bleiben und demokratische Wahlen vorbereiten. Ob es Bryant gelingen wird, in dem vom Bürgerkrieg zerrütteten Land wieder Ordnung herzustellen, hängt entscheidend davon ab, ob eine afrikanische Friedenstruppe Taylors zigtausend Söldner entwaffnen kann, die – zum Teil noch Kinder – die Bevölkerung nach wie vor in Angst und Schrecken versetzen.

Kalter Entzug

Mein kurzer Aufenthalt in Liberia im Jahre 1971 zur Beisetzung von Tubman bescherte mir nicht nur ein kurzes Wiedersehen mit meinem Bruder, sondern auch noch einen weiteren, nachhaltigeren Nutzen. Er befreite mich für alle Zeiten von meiner lästigen Nikotinsucht, die ich mit einer Packung pro Tag befriedigte, seit ich dem Laster als Neunzehnjähriger in Deutschland verfallen war. Damals war das Rauchen von amerikanischen Zigaretten, die es für fünf Mark das Stück auf dem Schwarzmarkt gab, zum allgemein anerkannten Statussymbol geworden. Jahrelang hatte ich versucht aufzuhören, ohne Erfolg. Die vorwurfsvollen Blicke meiner Söhne, die in der Schule gelernt hatten, wie schädlich das Rauchen ist, lösten in mir zusätzlich Schuldgefühle aus. Doch Schuldgefühle hin oder her, ich qualmte weiter – bis ich zu Präsident Tubmans Beisetzung reiste.

Als unser Flugzeug auf Liberias Robertsfield International Airport gelandet war und ich Morris in dem Empfangskomitee aus liberianischen Prominenten erspähte, fiel mir plötzlich ein, dass wir uns damals bei unserem Abschied vor einundzwanzig Jahren vorgenommen hatten, mit dem Rauchen aufzuhören. Damit wir die Sache ernst nahmen, vereinbarten wir eine Strafe von fünfzig Dollar für denjenigen, der als Erster mit einer Zigarette erwischt wurde. Da ich Morris nicht beichten wollte, dass ich versagt hatte, und um mir den Anblick seines unvermeidlichen Grinsens zu ersparen, wenn er meine fünfzig Dollar einkassierte, beschloss ich, so zu tun, als wäre ich schon all die Jahre, die wir uns nicht gesehen hatten, eingefleischter Nichtraucher. Mit ein bisschen Glück, so dachte ich, würde ich ihn ja vielleicht beim Rauchen ertappen, aber ich wartete vergebens. Schon bald war ich überzeugt, dass er tatsächlich Nichtraucher war. Aber es kam noch schlimmer, Morris bestand darauf, dass ich bei ihm wohnte, statt im Ducor Hotel, wo die US-Regierung für uns Zimmer reserviert hatte und wo ich meinem Laster nach Lust und Laune hätte frönen können. Nur wenige Stunden nach meiner Ankunft in Monrovia litt ich dermaßen unter Nikotinentzug, dass ich verzweifelt nach einer Gelegenheit suchte, hinter Morris' Rücken eine zu rauchen. Doch als spürte er genau, was ich im Schilde führte, wich Morris mir keine Sekunde von der Seite.

Nach zwei Tagen mit ernsten Entzugserscheinungen war ich drauf und dran, das Handtuch zu werfen und Morris alles zu gestehen. Doch dann überlegte ich es mir anders. Anstatt mich mit der Schadenfreude meines Bruders ob meiner Willensschwäche abzufinden, beschloss ich, mich die letzten paar Tage bis zu meiner Abreise aus Monrovia am Riemen zu reißen. Sobald ich im Flugzeug saß, würde ich mir eine anzünden und das Entbehrte nach Herzenslust nachholen. Ich konnte fast schon das Aroma meiner heißgeliebten Marlboros schmecken, während ich mir ausmalte, wie ich mir genüsslich eine nach der anderen ansteckte. Doch als der Augenblick des Abflugs kam, wurde mir plötzlich bewusst, dass ich seit einer vollen Woche nikotinfrei war, was ich kein einziges Mal geschafft hatte, seit ich ein Vierteljahrhundert zuvor meine erste Zigarette geraucht hatte. »Vielleicht hältst du ja noch länger durch«, sagte ich mir und zerdrückte die Marlboro-Schachtel in der Hand. Von diesem

Augenblick im Jahre 1971 an bis heute habe ich keine Zigarette mehr angefasst – Ehrenwort.

Endlich angekommen

Im Dezember 1971 zog die Johnson Publishing Company in ihre neu errichtete, elf Stockwerke hohe Zentrale auf der vornehmen Michigan Avenue und wurde damit das erste von Schwarzen geführte Unternehmen in Chicagos berühmtem Geschäftsviertel Loop. Der Umzug bedeutete nicht nur für Mr Johnson eine stolze persönliche Leistung, sondern symbolisierte besser als irgendetwas sonst, dass die Johnson Publishing Company schließlich in Amerikas etablierter Geschäftswelt angekommen war. Bei der feierlichen Einweihung vor dem Gebäude ein Jahr später sprach Bürgermeister Richard Daley sr. seine Glückwünsche aus, und die Chicagoer Lyrikerin und Pulitzerpreisträgerin Gwendolyn Brooks las ein Gedicht vor, das sie speziell für diesen Anlass geschrieben hatte.

Für mich hatte der Einzug in das neue Gebäude auch ganz persönliche Vorteile. Statt des kleinen »Kabuffs«, das ich in dem alten Gebäude stolz bewohnt hatte, nachdem ich aus dem Großraumbüro hinaus »befördert« worden war, das ich mit einem kleinen Heer von Kollegen hatte teilen müssen, durfte ich jetzt ein geräumiges, hübsch eingerichtetes Büro mit bequemer Couch, Fernseher und Kühlschrank und obendrein mit Panoramablick auf den Michigansee, Grant Park und Meigs Airfield mein Eigen nennen.

Für meine Besucher, die mich stets baten, mit ihnen einen Rundgang durch das Gebäude zu machen, gab es einiges Interessantes zu sehen. Außer einer der schönsten afrikanischen und afroamerikanischen Kunstsammlungen, die auf die elf Stockwerke verteilt waren, gab es den Radiosender WJPC zu besichtigen, wo man zuschauen konnte, wie hinter einer großen Glaswand Prominente interviewt wurden und Diskjockeys ihre

Scheiben auflegten. Großes Interesse weckten auch die neuartigen Bildtelefone in jedem Stockwerk, die es möglich machten, den Gesprächspartner auf einem kleinen Fernsehmonitor zu sehen. Die Bildtelefone, die irgendwann die normalen Apparate ersetzen sollten, waren ihrer Zeit jedoch noch weit voraus. Schließlich stellte die Telefongesellschaft den Bildtelefondienst ein, weil sich für diesen Bereich nicht genug Kunden gefunden hatten. Eine ganz besondere Attraktion stellten die Penthouse-Büros des Verlegers in der elften Etage dar, wo die Wände mit edlem Velours tapeziert waren und es einen Fitnessraum gab, der mit einem echten Frisörstuhl ausgestattet war. Abgesehen von meinem seit langem verstorbenen Onkel Karl in Deutschland war Mr Johnson der einzige Mann, den ich kannte, der den Frisör zu sich kommen ließ, statt zu ihm zu gehen.

Weiter nach oben

Je mehr Aufgaben mir im Laufe der Zeit übertragen wurden und je häufiger ich mit meinem Boss direkt zu tun hatte, desto besser lernte ich ihn kennen. Ich sah, dass er eine unerschöpfliche Energie besaß und ein hoffnungsloser Workaholic war, der seine Mitarbeiter mit eiserner Hand antrieb, sich selbst aber am meisten forderte. Viele seiner Angestellten litten darunter, dass er, wie er selbst eingestand, ein Kontroll-Freak war, der über alles, was in seinem Verlag vor sich ging, haarklein informiert werden wollte. Folglich waren ihm beschönigende Antworten ein Gräuel, und er verlangte, die harten Fakten zu erfahren, egal, ob gut oder schlecht. »Ich möchte nicht erst im Nachhinein erfahren, dass etwas schief gelaufen ist, wenn ich nichts mehr dran ändern kann«, predigte er seinen Leuten häufig und versprach: »Wenn ihr mir früh genug Bescheid gebt, damit ich noch was retten kann, seid ihr aus dem Schneider.«

Mit gnadenlosem Ehrgeiz suchte er ständig nach neuen Möglichkeiten, wie er expandieren und noch reicher werden könnte.

Mir fiel auch sein ausgeprägtes Statusbewusstsein auf. So verlangte er beispielsweise bei allem, was sich mit Geld kaufen ließ, nur das Beste vom Besten, ob bei seinen Autos – es mussten die neuesten Modelle von Rolls-Royce und Cadillac sein – oder bei der Ausstattung seiner Penthouse-Büros. Er wollte immer ganz oben stehen und gab freimütig zu, dass er psychisch nicht dazu angelegt sei, die Nummer zwei zu sein.

Eine seiner liebenswertesten Eigenschaften war seine unerschütterliche Loyalität gegenüber Mitarbeitern, die sich ihm gegenüber als loyal erwiesen hatten. So ließ er jemanden, der eigentlich in den Ruhestand gehörte, weil seine Leistungskraft erheblich nachgelassen hatte, um der guten alten Zeiten willen weiterarbeiten, ohne ihm irgendwelche schwer erworbenen Vergünstigungen zu streichen. Doch seine herzlichste und gefühlvollste Seite zeigte sich ohne Zweifel in seiner grenzenlosen Zuneigung zu seiner betagten Mutter, Mrs Gertrude Williams, der er, wie er sagte, einen Großteil seines Erfolges verdankte. Bis zu ihrem Tod ermöglichte er ihr einen Lebensstil, der dem einer Königin um nichts nachstand. Er stellte ihr nicht nur eine Limousine mit Chauffeur und ein luxuriöses Haus zur Verfügung, sondern richtete ihr im Verlag auch ein Büro ein, das sie zwar nie benutzte, aber immer stolz präsentierte, wenn sie Freundinnen und Bekannten das Gebäude zeigte. Eine weitere sanfte Seite dieses abgebrühten Geschäftsmanns war seine Rolle als liebevoller Vater. Ich erinnere mich noch gut, wie oft kreischende Kinderstimmen und lautes Getrappel von kleinen Füßen durch unsere Redaktionsräume hallten, wenn John Harold jr. und Linda, die beiden Adoptivkinder des Verlegers, wieder einmal mit ihrer Mutter zu Besuch kamen. Die überaus elegante Mrs Eunice Johnson war nicht nur Mitgründerin und Finanzmanagerin der Johnson Publishing Company, sondern auch Erfinderin des Namens *Ebony* für das Aushängeschild des Verlages.

Für einen Workaholic und Kontroll-Freak mit einer Nase für lukrative Geschäfte zu arbeiten, hatte angenehme und weniger angenehme Seiten. Weniger angenehm war, dass unser Boss von uns erwartete, mindestens doppelt so hart zu arbeiten wie die Kollegen bei vergleichbaren Magazinen. Angenehm war, dass *Ebony* Mr Johnsons Lieblingsgans war, die goldene Eier legte, und alle, die ihm halfen, die Gans zu mästen, damit sie noch größere Eier legte, wurden mit großzügigen Prämien belohnt. Er erklärte uns Redakteuren einmal mit einer Anekdote, wie er auf seine Prämien-Politik gekommen war. Kurz nachdem er den Verlag gegründet hatte, so erinnerte er sich, war er mit der Leistung eines seiner Mitarbeiter unzufrieden und drohte ihm mit Kündigung, wenn diese nicht besser wurde. Doch statt sich zu entschuldigen und Besserung zu geloben, lachte der Mann ihm bloß ins Gesicht und sagte: »Nur zu, entlassen Sie mich! Sie zahlen mir eh nicht genug« und ließ ihn stehen. Mr Johnson sagte, dieser kleine Zwischenfall vor vielen Jahren habe ihm gezeigt, dass er wertvolle Mitarbeiter nur halten könne, wenn er sie so gut bezahlte, dass sie Angst hatten, ihren Job zu verlieren.

Anscheinend zählte auch ich zu den Mitarbeitern, die er gern halten wollte, denn peu à peu stieg ich in der Hierarchie bei *Ebony* auf und wurde zuerst stellvertretender, dann leitender Chef vom Dienst. Zwar verdiente ich kein Vermögen, aber ich konnte mir einen komfortablen Lebensstil leisten, von dem ich zuvor nur geträumt hatte. Ich hatte eine Wohnung im sechsundfünfzigsten Stock eines Apartmenthochhauses am vornehmen Lake Shore Drive mit einer phantastischen Aussicht auf den Lake Michigan, hatte einen funkelnagelneuen Siebener-BMW in der Garage stehen, flog erster Klasse innerhalb des Landes und ins Ausland und stieg in Vier-Sterne-Hotels ab. Außerdem bekam ich Freikarten für größere Sportveranstaltungen, Theater- und Kinopremieren und wurde zu Galafesten eingeladen, wie beispielsweise den in Washington, D. C., stattfindenden Ball anlässlich der feierlichen Amtseinführung des Präsidenten. Doch der wohl sichtbarste Beweis dafür, dass ich es »geschafft« hatte, war ein Platz an einem Tisch in der Verlagscafeteria, der für den Boss und seinen engsten Kreis von vier Chefredakteuren reserviert war, zu denen ich jetzt gehörte. Nicht schlecht, dachte ich, für jemanden, der mal im Nachkriegsdeutschland in einem feuchten Keller eines ausgebombten Mietshauses und später im tropischen Liberia in einer rattenverseuchten Hütte gehaust hatte.

Mit knapper Not

Wer glaubt, sobald ich einen gut bezahlten Job bei der größten afroamerikanischen Zeitschrift erreicht hatte, wären meine Sorgen zu Ende gewesen, täuscht sich gewaltig. Es gab im Laufe meines Berufslebens immer wieder Augenblicke, wo ich mich dafür verfluchte, dass ich mich in eine verantwortliche Position hochgearbeitet hatte, und mir nichts sehnlicher wünschte, als nur ein kleiner *Ebony*-Redakteur unter vielen zu sein. Ein solcher Augenblick ereilte mich einmal aus heiterem Himmel, ich weiß nicht mehr genau in welchem Jahr – ich weiß nur noch, dass ich beinahe durchgedreht wäre.

Wir arbeiteten an einem Artikel über Geld, und ich heckte in meinem kreativen Köpfchen die glorreiche Idee aus, eine Dollarnote als Aufmacherfoto für das Thema zu verwenden. Sogleich erteilte ich unserer Design-Abteilung den Auftrag, eine Seite zu gestalten, auf der ein etwas vergrößerter Dollarschein abgedruckt war. Nachdem ich den Entwurf abgesegnet hatte, ging der Artikel in Druck, und ich verschwendete keinen Gedanken mehr daran – bis ich mich gut eine Woche später von dem Irrglauben verabschieden musste, dass wir wieder mal eine Ausgabe ohne größere Panne unter die Leute gebracht hatten. Offenbar hatte irgendein Naseweis von Postinspektor den Inhalt der Zeitschrift geprüft und entschieden, dass die Kopie einer US-Dollarnote quasi einem Fälschungsdelikt gleichkam. Prompt weigerte sich die Post, die auf Halde liegenden rund eine Million Ausgaben den Abonnenten zuzustellen.

Ich weiß nicht mehr, wie ich die Katastrophenmeldung erfahren habe, doch ich erinnere mich, dass ich schlagartig das Ende meiner bislang steilen Karriere bei *Ebony* vor mir sah. Ich war mir ziemlich sicher, dass Mr Johnson es ganz und gar nicht komisch finden würde, wenn er hörte, dass er dank meiner wunderhübschen Idee eine bereits verkaufte komplette Auflage seines Magazins einstampfen lassen müsste.

Ich war am Rande der Verzweiflung und schwitzte Blut und Wasser, bis ich einen Anruf vom Leiter unseres Washingtoner Büros, Simeon Booker, erhielt, dem das Debakel zu Ohren gekommen war. »Ich hab schon einen guten Bekannten im Finanzministerium angerufen, und der hat mir versprochen, sich um die Sache zu kümmern«, beruhigte Booker mich. »Ich sag Ihnen Bescheid, sobald er sich meldet.«

Es dauerte noch etliche Stunden, in denen ich von Sehstörungen und Herzrasen heimgesucht wurde, bis Booker endlich anrief. »Sie sind gerettet«, sagte er. »Mein Bekannter hat die Sache ausgebügelt. Die Post liefert unverzüglich aus.«

Ich hätte Simeon umarmen können. Aber da ich emotional eher zurückhaltend bin und natürlich auch wegen der großen Entfernung, stammelte ich lediglich: »Danke, Simeon, vielen, vielen Dank. Und sagen Sie Ihrem Bekannten im Finanzministerium, das werde ich ihm nicht vergessen.«

Mit einem Mal war das Leben wieder schön. Aber ich schwor mir, in Zukunft vorsichtig zu sein, wenn beim Thema US-Währung wieder mal meine Kreativität gefragt war.

Shaft in Afrika

Eine der vielen Pannen, die das Leben eines Zeitschriften-Chefredakteurs zu einer ständigen Gratwanderung machen, passierte im Jahre 1973. Mr J wollte aus der plötzlichen Popularität des jungen Filmschauspielers und ehemaligen Models von *Ebony Fashion Fair*, Richard Roundtree, Kapital schlagen, indem er ihn aufs Cover von *Ebony* brachte. Roundtree hatte in etlichen Filmen mitgespielt und war in der Rolle von John Shaft, einem Privatdetektiv, der auch mal den Weißen die Hucke voll haute, bei den Schwarzen schlagartig zum Star geworden. Nun sollte er in einem weiteren Film mit dem Titel *Shaft in Afrika* mitspielen, der in der Nähe von Nairobi gedreht wurde. Mr J stellte sich ein Titelblatt vor, auf dem Roundtree zusammen mit der weiblichen Hauptrolle Vonetta McGee, einer praktisch noch unbekannten Schauspielerin, in einer typisch afrikanischen Kulisse mit Palmen und Hütten posieren sollte.

Ich rief gleich meinen alten Kumpel, unseren Hausfotografen G. Marshall Wilson, im New Yorker Büro an und beauftragte ihn, auf die Schnelle nach Nairobi zu fliegen und mit Roundtree und McGee Fotos für das Cover zu schießen, das Mr J vorschwebte. Ich sagte, wir hätten einen sehr knappen Zeitplan und es komme auf jede Minute an. Marshall versicherte mir, der Auftrag sei so gut wie ausgeführt, und ich machte mir keine Sorgen mehr wegen des Titelblattes, da ich die Sache in zuverlässigen Händen wusste.

Einige Tage später traf aus Afrika per Eilsendung ein Päckchen ein, das Marshalls heiß erwartete Farbdias enthielt. Mit Hilfe eines Vergrößerungsglases sichtete ich Hunderte von Dias, aus denen ich mehrere aussuchte, und beauftragte dann unsere Design-Abteilung, mir ein paar Vorschläge für ein Cover zu machen. Mit einem halben Dutzend Entwürfen ging ich zu Mr J ins Büro, damit er die endgültige Auswahl traf. Wie ich erwartet hatte, war er von Marshalls Arbeit ungemein angetan, wovon wiederum ich angetan war. Das klappt ja wie am Schnürchen – dachte ich zumindest.

Als ich zurück in die Design-Abteilung ging, um letzte Hand an das Cover legen zu lassen, bevor es auf Druckplatte übertragen wurde, warf ein junger Kollege im Vorbeigehen einen Blick auf den Entwurf und sagte: »Da steht, Richard Roundtree und Vonetta McGee in *Shaft in Afrika*. Das da ist zwar Richard Roundtree, aber die Frau ist nicht Vonetta McGee.«

»Ganz sicher?«, stammelte ich, in der Hoffnung, mein Kollege würde sich irren.

»Absolut«, erwiderte er. »Ich weiß, wie Vonetta McGee aussieht, und die Frau auf Ihrem Cover hat nicht die geringste Ähnlichkeit mit ihr.«

Sekunden später hing ich schon am Telefon und rief Marshall an, der wieder in seinem Büro in New York war. »Wer ist die Frau, die du zusammen mit Richard Roundtree fotografiert hast?«, wollte ich wissen. »Das ist auf keinen Fall Vonetta McGee, und die solltest du aufnehmen!«

Marshall druckste ein wenig herum und gestand dann, dass Ms McGee nicht zum vereinbarten Termin erschienen war und er daraufhin ein Scriptgirl gebeten hatte, für die Schauspielerin einzuspringen, »weil Mr Johnson ja unbedingt einen Mann und eine Frau auf dem Foto haben wollte«.

»Und wieso bitte schön sollten wir ein unbekanntes Scriptgirl auf dem Cover von *Ebony* abdrucken?«, fragte ich. »Du hättest mir wenigstens Bescheid geben können, dass Vonetta McGee nicht erschienen ist.« Doch ich wusste, dass die Sache an mir hängen bleiben würde und weitere Vorhaltungen verlorene Liebesmüh wären.

Als ich Mr J schweren Herzens erzählte, was passiert war, kriegte er seinen üblichen Koller und rief dann Marshall an, um die Schuld gleichmäßig aufzuteilen. »So was Dämliches hab ich noch nie gehört«, wetterte er, und ich konnte ihm nur beipflichten.

Zum Glück für alle Beteiligten hatte Marshall ein paar Fotos geschossen, auf denen Richard Roundtree allein posierte. Mr J musste wohl oder übel eins von denen nehmen. Es gab ein ganz passables *Ebony*-Cover ab, war aber längst nicht gut genug, um den gewaltigen Bock, den Marshall geschossen hatte, wettzumachen.

Ein General als Retter in der Not

Nirgendwo ging die Aufhebung der Rassenschranken schneller voran als beim US-Militär. Trotz seiner zahlreichen Fehler war das Militär besser als jede andere gesellschaftliche Gruppe in der Lage, die verfassungsmäßig verbriefte Gleichberechtigung von

Schwarz und Weiß erfolgreich umzusetzen. Mit einem Mal wurden Schwarze in den Generals- oder Admiralsrang erhoben und mit Aufgaben betraut, von denen sie Anfang der fünfziger Jahre, als ich meinen Dienst als GI ableistete und schwarze Offiziere so selten waren wie Schnee im Juli, nur hätten träumen können. Damals gab es in den gesamten Streitkräften nur zwei schwarze Generale – Army Brigadier General Benjamin O. Davis sr. (der 1948 in den Ruhestand ging) und sein Sohn, Air Force Lieutenant General Benjamin O. Davis jr. –, und Rassentrennung war an der Tagesordnung, sowohl innerhalb als auch außerhalb der Kaserne.

Nun regnete es zwar nicht gerade Generals- und Admiralssterne auf die Schultern von verdienstvollen schwarzen Offizieren, aber es war zumindest ein Nieseln, ein beachtlicher Fortschritt, über den *Ebony* seine Leser natürlich nicht in Unkenntnis lassen wollte. Da ich seit langem eine geheime Schwäche fürs Militär hatte, übernahm ich selbst jede sich bietende Story übers Militär und wurde nach und nach der inoffizielle Militär-Redakteur des Magazins.

Der Mann, der durch seinen tatkräftigen Einsatz die Chancengleichheit zwischen schwarzen und weißen Soldaten fast zur Realität gemacht hatte, war Major General Frederic E. Davison, der erste schwarze Offizier, der eine Armeekampfeinheit befehligte, die in Deutschland stationierte 8. Infanteriedivision, genannt »Pathfinder«. General Davison, so hatten wir gehört, war eine der Schlüsselfiguren bei der Entschärfung der wohl explosivsten inneren Krise gewesen, die die US-Army in ihrer gesamten Geschichte erlebt hatte. Im Jahre 1971 war es zwischen schwarzen und weißen in Deutschland stationierten US-Soldaten zu zahlreichen, nicht selten blutigen Auseinandersetzungen und schließlich fast zu einer Massenmeuterei des schwarzen Militärpersonals gekommen. Die wachsende Spannung in Deutschland sandte Schockwellen aus, die noch in den entlegensten Korridoren des Pentagon zu spüren waren, ebenso wie bei *Ebony*. Im Laufe der Jahre erhielten wir in der Redaktion immer wieder Briefe aus Deutschland, in denen sich schwarze GIs über den himmelschreienden Rassismus beklagten, der auf den Militärstützpunkten grassierte und im militärischen Establishment anscheinend sogar zum guten Ton gehörte. Die Beschwerden betrafen so massive Missstände wie beispielsweise begrenzte Aufstiegschancen, unverhältnismäßig harte Bestrafungen für Bagatellverstöße sowie Diskriminierung bei der Unterbringung innerhalb und außerhalb eines Stützpunktes. General Davison, so erfuhren wir, hatte wie kaum ein anderer dazu beigetragen, die Rassenpolarisierung zu entschärfen, die die Kampfkraft der Armee zu zerstören drohte.

Mein Fotograf G. Marshall Wilson und ich trafen den sechsundfünfzigjährigen General und vielfach ausgezeichneten Vietnamkriegsveteranen Anfang 1974 in seinem Divisionshauptquartier in Bad Kreuznach, um aus erster Hand zu erfahren, wie es um die Beziehungen zwischen schwarzen und weißen GIs in Deutschland bestellt war. Trotz seines täuschend sanftmütigen Erscheinungsbildes machte er schon bald auf mich den Eindruck eines knallharten, realistischen Mannes mit einem leicht aufbrausenden Temperament, der seine Aufgabe, die bedenkliche Konfrontation von schwarzen und weißen GIs in Deutschland aus der Welt zu schaffen, ernsthaft in Angriff nahm. Gewürzt mit Kraftausdrücken, die auch dem einfallsreichsten Ausbilder Ehre gemacht hätten, erläuterte der General, dass er, um sein Vorhaben in die Tat umzusetzen, zunächst einmal den störrischen Kommandeuren »einen ordentlichen Tritt« ins Gesäß (nicht seine Wortwahl) verpassen musste.

»Ich hab einige Bataillonskommandeure, die einfach ihren A ... nicht hochkriegten, nach Hause geschickt, bis sich dann herumsprach, dass ich es mit der Chancengleichheit ernst meinte«, erzählte der General. Er zeigte mir eine genaue Statistik über Beförderungen und Disziplinarmaßnahmen und sagte, damit könne er sicherstellen, dass Chancengleichheit dort umgesetzt werde, wo sie am wichtigsten sei. Die Statistik sorge dafür, dass seine Kommandeure »ehrlich bleiben«.

Auf meine Frage, was der größte Problembereich zwischen schwarzen und weißen Soldaten sei, erwiderte der General ohne

Zögern: »Frauen.« Vor allem in kleineren Orten, so erklärte er, seien einfach nicht genügend Frauen für alle da. »In solchen Fällen«, sagte er, »hat man echte Probleme, weil Soldaten nun mal Soldaten sind.«

Engagiertes Eintreten für Chancengleichheit, so stellte der General klar, bedeute nicht, bei Verstößen gegen die Disziplin Schwarzen gegenüber nachsichtiger zu sein.

»Manche Schwarze haben gedacht, sie hätten das große Los gezogen, als sie hörten, dass die Division einen schwarzen Befehlshaber kriegt«, erzählte mir ein Stabsoffizier von General Davison. »Einige haben sogar gedacht, sie müssten nicht salutieren, weil er schwarz ist. Mann, die haben ihr blaues Wunder erlebt.«

Der General sagte, es mache ihm weder etwas aus, wenn schwarze Soldaten, die seine energische Haltung nicht ausstehen konnten, ihn »Uncle Tom« nannten, noch störe es ihn, wenn weiße Soldaten, denen es stank, von einem Schwarzen Befehle entgegenzunehmen, ihn als »Nigger« bezeichneten. »Juckt mich nicht, wie sie mich nennen«, knurrte er, »solange sie es mir nicht ins Gesicht sagen und tun, was von ihnen verlangt wird.«

Obwohl die Zahl von Diskriminierungen spürbar zurückgegangen war, musste General Davison einräumen, dass das Rassismusproblem beim Militär noch lange nicht aus der Welt war. »Ich bin nicht so naiv zu glauben, dass wir so gut wie alle bekehren können«, sagte er. »Wir kriegen hier schließlich jede Menge richtig reaktionäre Typen, Schwarze und Weiße. Aber wir können sie daran hindern, ihre Haltung rumzuposaunen. Wir können Leute disziplinieren, wenn sie aus der Rolle fallen, und auf diese Weise können wir vielleicht, nur vielleicht, eine Atmosphäre schaffen, in der die Leute sich gegenseitig respektieren.«

Später lud General Davison Marshall und mich zu einem kurzen Ausflug mit dem Hubschrauber zum Truppenübungsplatz bei Baumholder ein. Zweck der Stippvisite sei eine Routineinspektion der Moral und Gefechtsbereitschaft seiner Truppen, so sagte er, außerdem wolle er sich vergewissern, ob seine Anordnungen bezüglich der Chancenglcichheit auch ausgeführt wurden. Während der General im Kampfanzug mit einigen Soldaten plauderte, spürte ich den gegenseitigen Respekt, der die Beziehung zwischen ihm und seinen Untergebenen prägte. Mir wurde klar, dass seine freundliche, aber bestimmte, beinahe väterliche Art im Umgang mit seinen Leuten der Schlüssel zu seinem erfolgreichen Führungsstil war.

Im Anschluss an mein Interview mit General Davison fuhren wir weiter nach München, wo wir uns die so genannte »Race Relations School« der US-Army anschauen wollten. Die Einrichtung, die von dem schwarzen Offizier Major Robert E. Greene aus Washington, D. C., geleitet wurde, war 1972 im Rahmen des von der Army gestarteten Sofortprogramms entstanden, um die zwischen Schwarzen und Weißen hochschlagenden Wellen zu glätten. Hauptaufgabe der Akademie war die Ausbildung qualifizierter Soldaten unterschiedlichster ethnischer Herkunft zu Teilzeitlehrern, die in speziellen Schulungen innerhalb der Truppen die Vorurteile zwischen den Rassen abbauen sollten, um langfristig das neue vom Oberkommando vertretene Evangelium der Chancengleichheit zu verbreiten. »Ich bin der festen Überzeugung, dass wir mit den richtigen Aufklärungsmaßnahmen rassistische Haltungen verändern können«, sagte mir der freundliche Major. »Den Erfolg erleben wir tagtäglich.«

Während wir uns einen ganzen Tag an der Schule aufhielten, erfuhr ich von dem Major, dass es der Army nicht nur darum ging, das Verhältnis zwischen schwarzen und weißen GIs auf den Stützpunkten zu verbessern, sondern auch das Verhältnis zwischen Deutschen und schwarzen GIs außerhalb der Stützpunkte. Er wies darauf hin, dass die Ablehnung schwarzer amerikanischer Militärangehöriger durch Deutsche so häufig spürbar sei, dass sie das Wohlbefinden und die Moral der rund dreißigtausend derzeit in Deutschland stationierten schwarzen Soldaten ernsthaft gefährdete.

Offenbar war es mit der Harmonie zu Ende, die ich in den ersten Jahren der Besatzung durch die Alliierten zwischen Deutschen und schwarzen GIs beobachtet hatte. Damals, so erinnerte ich mich, galten die Deutschen in den Augen der ganzen Welt als die Bösen Nummer eins und als Ausgestoßene, und sie brauchten dringend Freunde. Der diskriminierte schwarze GI, ebenfalls ein Ausgestoßener wie er im Buche stand, bot sich gern als Freund an und gab dem ausgehungerten und völlig demoralisierten ehemaligen Feind gern von seinen Zigaretten und Lebensmittelrationen etwas ab. Die Deutschen wiederum öffneten ihre Herzen – und die Ruinen ihrer zerbombten Häuser – für ihre schwarzen Samariter in den olivfarbenen Uniformen. Eine besondere Schwäche für schwarze GIs hatten deutsche Frauen, wovon die zahlreichen mittlerweile erwachsenen »braunen Babys« überall in der ehemaligen US-Besatzungszone nach wie vor Zeugnis ablegten.

Die Deutschen, die inzwischen nicht mehr am Hungertuch nagten, einen souveränen Staat hatten und beileibe keine Ausgestoßenen mehr waren, brauchten nun keine schwarzen Freunde und keine amerikanischen Zigaretten mehr. Sie waren auch nicht mehr auf die paar Dollar angewiesen, die schwarze GIs ausgeben konnten. Die Folge war, so erklärte Major Greene, dass das Recht der US-Army, zum Beispiel ein Lokal für GIs zu sperren – wodurch früher die Pleite vorprogrammiert war –, keinen Wirt mehr schreckte. Im Gegenteil, mancher Kneipenbesitzer oder Clubbetreiber war sogar froh darüber, da er auf diese Weise unerwünschte schwarze Gäste loswurde. Wieder einmal bewahrheitete sich der alte Grundsatz: »Der Mohr hat seine Schuldigkeit getan, der Mohr kann gehen.«

Damit wir uns von der deutschen Variante der Schwarzenfeindlichkeit ein Bild machen konnten, lud Major Greene uns zu einem Bummel durchs Münchener Nachtleben ein. In Zivilkleidung ging er als Erstes mit uns zu einem Nachtclub namens Jee-Bee's, der, wie er uns sagte, bekannt sei für seine ablehnende Behandlung von Schwarzen. Um Beweismaterial zu sammeln, postierte ich Marshall mit seiner Kamera an einer unauffälligen Stelle auf der anderen Straßenseite, wo er auf ein Handzeichen von mir drauflos knipsen sollte. Als Major Greene und ich uns dem Eingang näherten, baute sich ein Schrank von Türsteher vor uns auf.

»Tut mir Leid, Leute, wir sind hier ein Privatclub«, teilte er uns mit einem aufgesetzten Ausdruck tiefen Bedauerns mit. Als der Major nicht locker ließ und auf Einlass bestand, wiederholte der Mann seinen Spruch, nur diesmal mit einem aggressiveren Unterton. »Wir sind ein Privatclub!«

»Ich möchte Ihren Chef sprechen«, erwiderte der Major, und gleich darauf tauchte ein Mann auf, der sich als Besitzer des Clubs vorstellte.

»Das hier ist mein Laden, und ich entscheide, wer rein darf«, sagte er.

Jetzt reichte es dem Major. »Ich bin Major Robert E. Greene von der US-Army, und der Gentleman hier ist Mr Hans Massaquoi, Chefredakteur beim amerikanischen Magazin *Ebony*, und drüben auf der anderen Straßenseite steht sein Fotograf, der im Augenblick alles, was hier passiert, für seine Zeitschrift fotografiert.«

Sogleich veränderte sich das Verhalten des Mannes. Er ging mit uns außer Hörweite des Türstehers und entschuldigte sich überschwänglich für den »unangenehmen Vorfall«, aber Türsteher seien nun mal nicht die cleverste Sorte Mensch, und daher könne es schon mal passieren, dass sie aus Versehen so respektable Leute wie uns abwiesen. Als Wiedergutmachung lud er uns zu einem Abend im JeeBee's ein, Getränke auf Kosten des Hauses. Alles andere als überwältigt von der plötzlichen Liebenswürdigkeit, sagten wir höflich: »Nett gemeint, aber lieber nicht.«

Kingston-Gipfel

Im Frühjahr 1975 wurde ich nach Kingston in Jamaika geschickt, um über die achttägige Konferenz der Regierungschefs der Commonwealth-Staaten zu berichten. Die Konferenz hatte im Vorfeld viel Wirbel gemacht, und es wurden dreiunddreißig Präsidenten und Premierminister erwartet, die rund neunhundert Millionen Menschen (etwa ein Viertel der Weltbevölkerung) vertraten. In einer beispiellosen Demonstration von Solidarität und Durchsetzungswillen verkündeten Staats- und Regierungschefs aus Afrika, der Karibik und aus Asien, dass die westlichen Industrienationen endgültig aufhören müssten, sich auf Kosten von Millionen bitterarmen Menschen der Dritten Welt zu bereichern. Um zu zeigen, dass sie es ernst meinten, untermauerten sie ihre Forderungen nach einer radikal neuen Weltwirtschaftsordnung, die den Reichtum der Erde gerecht verteilen sollte, mit Plänen zur Bildung von Produzentenvereinigungen ähnlich den arabischen Ölkartellen, die die gesamte industrielle Welt in die Knie gezwungen hatten.

Der jamaikanische Premierminister Michael Manley hatte als Kopf der Gastgeberregierung den Vorsitz der Konferenz inne. Er setzte den thematischen Schwerpunkt des Gipfels, als er in seiner Eröffnungsrede seine Kollegen – darunter den britischen Premierminister Harold Wilson und den kanadischen Premier Pierre Trudeau – daran erinnerte, dass die Wohlstandsschere zwischen verschiedenen Teilen der Menschheit inzwischen unerträglich weit auseinander klaffe. Er stellte fest, dass Produzentenvereinigungen ein Instrument für die Nationen sein könnten, mit Verbrauchern im Rahmen einer neuen Wirtschaftsordnung einen vernünftigen Dialog zu führen. Falls jedoch kein Dialog möglich sei (womit er meinte, falls die Verbrauchernationen sich gegen Veränderungen sträubten und nicht gesprächsbereit seien), könnten die Produzentenvereinigungen auch zum Instrument der Dritten Welt werden, einseitige Schritte einzuleiten, die aus Überlebens- und Gerechtigkeitsgründen erforderlich seien. Damit stellte der Premier seine Kollegen aus den Verbrauchernationen eindeutig vor die Wahl zwischen Dialog und Konfrontation.

Die Staatschefs der Dritten Welt ergriffen die Gelegenheit, um alte Missstände anzusprechen, und forderten die sofortige Unabhängigkeit und eine schwarze Mehrheitsregierung für Simbabwe (Rhodesien) und Namibia (Südwestafrika), das als UN-Treuhandgebiet vom Nachbarland Südafrika aus verwaltet wurde, wo dic Apartheidregierung von John Vorster an der

Macht war. Unterstützung für ihre Forderungen nach Unabhängigkeit erhielten Simbabwe und Namibia von Ministerpräsident Julius Nyerere von Tansania und Präsident Kenneth Kaunda von Sambia. Beide beharrten auf einer sofortigen Mehrheitsregierung, die entweder durch friedliche Verhandlungen erreicht werden könne oder – falls Verhandlungen nicht zustande kämen oder scheiterten – durch einen regelrechten Guerillakrieg. Die beiden Staatsmänner wurden offenbar durch die Tatsache beflügelt, dass die Zeit inzwischen eindeutig für die schwarzen Mehrheiten arbeitete, erst recht seit den Siegen der sozialistischen Befreiungsbewegung FRELIMO über die Portugiesen in Mosambik und der PRG über die von den USA unterstützten Truppen Südvietnams. Beide Siege, so betonten sie, hatten einige tief verwurzelte Legenden zerstört, dass Militärmacht stärker sei als der Wille des Volkes. Präsident Nyerere lobte die Nordvietnamesen, denen das scheinbar Unmögliche gelungen war, in höchsten Tönen: »Ihr Kampf, ihr Mut, ihr Durchhaltevermögen ist beispiellos in der Geschichte der Menschheit. Nie zuvor in der Geschichte der Menschheit hat eine so große Macht – das mächtigste Land auf der Welt seit Adam – ein kleines Land mit einem so gewaltigen Bombenterror überzogen – und das kleine Land hat gewonnen. Wenn wir (Afrikaner) nur ein Prozent von dem tun, was sie (die Nordvietnamesen) getan haben, können wir uns in Südafrika befreien.«

Präsident Kaunda, der eben erst von einem Besuch bei Fidel Castro auf Kuba zurückgekehrt war, wo beide »den Imperialismus in Afrika und die Unterstützung lateinamerikanischer Militärregimes durch die USA« verurteilt hatten, wies ebenso wie Nyerere darauf hin, dass eine »Explosion« in Rhodesien unvermeidlich sei, wenn das weiße rassistische Regime von Premierminister Ian Smith die Macht nicht friedlich an die schwarze Mehrheit abtrete. Er warf der britischen Regierung offen vor, eine Lösung hinauszuzögern, die zur Befreiung des Volkes von Simbabwe von der Herrschaft der in der Minderheit befindlichen weißen Siedler führen würde, und forderte, die Sanktionen gegen das Smith-Regime zu verschärfen. Auch die USA mussten Kritik einstecken, vor allem für die Einfuhr von Chrom aus Rhodesien. Diese Politik, so Präsident Kaunda, sei nicht nur eine wirtschaftliche Stärkung der Siedler, sondern verschaffe ihnen auch unangebrachte moralische Unterstützung und Ermutigung, was den Befreiungskampf der Afrikaner nur verlängere. Kaunda beendete seine Rede mit einer Metapher, die keiner Erklärung bedurfte. »Wenn wir Simbabwe nicht per natürlicher Geburt zur Welt bringen«, warnte er, »dann eben mit einem Kaiserschnitt. Es liegt ganz bei Mr Smith.«

Im fernen Salisbury, der Hauptstadt von Rhodesien, hatte Premier Smith angeblich das berühmte letzte Wort – wenn auch nur vorübergehend. Ganz im Tenor des rassistischen Gouverneurs von Alabama, George C. Wallace, der 1963 bei seiner Vereidigung der Rassentrennung eine lange Zukunft prophezeite (»Segregation now, segregation tomorrow and segregation forever!«), schwor er, dass Rhodesien niemals von Schwarzen regiert werden würde. Fünf Jahre später – 1980, als Rhodesien unter dem neuen Namen Simbabwe unabhängig wurde – war Smith widerlegt.

Als greifbares Resultat für die Länder der Dritten Welt erreichte die Konferenz in Kingston den Beschluss, die Sanktionen gegen Rhodesien zu verschärfen. Alle dreiunddreißig Commonwealth-Partner gelangten – zum ersten Mal übereinstimmend – zu der Vereinbarung, dass ein friedlicher Machtwechsel vom Smith-Regime in die Hände der schwarzen Mehrheit erfolgen solle. Gleichzeitig räumten sie »die Unumgänglichkeit eines bewaffneten Kampfes« ein, »sollte das rassistische und illegale Regime eine friedliche Lösung blockieren«. Des Weiteren wurde beschlossen, der neuen Regierung von Mosambik finanziell kräftig unter die Arme zu greifen, um das ehemalige portugiesische Gebiet in die Lage zu versetzen, sich den Wirtschaftssanktionen durch die Schließung seiner Häfen und Grenzen für Waren aus Rhodesien anzuschließen. Zu der Zeit liefen achtzig Prozent des rhodesischen Handels über Mosambik. Die Wirtschaftshilfe durch das Commonwealth sollte Mosambik für den Verlust dieser wesentlichen Einnahmequelle entschädigen. Wie nicht anders zu erwarten, betonten die »weißen« Commonwealth-Staaten – Großbritannien, Kanada, Australien und Neuseeland –, dass sie die afrikanischen Nationalisten auf keinen Fall mit Waffen und Soldaten unterstützen würden.

In wirtschaftlicher Hinsicht akzeptierte die Konferenz prinzipiell die Bildung einer »neuen internationalen Wirtschaftsordnung«, die höhere und damit fairere Preise für die Rohstoffe der Entwicklungsländer garantieren sollte. Gegen Ende wurde ein Komitee einberufen, das Vorschläge erarbeiten sollte, wie sämtliche bestehenden Handels- und Finanzsysteme innerhalb des Commonwealth reformiert werden könnten.

Wie die meisten Teilnehmer und Beobachter erwartet hatten, brachte der Kingston-Gipfel keine sofortigen und spektakulären Durchbrüche auf der globalen politischen Ebene. Doch es war nicht mehr zu übersehen, dass das Machtpendel dieser Welt langsam, aber sicher in Richtung einer zunehmend geeinten und vernehmbaren Dritten Welt ausschlug, die sich ihrer Kontrolle der Bodenschätze bewusst geworden war.

Zeitgleich mit der Gipfelkonferenz stattete Königin Elizabeth II., das symbolische Oberhaupt des Commonwealth, gemeinsam mit ihrem Mann Prinz Philip, dem Herzog von Edinburgh, Jamaika einen fünftägigen Staatsbesuch ab. Während die Regierungschefs sich die Köpfe darüber zerbrachen, wie das Überleben von mehr als neunhundert Millionen Menschen in der Zukunft zu sichern sei, arbeitete das königliche Paar im Eiltempo seinen voll gestopften Terminplan mit gesellschaftlichen Verpflichtungen und öffentlichen Auftritten in Kingston und den übrigen Teilen der Insel ab. Zwischen Empfängen, Diners, feierlichen Eröffnungen und militärischem Pomp erholten sie sich nachts auf der Jacht Ihrer Majestät, der *Britannia*, die im Hafen von Kingston vor Anker lag.

Die Reaktionen der Jamaikaner auf den Besuch der Königin fielen unterschiedlich aus. Manche waren begeistert, anderen war es egal, wieder andere machten keinen Hehl aus ihrem Abscheu. Über den begeisterten Empfang, den Tausende jubelnde Bewohner von Kingston Ihrer Majestät bereiteten, schrieb die jamaikanische *Daily News* in ihrem Leitartikel: »Die spontane Herzlichkeit, mit der die Jamaikaner die Königin begrüßten, sollte nicht überbewertet werden. So wurden Staatsgäste in der Vergangenheit und so werden sie zweifellos auch in Zukunft empfangen. Wir sind allerdings der Ansicht, dass die hohe Wertschätzung, die Ihre Majestät bei den Jamaikanern genießt, nicht automatisch bedeutet, dass die Menschen dieses Landes auch mit der jamaikanischen Verfassung oder genauer gesagt mit der konstitutionellen Monarchie zufrieden sind.«

Die Parteijugend der regierenden People's National Party nutzte die Gelegenheit des königlichen Besuchs, um die Absetzung der Königin als Staatsoberhaupt von Jamaika zu fordern, und bezeichnete den Besuch »als eine für die Menschen Jamaikas schmerzliche Erinnerung an gewisse, in unserer Verfassung festgeschriebene Vermächtnisse aus der Kolonialzeit, wie beispielsweise die nationale Beleidigung, dass das Staatsoberhaupt der ehemaligen britischen Kronkolonie Jamaika nach wie vor Staatsoberhaupt eines unabhängigen Jamaikas ist«.

Während manche Teilnehmer des Gipfels aufgrund ihrer weltweiten Bekanntheit alle Blicke auf sich zogen, so beispielsweise die indische Ministerpräsidentin Indira Gandhi, glänzten andere nicht minder Prominente durch ihre Abwesenheit. Zu Letzteren zählte auch Idi Amin Dada (Großer Vater, wie er sich selbst nannte), dessen despotische Willkürherrschaft als Präsident von Uganda Thema mehrerer Pressekonferenzen wurde. Auf die Frage, ob es nicht an der Zeit sei, den ugandischen Staatschef daran zu erinnern, dass die Menschenrechte auch in seinem Land gälten, erwiderte Präsident Nyerere ohne zu zögern: »Ja.« Als eine ähnliche Frage an Präsident Kaunda gerichtet wurde, flüchtete er sich in die diplomatische Antwort, dass jegliche Schritte bezüglich Präsident Amin den Menschen in Uganda zu überlassen seien.

In Kingston spekulierte man über die Gründe für Amins Nichtteilnahme an der Gipfelkonferenz. Manche meinten, er sei eingeschnappt, weil die Konferenz nicht in seiner Hauptstadt Kampala stattfand, andere hegten den Verdacht, dass er sich einfach nicht außer Landes traute. Verfechter dieser Theorie erinnerten daran, dass der vorherige ugandische Präsident Milton Obote während seiner Teilnahme an der Commonwealth-Konferenz in Singapur vier Jahre zuvor von seinem eigenen Armeechef gestürzt worden war – keinem anderen als General Idi Amin.

Weitere prominente Regierungschefs, die der Konferenz aus unterschiedlichen Gründen fernblieben, waren der kenianische Präsident Jomo Kenyatta, der »lebenslang« ernannte Staatspräsident von Malawi, Kamuzu Banda, und Premierminister Eric Williams von Trinidad und Tobago. Kenyatta, so sagten Insider, wäre gern gekommen, war aber mit seinen fünfundachtzig Jahren zu gebrechlich für die lange Reise.

Für mich persönlich zahlte sich die Reise nach Kingston aus. Einige Monate nachdem mein Artikel »Kingston-Gipfel« in *Ebony* erschienen war, wurde mir mitgeteilt, dass der renommierte Overseas Press Club mich und andere Glückliche mit einer belobigenden Erwähnung ehren wolle, und zwar am 3. Mai 1976 im Rahmen eines feierlichen Dinners im Hotel Biltmore in Washington. Während ich mich beim Cocktail vor dem Abendessen unter die übrigen Gäste mischte, sprach mich ein groß gewachsener, wie ein typischer Yankee aussehender Mann an. Ich weiß zwar nicht mehr, worüber wir uns unterhalten haben, aber ich erinnere mich noch gut an seinen Namen – George Herbert Walker Bush, Direktor der CIA und der zukünftige einundvierzigste Präsident der USA. Die Begegnung hatte ein seltsames Nachspiel. Als Mr Johnson 1989 mit seinen Chefredakteuren an einem Dinner anlässlich der Amtseinführung von Präsident George H. Bush teilnahm, kam ein jugendlich wirkender Mann an unseren Tisch und stellte sich als George W. Bush vor, der Sohn des Präsidenten. Damals ahnten wir natürlich nicht, dass wir soeben einen weiteren zukünftigen Präsidenten kennen gelernt hatten. Der jüngere Bush bekam den Job nach der wohl merkwürdigsten Präsidentenwahl in der Geschichte der Vereinigten Staaten, einer Wahl nämlich, bei der Tausende von Stimmen, die Schwarze, Juden und andere in Florida für die Demokraten abgegeben hatten, nicht berücksichtigt wurden, sodass schließlich das Oberste Gericht – nicht das amerikanische Volk – entschied, wer Präsident werden sollte.

»Uncle Sam« ruft mich erneut

Eines Tages im Spätsommer 1976 zeigte Verleger Johnson mir einen Brief, den ihm das Außenministerium geschickt hatte und in dem gebeten wurde, mich für drei Wochen freizustellen, damit ich an einer Vortragsreise durch Europa teilnehmen könne.

»Unsere Botschaften in Deutschland, Österreich und einigen skandinavischen Ländern«, so hieß es in dem Schreiben, »haben ihr besonderes Interesse daran bekundet, von Mr Hans J. Massaquoi, Chefredakteur des Magazins *Ebony*, einen Beitrag zum Thema ›Die amerikanische Zeitschriftenpresse als Spiegel der Gesellschaft gestern und heute‹ zu hören ...« Der Brief trug die Unterschrift von John Richardson jr., Staatssekretär für Erziehung und Bildung.

»Wenn Sie das machen wollen«, sagte Mr Johnson zu mir, »meinen Segen haben Sie.«

Da ich argwöhnte, das Außenministerium wollte mich nur benutzen, um der in Europa verbreiteten – und häufig berechtigten – Meinung entgegenzuwirken, dass der Rassismus in den Vereinigten Staaten noch immer wilde Blüten trieb, sagte ich zu Mr Johnson, ich würde nur zusagen, wenn man mir absolute Redefreiheit garantierte.

Nachdem mir die für die Planung der Reise zuständigen Mitarbeiter des Außenministeriums versichert hatten, dass der Inhalt meiner Rede von niemandem abgesegnet werden musste, erklärte ich mich einverstanden. Ich war froh über die Gelegenheit, mein Heimatland zu besuchen und falls nötig mit ein paar Missverständnissen aufzuräumen, die in Europa über die Beziehungen zwischen Schwarzen und Weißen kursierten. Und so ging es kurz darauf nach Europa, wo ich in Hamburg, Bonn,

Frankfurt, Westberlin, Saarbrücken, Stockholm und Kopenhagen von einem Termin zum nächsten hetzte, um Radio- und Fernsehinterviews zu geben, an Pressekonferenzen teilzunehmen und mit Kollegen, Studenten und Dozenten zu diskutieren.

Meine anfängliche Begeisterung über die Reise erlitt jedoch einen Dämpfer, als man mir gleich zu Anfang aus heiterem Himmel mitteilte, dass ich meinen Vortrag auf Deutsch halten solle. Da ich in den letzten Jahren nur gelegentlich dazu gekommen war, meine Muttersprache zu sprechen, war sie ziemlich eingerostet, vor allem in Diskussionen über komplexe politische und gesellschaftliche Sachverhalte. Doch nachdem ich mich in den ersten Tagen strikt geweigert hatte, am Rednerpult Deutsch zu sprechen, ließ ich mich schließlich auf einen Kompromiss ein. Ich sagte meinen Zuhörern zu Beginn des Vortrags, dass ich mich bemühen würde, Deutsch zu sprechen, aber aufs Englische zurückgreifen würde, wenn mir der passende deutsche Ausdruck nicht einfiele. Es dauerte nicht lange, und mein Deutsch war wieder da, sodass ich jeden Termin ausschließlich in meiner Muttersprache bestreiten konnte.

Dem Applaus nach zu urteilen, den ich jedes Mal erhielt, kam ich bei meinen Zuhörern gut an, doch den größten Eindruck machte ich, wenn ich mich auf Wortgefechte mit Leuten im Publikum einließ, die an *Ebony* Kritik übten. In Deutschland und Skandinavien musste ich mich gegen politisch links stehende Kritiker wehren, in deren Augen *Ebony* zu erfolgsorientiert war und gesellschaftlichen Problemen zu wenig Beachtung schenkte. Ich hielt ihnen das Argument entgegen, dass die Leserinnen und Leser von *Ebony* keine Zeitschrift brauchten oder wollten, die ihnen ständig das soziale Elend vor Augen führte, das ihnen aus persönlicher Erfahrung nur allzu bekannt sei. Was sie wollten und auch bekämen, so erklärte ich, sei ein Magazin, das ihnen Vorbilder lieferte, denen sie nacheifern konnten, und das deutlich machte, wie wichtig Bildung und Anteilnahme am politischen Geschehen sind, um ein besseres Leben zu erreichen. Ich wies darauf hin, dass Afroamerikaner weder die Wertvorstellungen des Mittelstandes noch gesellschaftlichen Erfolg ablehnen, also das, was gemeinhin unter dem *American dream* verstanden wird. Im Gegenteil, die meisten betrachten sich selbst als loyale Amerikaner, die nicht mehr und nicht weniger wollen als ihren gerechten Anteil an dem guten Leben, das Amerika zu bieten hat. Anders ausgedrückt, so fuhr ich fort, die meisten schwarzen Amerikaner streben anders als die separatistischen Black Muslims kein Leben außerhalb des Systems an, sondern sie verlangen, an dem System voll und ganz beteiligt zu werden. Als einige Kritiker mich mit der Frage nach der Existenzberechtigung von *Ebony* in Verlegenheit bringen wollten, konterte ich, dass ich die Frage nicht zu beantworten brauchte, da das bereits die monatlich über zehn Millionen Leser getan hätten. Außerdem setzte ich sie von der Tatsache in Kenntnis, dass die Johnson Publishing Company schon seit mehreren Jahren ein Magazin namens *Black World* herausgab, das militanter oder radikaler eingestellten Journalisten ein Forum bot, ihre Überzeugungen zu verbreiten. Das Problem war nur, dass *Black World* langsam dahinsiechte, weil sich einfach zu wenig Käufer für das Blatt erwärmten.

Ich war gerade in Kopenhagen, als wir am Abend des 2. November erfuhren, dass Jimmy Carter, Erdnussfarmer und früherer Gouverneur von Georgia, den republikanischen Präsidenten Gerald Ford an den Wahlurnen besiegt hatte. Am nächsten Tag äußerte ich in einem Interview mit Vertretern der dänischen Presse meine persönliche Meinung zum Ausgang der Wahl. »In meinen Augen ist das gestrige Wahlergebnis ein Sieg für die Schwarzen in den USA«, sagte ich. »Mit Carter als Präsidenten haben wir endlich wieder einen Freund im Weißen Haus, wie bei den Präsidenten Franklin D. Roosevelt, Harry S. Truman, John F. Kennedy und Lyndon B. Johnson.«

Am nächsten Morgen begrüßte mich in einer dänischen Tageszeitung ein Foto von meinem Kopf über zwei Seiten als Illustration zu einem Artikel mit der dicken Schlagzeile: »Vi har fået en ven i Det Hvide Hus«, was jemand für mich mit »Wir haben wieder einen Freund im Weißen Haus« übersetzte.

Ich freue mich, an dieser Stelle sagen zu können, dass ich meine Worte nie zurücknehmen musste. Präsident Carter, dem schon die Schwarzen in Georgia zugetraut hatten, dass er sie als Gouverneur genauso vertreten würde wie die Weißen, setzte seine Politik der Gleichberechtigung als Präsident der USA fort. Eine persönliche Begegnung mit Jimmy Carter, bei der ich mein positives Bild von dem Mann bestätigen konnte, war mir erst vergönnt, als er Mr Johnson und dessen Chefredakteure gegen Ende seiner Amtszeit ins Weiße Haus einlud, um in letzter Minute unsere Unterstützung für die bevorstehenden Wahlen zu mobilisieren, zu denen er wieder antrat. Leider konnte auch *Ebony* nicht verhindern, dass Carter gegen den einstigen Hollywood-Schauspieler und Gouverneur von Kalifornien Ronald Reagan, den Liebling der Konservativen, verlor.

Den umfangreichen und schmeichelhaften hausinternen Bewertungen meiner Europareise nach zu schließen, die mir ein Bekannter aus dem US-Außenministerium später zuspielte, waren meine Bemühungen nicht vergeblich gewesen. So schrieb Robert J. Baker, Chef der USIA, der US-Behörde für Öffentlichkeitsarbeit im Ausland, an die amerikanische Botschaft in Bonn:

... Sein [Massaquois] Auftreten in den deutschen Medien war höchst erfolgreich. Vor allem in seiner Heimatstadt Hamburg erhielt er nicht nur ein hervorragendes Presse-Echo, sondern er hatte obendrein einen wenn auch nur kurzen Auftritt in der beliebtesten norddeutschen Regionalsendung [»Aktuelle Schaubude«]. Darüber hinaus stand er in ausführlichen Rundfunk-Interviews in Frankfurt und Berlin Rede und Antwort. Ein solches Medieninteresse ist unserer Ansicht nach insofern ein Gewinn, als das in den deutschen Medien nahezu ausschließlich verbreitete Bild von protestierenden, verarmten schwarzen Amerikanern dadurch korrigiert wird.

Durch seine Person und durch seine Äußerungen hat Mr Massaquoi deutlich gemacht, dass amerikanische Schwarze mittlerweile in nicht unerheblicher Zahl eine tragende Rolle in der amerikanischen Gesellschaft spielen, dass sie in leitenden Positionen und in künstlerischen Berufen ihren Beitrag zum Leben unseres Landes leisten und dass viele von ihnen weder arm noch ungebildet sind.

Er hat die ernsten sozialen Probleme, die es in Amerika nach wie vor zu lösen gilt, nicht beschönigt, ebenso wenig wie die schwärende Wunde der vielen Slums in einem so reichen Land wie dem unseren. Dennoch hat er unseren Zuhörern etwas verständlich gemacht, was hier häufig verkannt wird, dass nämlich die sozialen Probleme in Amerika komplex sind und dass auf dem Weg zur Lösung der Probleme zwischen Schwarz und Weiß in den USA bereits einige Fortschritte erzielt wurden.

Alles in allem war Mr Massaquois Besuch produktiv und nützlich, denn es hat sich erneut gezeigt, wie wichtig es ist, den Medien nicht nur Material, sondern auch kompetente Gesprächspartner zur Verfügung zu stellen.

Alexander A. Klieforth, der für öffentliche Angelegenheiten zuständige Botschaftsrat in Bonn, äußerte sich in seiner Bewertung sogar noch ein bisschen enthusiastischer:

Massaquoi hat sich nicht nur als idealer Vertreter unseres Landes, sondern auch als Vermittler zwischen den Kulturen erwiesen. Er verfügt über bemerkenswerte Qualifikationen. Seine Sichtweise ist nicht nur tri-kulturell, sondern tri-kontinental (Deutschland, Liberia, USA). Er spricht Deutsch mit norddeutschem Akzent, auch wenn seine Muttersprache eingerostet ist und hier aufgefrischt werden musste. Durch seine zwanzig Jahre bei *Ebony* hat er einen einzigartigen und ausgezeichneten analytischen Blick dafür entwickelt, wie sich das Verhältnis zwischen Schwarz und Weiß in den USA und die Einstellungen von Schwarzen in der amerikanischen Gesellschaft verändert haben. Zudem ist er ein Mensch mit einer historischen Perspektive, der als Journalist eine Abneigung gegen Klischees und Schablonendenken hat. Seine Äußerungen haben Hand und Fuß und gründen auf einer langen und scharfsichtigen Beobachtung, die er kulturübergreifend interpretiert, wie es vielleicht nur ein nichtgebürtiger Amerikaner vermag.

Da kann ich nur noch sagen: Das mach erst mal nach, Henry Kissinger.

Unser Mann in Dakar

Als das Interesse unserer Leserschaft am inzwischen unabhängigen Afrika zunahm, beschloss das Redaktionskomitee von *Ebony*, einen afroamerikanischen Botschafter, der die USA im Senegal und Gambia vertrat und im Umfeld des Außenministeriums als einer der tüchtigsten Diplomaten galt, einmal genauer unter die Lupe zu nehmen. Sein Name war O. (Orison) Rudolph Aggrey, und er war der Sohn eines renommierten afrikanischen Intellektuellen, des 1927 verstorbenen James Emman Kwegyir Aggrey. Gemeinsam mit meinem Fotografen G. Marshall Wilson traf ich mich mit dem neunundvierzigjährigen Botschafter in seiner Residenz in Dakar, wo er uns völlig zwanglos seiner aus Frankreich stammenden Frau Françoise und seiner fünf Jahre alten Tochter Roxane vorstellte.

Er war ein kräftig gebauter Mann mit tief liegenden Augen und gepflegtem, grau meliertem Haar und Schnurrbart und entsprach auf den ersten Blick ganz und gar nicht meiner Klischeevorstellung vom lässig-eleganten Diplomaten in Nadelstreifenhose und Cutaway. Abgesehen von einem strahlenden Lächeln, das er gelegentlich aufblitzen ließ, sprach er fast ohne jede Gemütsregung mit leiser, bedächtiger Stimme. Alles an ihm – seine Sprechweise, sein Gang, die Gesten seiner ausdrucksvollen Hände – wirkte zurückhaltend und überlegt. Als Meister im Umgang mit heiklen Fragen formulierte er seine Antworten mit größter Besonnenheit und sprach nie ins Unreine. Vierundzwanzig Jahre in einem Beruf, in dem ein kleiner Versprecher einen internationalen Zwischenfall auslösen oder eine Karriere beenden könnte, hatten ihn gelehrt, stets auf Nummer Sicher zu gehen. Als ich von ihm wissen wollte, ob es die Beziehungen zwischen den USA und dem Senegal belaste, dass der Senegal die

UN-Resolution unterstütze, Zionismus sei eine Form von Rassismus, erwiderte der Botschafter ausweichend: »Die USA haben ihren Standpunkt in dieser Frage dem Senegal gegenüber unmissverständlich klargemacht und der Senegal uns gegenüber.« Auf unsere Frage, was er zu der unlängst erfolgten Amtsenthebung seines Kollegen Beverly Carter als Botschafter in Tansania zu sagen habe, umging er die Antwort geschickt und sagte: »Ich denke, im Rahmen dieses Interviews sollte ich mich besser jeden Kommentars enthalten.«

Der Botschafter war mitteilsamer, als ich ihn fragte, wie er es finde, dass schwarze Amerikaner sich zunehmend für Afrika interessierten und sich mit dem Kontinent identifizierten. Er sagte, er halte die relativ neue Entwicklung für positiv und fände es gut, wenn schwarze Amerikaner sich für ein besseres Verhältnis zwischen den USA und Afrika einsetzen würden, so wie Amerikaner europäischer Herkunft sich für die Beziehungen Amerikas zu Europa stark machten. »Niemand kritisiert einen Amerikaner englischer Herkunft, wenn er starke Gefühle gegenüber Großbritannien empfindet«, sagte er. »Ebenso haben Afroamerikaner ein Recht darauf, starke Gefühle gegenüber Afrika zu empfinden.«

Andererseits betonte Aggrey, dass proafrikanische Äußerungen von Schwarzen allein auf freiwilliger Basis erfolgen müssten und dass man Schwarze, die ihr Desinteresse an Afrika verbal oder in anderer Form bekundeten, auf keinen Fall unter Druck setzen dürfe. »Es geht einfach nicht an, dass schwarze Amerikaner kritisiert werden, wenn sie mit Afrika nichts zu tun haben wollen.«

Der Botschafter hielt sogar die damals allgemein in Mode kommenden und etwas extremen Formen der Identifikation mit Afrika für wünschenswert. »Für viele schwarze Amerikaner ist es ungeheuer wichtig, ihre Wurzeln zu finden«, sagte er. »Ich denke nicht, dass die Beziehungsaufnahme zu Afrika und den Afrikanern nach ein und demselben Schema erfolgen muss.« Die Beziehungen, die er gern entstehen sähe, müssten unter allen Umständen positiv sein. »Das Schlimmste wäre es«, so sagte er,

»wenn schwarze Amerikaner Afrikaner ausnützen und umgekehrt Afrikaner dasselbe mit schwarzen Amerikanern täten. Die kulturellen und historischen Verbindungen sollten niemals missbraucht werden.«

Ghana und Shirley Temple

Im Gegensatz zu der Ernennung von Botschafter Aggrey, die fast unbemerkt erfolgte, machte es in der gesamten US-Presse Schlagzeilen, als Shirley Temple 1974 unter Präsident Gerald Ford Botschafterin in Ghana wurde. Die Schwarzen in den Staaten reagierten überwiegend ablehnend. Für viele Afroamerikaner war die Berufung des einstigen Kinderstars ohne Erfahrung auf dem diplomatischen Parkett zur Repräsentantin der USA in einem afrikanischen Staat nur ein weiteres Beispiel für die offenkundige Insensibilität der Ford-Regierung gegenüber den Schwarzen.

Um unseren Lesern ein besseres Bild vermitteln zu können, wie sich die neue Botschafterin in Ghana machte, sollte ich im Anschluss an mein Interview mit Botschafter Aggrey in Dakar weiter nach Accra reisen und mir einen Eindruck verschaffen. Ich persönlich war hin und her gerissen, was die diplomatischen Ehren der ehemaligen Schauspielerin anging. Einerseits hielt auch ich ihre Ernennung für einen Fehlgriff, andererseits war ich durchaus geneigt, ihr eine Chance zu geben. Mein innerer Zwiespalt erklärte sich damit, dass ich seit meiner Kindheit in Deutschland ein großer Fan von Shirley Temple war. Wenn ein Film mit Shirley Temple ins Kino kam, war es eine ausgemachte Sache, dass ich ihn mir ansehen würde. Meine Mutter hatte nichts dagegen, im Gegenteil, sie bestand darauf mitzukommen. Das kleine Mädchen aus Amerika mit dem Lockenkopf und den Grübchen ließ die Kinokassen lauter klingeln als irgendein anderer Filmstar aus dem In- oder Ausland, und die Vorstellungen waren durchweg ausverkauft. Die Deutschen waren richtiggehend Shirley-verrückt, und ich bildete da keine Ausnahme. Da alle amerikanischen Filme deutsch synchronisiert liefen, war mir gar nicht richtig klar, dass Shirley keine Deutsche war. Ob sie das unerschrockene Waisenkind in *Bright Eyes (Lachende Augen)* spielte, in dem sie das Lied »On the Good Ship Lollipop« sang und bekannt machte, oder an der Seite von Bill (Bojangles) Robinson in dem zur Zeit des amerikanischen Bürgerkriegs angesiedelten Film *Der kleinste Rebell* einen Stepptanz hinlegte – wenn Shirley lachte, lachte auch ich, und wenn sie weinte, weinte ich.

Der erste Eindruck, den mein Fotograf G. Marshall Wilson und ich nach unserer Ankunft in Accra gewannen, war der, dass sich anders als in den USA offenbar niemand durch die Ernennung von Shirley Temple Black (ihr angeheiratetet Name) zur US-Botschafterin beleidigt fühlte. Im Gegenteil, alle, mit denen ich über die neue amerikanische Diplomatin sprach, waren voll des Lobes für Präsident Fords Entscheidung, wobei ihnen vor allem gefiel, dass sie sich so gut anpassen konnte und sehr kontaktfreudig war. Wie es aussah, eroberte sie die Herzen der Menschen in Ghana nicht durch ihr diplomatisches Geschick, sondern einfach dadurch, dass sie sich in der neuen Umgebung ganz wie zu Hause fühlte und ihr optimistisches, aufgeschlossenes Naturell behielt, das sie schon als Kind berühmt gemacht hatte.

Ich konnte bald selbst feststellen, was genau die Leute, mit denen ich sprach, gemeint hatten. Schon als sie mich in ihrem Büro in der Botschaft begrüßte, verströmte sie den gleichen mädchenhaften Charme, der mich und Millionen von Fans so betört hatte, als ich ein kleiner Junge war. Obwohl ihr Markenzeichen, die Locken, verschwunden waren, hatte sie noch immer verblüffende Ähnlichkeit mit dem süßen Fratz, als der sie in den dreißiger Jahren Kinogeschichte geschrieben hatte. Während des ausführlichen Interviews erzählte sie mir, wie dankbar sie für den herzlichen Empfang sei, den ihr die Menschen in Ghana bereitet hatten, und zeigte mir stolz ein Zeitungsfoto, auf dem sie in Stammeskleidung bei ihrer Ernennung zum Ehrenhäuptling abgelichtet war. Mit der für sie typischen Offenheit und ohne dass ich gefragt hätte, vertraute sie mir auch an, dass sie eine Brustamputation hinter sich habe.

Angesprochen auf ihre Zeit als Kinderstar erzählte sie mir, wie schockiert sie gewesen sei, als sie während der Vorbereitungen auf einen Film erfuhr, dass der schwarze Schauspieler Bill Robinson, der die zweite Hauptrolle hatte und den sie sehr nett fand, nicht im selben Hotel in Kalifornien wohnen durfte wie sie, weil es für Schwarze nicht offen stand. Sie sagte, das Hotel sei das Desert Inn in Palm Springs gewesen, und sie habe auf der exklusiven Anlage ein luxuriöses Cottage zur Verfügung gehabt, wo Robinson vom Studio hinbestellt wurde, um mit ihr eine neue Tanznummer für den Film *Rebecca Of Sunnybrook Farm* einzustudieren.

»Als er kam«, erinnerte sie sich, »fragte ich ihn, in welchem Cottage er denn wohne. ›Ich wohne auf der anderen Straßenseite über dem Drugstore‹, sagte er. Bill war dort zusammen mit seinem Chauffeur untergebracht.« Erst Jahre später, sagte sie, habe sie verstanden, warum.

Später am Abend fand eine ghanaische Feier zu Ehren der Botschafterin statt, und ich konnte zusehen, wie ghanaische Gäste und Angehörige der US-Botschaft – schwarze und weiße – auf dem Tanzparkett eine sehr muntere Form der internationalen Zusammenarbeit pflegten. Plötzlich ergriff jemand meinen Arm und führte mich auf die Tanzfläche. Ehe ich mich's versah, drehte ich mich auch schon völlig verdattert im Kreis mit niemand anderem als ihrer Exzellenz, der Botschafterin. Wie hätte ich mich gefreut, wenn meine alten Freunde aus Barmbek, die mit mir zusammen bei jedem Shirley-Temple-Film am Europa-Palast Schlange gestanden hatten, mich hätten sehen können. Zum Glück war mein guter Freund Marshall mit seiner Nikon zur Stelle, um diesen historischen Augenblick für die Nachwelt festzuhalten.

Sobald ich wieder in Chicago war, schrieb ich guten Gewissens einen positiven Artikel mit dem Titel »Ghanas Liebesaffäre mit Shirley Temple Black«, in dem ich ihre Fähigkeit, Freundschaften zu schließen, betonte.

Seretse Khama – ein Streiter an vorderster Front

Im Jahre 1951, lange bevor ich in der Johnson Publishing Company anfing, brachte *Ebony* eine Titelgeschichte, die damals für Furore sorgte. Darin erzählte Seretse Khama, ein junger afrikanischer Häuptling im britischen Protektorat Betschwanaland (heute Botswana), wie er sich 1947, nach seinem Jurastudium in Oxford, während der Ausbildung zum Rechtsanwalt in London in eine weiße Schreibkraft namens Ruth Williams verliebte und sie im Jahr darauf heiratete. Die Stammesältesten waren nicht begeistert von der Verbindung und verlangten seine Abdankung. Schließlich setzte ihn die britische Regierung als Häuptling ab und schickte ihn und seine Frau nach England ins Exil, weil sie fürchtete, der Konflikt, den Khamas Ehe mit einer Weißen ausgelöst hatte, könnte letztlich zum Verlust ihres ohnehin schon gefährdeten Protektorats führen. Statt sich scheiden zu lassen, wie die Ältesten seines Stammes gefordert hatten, verzichtete Seretse lieber auf die Häuptlingswürde und blieb bei seiner Frau. Nach mehreren Jahren im britischen Exil durfte er mit seiner Frau in seine Heimat zurückkehren, doch nur als Privatmann. Schließlich ging er in die Politik, und als Botswana 1966 die Unabhängigkeit erlangte, wählte das Volk ihn zum ersten Präsidenten seines Landes, was seine Frau, die einstige Schreibkraft, zur »First Lady« machte.

Über die Jahre hinweg beeindruckte Präsident Khama die Redaktion von *Ebony* immer wieder mit seinem Geschick als Regierungschef und seinen politischen Leistungen, vor allem mit seiner Entwicklung zu einem der härtesten und unerschrockensten Gegner der Apartheid in den Nachbarländern Südafrika, Rhodesien (heute Simbabwe) und Namibia. Außerdem hatte er sich bei den Verhandlungen vor der Entlassung Botswanas in die Unabhängigkeit für sein Ideal einer Demokratie stark gemacht, in der es keine Rolle spielt, welche Hautfarbe ein Mensch hat. Er hatte die freie Schulbildung durchgesetzt und die Wirtschaft des Landes gestärkt. Wir bei *Ebony* waren einhellig der Meinung, dass er eine Fortsetzungs-Story verdient hatte. So kam es, dass

Marshall Wilson und ich uns, wenige Tage nachdem wir von der botswanischen Botschaft grünes Licht erhalten hatten, im Herbst 1978 auf den Weg in die Hauptstadt Botswanas Gaborone machten.

Statt des stämmigen Mannes, den ich von Fotos aus seinem Exil in London kannte, war der Seretse Khama, den wir in der Präsidentenresidenz trafen, ein zerbrechlicher Gentleman, der wesentlich älter wirkte als seine siebenundfünfzig Jahre. Trotz seiner offensichtlich angeschlagenen Gesundheit (wie wir wussten, litt er an Diabetes, Bluthochdruck und Herzrhythmusstörungen, die durch einen implantierten Schrittmacher reguliert wurden) stand er von seinem Schreibtisch auf und kam aufrechten Ganges auf uns zu, um uns die Hand zu schütteln. »Willkommen in Botswana«, sagte er herzlich. »Ich hoffe, Sie hatten eine angenehme Reise.«

Während des anschließenden einstündigen Interviews sprach Sir Seretse, der 1966 ausgerechnet von den Briten, die ihn ins Exil geschickt hatten, zum Ritter geschlagen worden war, voller Abscheu über die rassistischen Regime seiner Nachbarländer, ohne auf die Nähe des militärisch haushoch überlegenen Südafrika diplomatische Rücksicht zu nehmen. »Wir werden die Apartheid weiterhin verurteilen, ebenso wie diejenigen, die sie unterstützen und in unserer Region an ihr festhalten wollen«, schwor er.

Um zu zeigen, dass er es ernst meinte, so erklärte der Präsident, hatte er rund 13 000 Flüchtlingen aus Südafrika und Rhodesien politisches Asyl gewährt. Die Menschen strömten in sein Land, das so groß ist wie Texas (damals gut 700 000, heute ca. 1,5 Millionen Einwohner), um nicht ohne Gerichtsverhandlung ins Gefängnis geworfen zu werden. Diese Flüchtlingsflut war für die ohnehin nicht sehr stabile Wirtschaftslage Botswanas eine zusätzliche Belastung. Doch der Präsident betrachtete seine Politik der offenen Tür für Schwarze, die vor rassistischem Terror fliehen, als »eine Verpflichtung, vor der wir uns nicht drücken können, so schwer wiegend die Konsequenzen für uns auch sein mögen«.

Die wohl gravierendste Konsequenz von Sir Seretses Widerstand gegen seine feindlichen Nachbarn waren die häufigen Grenzverletzungen durch rhodesische Soldaten, die bei der Verfolgung von Flüchtlingen nach Botswana vordrangen und dabei Dörfer in Brand steckten und botswanische Bürger umbrachten und entführten. Um dem einen Riegel vorzuschieben, so sagte Sir Seretse, habe er widerwillig seine bisherige Politik aufgegeben, das Land ohne Hilfe einer militärischen Streitkraft zu regieren. So entstand auf seine Anordnung hin die »Botswana Defense Force«, eine Kampftruppe, die in Guerillataktiken und konventioneller Kriegführung ausgebildet wurde. Sir Seretse räumte ein, dass ihm der Abschied von seiner Philosophie der Gewaltlosigkeit nicht leicht gefallen sei: »Die Umstände haben uns gezwungen, unsere lang gehegte Überzeugung aufzugeben, dass unsere Schwäche unsere Stärke ist und unsere Mäßigung und Friedlichkeit der unerschütterliche Garant für unser Überleben in diesem Teil der Welt.«

Zu Beginn des Jahres 1978, als unser Interview stattfand, nahm der Präsident an der Beisetzung von fünfzehn »Defense Force«-Soldaten teil, die auf botswanischem Boden von rhodesischen Truppen hinterrücks überfallen worden waren. In seiner Trauerrede gelobte der Präsident hoch und heilig, dass er den Befreiungskampf fortsetzen werde, und schwor, die Einschüchterung Botswanas nicht zuzulassen.

»Wir haben unsere Freiheit und Unabhängigkeit nicht errungen, nur um sie beim Klang eines Gewehrschusses wieder abzugeben«, sagte er mit gewohnter Eloquenz. Solche trotzigen Worte aus dem Munde eines Mannes, der gerade mal einen Handgranatenwurf entfernt von der Grenze der größten Militärmacht auf dem afrikanischen Kontinent lebte (von Gaborone bis zur Grenze von Südafrika sind es nur zehn Kilometer), verrieten entweder einen selbstmörderischen Leichtsinn oder aber ein Selbstbewusstsein, das sich aus der Überzeugung speiste, die Kräfte des Schicksals auf seiner Seite zu haben. Alle Landsleute von Sir Seretse, mit denen ich sprechen konnte, waren sicher, dass Letzteres zutraf.

Vor unserer Abreise aus Gaborone – am Abend vor ihrem dreißigsten Hochzeitstag – waren Sir Seretse und Lady Ruth so nett, sich für *Ebony* fotografieren zu lassen. Sie posierten zusammen mit ihren drei hübschen Söhnen, den zwanzig Jahre alten Zwillingen Tshekedi und Anthony und dem fünfundzwanzigjährigen Ian Seretse. Letzterer wurde an der britischen Militärakademie Sandhurst zum Brigadier ausgebildet und ist stellvertretender Kommandeur der Botswana Defense Force. (Die älteste Tochter Jacqueline, 28, konnte nicht an der Foto-Session teilnehmen, wie das Ehepaar erklärte, da sie mit ihrem holländischen Mann in Abidjan, Elfenbeinküste, lebte.) Das Foto mit der lächelnden Familie Khama strafte alle diejenigen Lügen, die der Ehe des Schwarzen und seiner weißen Frau keine lange Zukunft prophezeit hatten.

Sir Seretse, der am 13. Juli 1980 starb, zwei Jahre nach unserem Interview, erlebte den Zusammenbruch der weißen Unterdrückungsregime Südafrika, Rhodesien und Namibia nicht mehr. Aber nur wenige haben Zweifel, dass sein Widerstandsgeist viel dazu beigetragen hat, deren wohlverdienten Untergang zu beschleunigen.

Wieder verliebt

Als ich eines Tages von einem längeren Einsatz im Ausland zurück in die Redaktion kam, fiel mir eine wunderschöne neue Mitarbeiterin auf, die ich auf Anhieb bezaubernd fand. Ich erkundigte mich nach ihr und erfuhr, dass sie Katharine Rousseve hieß und erst vor kurzem von ihrer Heimatstadt New Orleans nach Chicago gezogen war, um neue berufliche Perspektiven zu erkunden. Sie hatte an der Tulane University von New Orleans studiert, ihr Vater, Numa Rousseve, war Leiter des Fachbereichs Kunst der Xavier University of New Orleans, und ihre Mutter arbeitete als Englischlehrerin.

Um keine überflüssige Zeit zu vergeuden, fragte ich die junge

Schönheit, ob sie nicht Lust hätte, mit mir auszugehen, und zu meiner Riesenfreude und Genugtuung sagte sie ja. Mein Beruf nahm mich dermaßen in Anspruch, dass ich meine biologische Uhr völlig aus den Augen verloren hatte, und ohne es zu merken, hatte ich die Fünfzig überschritten. Es kam mir daher nicht besonders ungewöhnlich vor, dass ich mich in eine dreißig Jahre jüngere Frau verlieben würde und sie sich in mich.

Ob es an Katharines »Frühreife« lag oder daran, dass ich ein »Spätentwickler« war, jedenfalls spielte unser Altersunterschied für uns weder eine Rolle noch stellte er ein Problem dar – abgesehen von gelegentlichen harmlosen Sticheleien seitens meiner Kollegen. Ich erinnere mich an ein einziges Mal, wo unsere Frühling-Herbst-Romanze Anlass für einen peinlichen Fauxpas war. Ich war in Begleitung von Katharine auf einem Empfang im Hause des deutschen Generalkonsuls Egon Raster, den ich schon länger kannte. Als Katharine und ich in der Schlange der Gäste schließlich vor ihm standen, sagte er mit lauter, vergnügter Stimme zu mir: »Mr Massaquoi, wie schön, dass Sie Ihr reizendes Fräulein Tochter mitgebracht haben.«

Als ich den guten Generalkonsul über seinen Irrtum ins Bild setzte: »Darf ich vorstellen, Ms Katharine Rousseve. Und sie ist *nicht* meine Tochter«, konnte ich geradezu fühlen, wie peinlich dem erfolgreichen Diplomaten sein voreiliger Schluss war.

Im Großen und Ganzen machte ich mir die Einstellung meines mittlerweile verstorbenen Freundes und häufigen Reisegefährten, Fotograf G. Marshall Wilson, zu Eigen, der mit vierzig eine Frau heiratete, die knapp halb so alt war wie er. Als seine Freunde ihn fragten, was er denn mit einer so jungen Ehefrau machen wolle, wenn er sechzig und sie noch in den besten Jahren sei, erwiderte er: »Was ich *dann* mit ihr mache, weiß ich nicht, aber ich weiß ganz genau, was ich jetzt mit ihr mache.«

Ich habe das Älterwerden als unvermeidliches Übel so gut ich konnte ignoriert. Natürlich sind mir die Anzeichen nicht entgangen, dass der Zahn der Zeit auch an mir unaufhaltsam nagte, doch ich habe mich stets bemüht, mein geistiges Alter nicht mit meinem biologischen Alter Schritt halten zu lassen. Um nur ein

Beispiel zu nennen: Als die meisten Angehörigen meiner Generation ihre Schlittschuhe gegen den Golfschläger eintauschten, genoss ich weiterhin das belebende Gefühl, das jeden packt, der über eine glatte Eisfläche gleitet, vorbei an Jugendlichen, die meine Enkelkinder hätten sein können. So viel zum Thema »mit Würde alt werden«.

Während mir mein Haar in meiner Kindheit und Jugend in Deutschland den größten Kummer bereitet hatte, weil es mich von allen anderen meiner Altersgruppe abhob, bedauerte ich jetzt, dass es sich ausgerechnet zu einer Zeit von mir trennte, in der ich glaubte, es mehr denn je zu brauchen. Als wäre es nicht schon schlimm genug, dass der Alterungsprozess mich allmählich meines prachtvollen Haupthaars beraubte, nein, er bescherte mir obendrein Haare in den Nasenlöchern und Ohren, wo ich gut darauf verzichten konnte. Tröstlich ist für mich die Erinnerung an ein Mittagessen in der Johnson Publishing Company mit einem reichen Chicagoer Geschäftmann, der kahlköpfig wie eine Billardkugel war. Als mein Chef Mr Johnson sich freundlich bei ihm erkundigte, ob die Glatze je für ihn von Nachteil gewesen sei, erwiderte der Geschäftsmann ohne Zögern: »Überhaupt nicht. Keine Frau hat je Haare von mir verlangt.«

Gleich zu Beginn unserer Beziehung hatte ich Katharine erzählt, dass das unerwartete Scheitern meiner ersten Ehe ein schwerer Schlag für mich gewesen war und dass ich nicht vorhatte, je wieder zu heiraten. Katharine sah darin kein Problem, zumal sie im reifen Alter von zweiundzwanzig Jahren noch gar nicht an Ehe dachte. Sie hatte überdies eigene Pläne. Um sie zu verwirklichen, kündigte sie nicht einmal einen Monat nach unserer ersten Verabredung ihre Stelle bei der Johnson Publishing Company und baute sich in relativ kurzer Zeit eine eindrucksvolle Karriere als Vermögensberaterin auf. Sie sammelte Erfahrung in diversen verantwortlichen Positionen in der Bank-, Versicherungs- und Immobilienbranche und wurde schließlich ins Reformteam von Chicagos Bürgermeister Daley geholt, wo sie als Projektmanagerin für ein Sechstel aller öffentlichen Schulen in Chicago verantwortlich war. Ihre berufliche Erfahrung in der Privatwirtschaft und der öffentlichen Verwaltung sollte sich eines Tages auch für uns als nützlich erweisen, als wir unser Haus renovierten und schließlich selbst ein eigenes Haus bauten.

Es dauerte nicht lange, bis Katharine die Herzen aller in meiner Familie – meiner Jungs, meiner Mutter und ihres Mannes Mileta – sowie die meiner Freunde erobert hatte. Gleich bei unserem ersten Besuch in Deutschland, wohin wir noch oft zusammen reisten, verliebte sie sich in Hamburg, in Räucheraal und Finkenwerder Scholle, während sie mit meinem Freund Fred Gass und seiner Frau Gisela trotz der Sprachbarrieren zwischen ihnen Freundschaft schloss. Gleichzeitig wurde ich auch von Katharines Familie mit offenen Armen aufgenommen, denn ihre verwitwete Mutter, ihre beiden Brüder und zwei Schwestern, die im ganzen Land verstreut leben – New Orleans, New York, Washington, D. C., und Kalifornien –, behandelten mich ausnahmslos als Familienmitglied.

Am 29. Juli 1981 erhielt ich von einer deutschen Freundin meiner Mutter in Elgin einen Anruf und musste erfahren, dass mein Stiefvater Mileta mit dem Rettungswagen ins Krankenhaus gebracht worden und meine Mutter bei ihm war. Als Katharine und ich im Krankenhaus eintrafen, sagte meine völlig aufgelöste Mutter, dass ihr geliebter Mileta gestorben war. Wie sie erzählte, waren sie vom Supermarkt zurückgekommen, wo sie für ihre Silberhochzeit am nächsten Tag eingekauft hatten – sie hatten ein festliches Abendessen geplant –, und Mileta wollte die Einkauftüten vom Auto ins Haus tragen. Plötzlich hörte sie ihn um Hilfe rufen. Als sie nach draußen lief, lag er schon stöhnend in der Einfahrt und hielt sich die Brust. Kurz nach seiner Einlieferung ins Krankenhaus wurde ihr mitgeteilt, dass Mileta einem schweren Herzinfarkt erlegen war.

Die Tragödie am Vorabend ihres Hochzeitstages beendete nach einem Vierteljahrhundert die liebevolle Partnerschaft zweier Menschen, denen trotz gewaltiger ethnischer, sprachlicher und charakterlicher Unterschiede eine harmonische und lang währende Beziehung geglückt war. Nach dem Tod ihres geliebten Mannes lebte meine Mutter so gut sie konnte weiter, wobei ihr vor allem die Wochenendbesuche von mir und Katharine halfen. Doch obwohl sie sich nach wie vor heiter und positiv gab, merkte ich ihr an, dass es in ihrem Herzen anders aussah. Viereinhalb Jahre später, mit zweiundachtzig Jahren, folgte sie ihrem Mileta und wurde an seiner Seite mit einem serbisch-orthodoxen Kirchenritual beigesetzt, an dem viele gemeinsame deutsche, serbische und amerikanische Freunde aus Elgin teilnahmen. Sogar mein Chef Mr Johnson ließ sich extra die vierzig Meilen von Chicago nach Elgin fahren, um meiner Mutter die letzte Ehre zu erweisen, eine Geste von Freundschaft und Respekt, die ich ihm nie vergessen werde.

Panama

1977 wurden von Präsident Jimmy Carter und Panamas Machthaber Omar Torrijos zwei Verträge unterzeichnet, von denen einer die schrittweise Übergabe des unter amerikanischer Kontrolle stehenden Panamakanals an Panama vorsah, während der andere, der so genannte Neutralitätsvertrag, allen Staaten Zugang zum Kanal garantierte. Daraufhin wurde bei *Ebony* beschlossen, dass es an der Zeit sei, uns dieses Volk einmal genauer anzusehen, dessen 1,7 Millionen in der Mehrzahl schwarze Menschen sich abmühten, ihre Geschicke bis zum Jahre 2000, wenn alle Hoheitsrechte über die Kanalzone an Panama fielen, in die eigenen Hände zu nehmen. Mit Hilfe von Cirilo McSween, einem bekannten, in Panama geborenen Chicagoer Geschäftsmann, vereinbarte ich ein Interview mit Brigadegeneral Torrijos. Diesmal begleiteten mich *Ebony*-Fotograf Vandell Cobb und McSween.

Torrijos hatte es zu internationaler Berühmtheit gebracht, als er 1968 mit der ihm unterstellten panamaischen Nationalgarde, einer neuntausend Mann starken paramilitärischen Polizeitruppe, Präsident Arnulfo Arias stürzte und eine Diktatur errichtete. Seitdem drängte er unablässig auf ein Abkommen, das die Rückgabe des Kanals an Panama garantierte. Dass er zur Erreichung dieses Ziels die Amerikaner als Imperialisten beschimpfte, brachte ihm in den USA nicht gerade Sympathien bei denjenigen ein, die meinten, »wir lassen uns doch von einem Land, das kaum halb so viel Einwohner hat wie Chicago, nicht auf der Nase herumtanzen«. Torrijos ließ sich nicht beirren und balancierte weiter auf dem gefährlichen Drahtseil zwischen seinen Landsleuten und ihrer Forderung nach sofortiger Kanalbefreiung und dem konservativen US-Kongress, der von einem Abkommen, das den Status quo veränderte, nichts wissen wollte.

Als wir in Panama City eintrafen, wurden wir von einem offiziellen Begrüßungskomitee inklusive Dolmetscher empfangen. Wir erfuhren, dass der General nicht in der Stadt sei, weil er in seiner Heimatprovinz Santiago an der feierlichen Einweihung eines Neubaugebiets mit preiswerten Wohnungen für bedürftige Familien teilnahm. Für uns stand aber ein Hubschrauber bereit, der uns nach Santiago bringen würde, wo wir die Feier miterleben und den General treffen könnten. Das einzig Bemerkenswerte an unserem kurzen Flug war der Pilot, ein junger waschechter Indianer in Fliegermontur und mit Irokesenfrisur.

Am Ziel angelangt, bekamen wir gerade noch mit, wie der General seine Rede vor relativ wenigen jubelnden Menschen beendete. Gleich darauf wurde er seinem Ruf gerecht, gern nahezu unbewacht ein Bad in der Menge zu nehmen und eine Schwäche für Havannazigarren zu haben. Der starke Mann Panamas, ein markanter Achtundvierzigjähriger, kam in kurzärmeliger Khakiuniform ohne Rangabzeichen oder Orden auf mich zu und begrüßte mich herzlich mit einem festen Händedruck. Dann ging er mit mir zu einer primitiven Holzbaracke, wo er mich unter den Augen von Adjutanten, die in gebührendem Abstand zuschauten, aufforderte, mit dem Interview anzufangen. Da er entweder kein Englisch sprach oder nicht sprechen wollte, kommunizierten wir mit Hilfe eines Dolmetschers. Auf meine erste Frage: »Was sind Ihre Pläne, wenn Panama im Jahre 2000 die vollständige Kontrolle über den Kanal übernimmt?«, reagierte er mit einem breiten, beifälligen Lächeln.

»Ich freue mich, dass Sie *wenn* und nicht *falls* wir die Kontrolle übernehmen gesagt haben. Das zeigt, dass Sie an unseren Erfolg glauben.« Sobald der Kanal in Panamas Händen sei, sagte er, könne er sich voll und ganz den zahlreichen, meist wirtschaftlichen Problemen seines Landes widmen. So wolle er vor allen Dingen preiswerten Wohnraum schaffen und die drückende Armut bekämpfen, die zur Folge habe, dass immer mehr Menschen in verwahrlosten Mietskasernen und in den Favelas, den Elendshütten, an den Berghängen hausten.

Dann erzählte der General, ein erklärter Antirassist, dass die der US-Regierung gehörende Panama Canal Company, gleich als mit dem Bau des Kanals begonnen wurde, unter den Arbeitern der Kanalzone ein strenges Rassentrennungssystem eingeführt habe, das jenes zu der Zeit in Mississippi herrschende noch in den Schatten stellte. Weißen Arbeitern, so erklärte er, wurden Spitzenlöhne in Gold bezahlt, während schwarze Arbeiter, überwiegend aus Westindien, regelrechte Kulilöhne in Silber erhielten. Der General sagte weiter, dass Afroamerikaner eine besonders klare Sicht auf die den Kanal betreffenden Kontroversen hätten. »Schwarzamerikaner brauchen nur in den Spiegel zu schauen«, schlug er vor. »Wenn sie sich ihre eigene Geschichte des Kampfes gegen Unterdrückung ansehen, werden sie genau verstehen, worum es bei unserem Kampf hier in Panama geht.«

Der »Kampf«, den der General meinte, tobte bereits seit 1903. In diesem Jahr unterzeichneten die USA, nach geschickter Manipulation durch Präsident Theodore Roosevelt, einen der umstrittensten Verträge aller Zeiten: Die noch junge panamaische Regierung gewährte den USA das Recht, einen Kanal zu bauen, zu betreiben und zu beschützen – und damit sozusagen die Souveränität über die Kanalzone, einen sechzehn Kilometer breiten Landstreifen –, »auf unbegrenzte Dauer«, was häufig als »für immer« ausgelegt worden war.

Dank der Hartnäckigkeit von General Torrijos, der sein politisches Schicksal damit verknüpft hatte, die Hoheitsrechte über die Kanalzone für Panama zurückzuholen, wurde diese Auslegung endlich zur Ruhe gebettet, als er und Präsident Carter die Verträge unterschrieben.

Als der General am Ende des Interviews hörte, dass wir mit einem Hubschrauber gekommen waren, sagte er, er halte Hubschrauber für nicht besonders zuverlässig und wolle uns lieber in seiner zweimotorigen Privatmaschine zurück nach Panama City fliegen lassen. Da wir den ganzen Tag noch nicht dazu gekommen waren, etwas zu essen, wies er seinen Piloten an, einen Zwischenstopp auf der Insel Contadora einzulegen, einem kleinen Luxusparadies im Pazifik, wo wir unsere knurrenden Mägen mit Bergen von Langusten und anderen panamaischen Delikatessen beruhigen konnten.

Am nächsten Tag, wieder in Panama City, bat ich um ein weiteres Interview, das mir prompt gewährt wurde, und zwar mit Juan Materno Vasquez, dem Präsidenten des Obersten Gerichts, dem höchsten schwarzen Staatsbeamten von Panama. Der muntere Jurist, der in General Torrijos' erstem Kabinett Außenminister gewesen war, gab ohne weiteres zu, dass Panama kein Paradies für Schwarze sei und dass landesweit eine Wechselbeziehung zwischen Armut und dunkler Haut vorliege – eines der finstersten und hartnäckigsten Vermächtnisse des Kolonialismus.

»Dass jemand mit meiner Hautfarbe das höchste Richteramt im Staate innehat, ist alles andere als normal«, gestand er. »Unsere Verfassung verbietet zwar ausdrücklich Rassendiskriminierung, aber in Panama spielt sich diese Form von Diskriminierung extrem subtil ab. Gesetzesverstöße sind selten. Daher kann der Staat da praktisch gar nichts machen.« Seiner Ansicht nach werde der Rassismus in Panama zum erheblichen Teil »von den USA über den Kanal importiert«. Er sagte, er verdanke seine hohe Position dem Umstand, dass er bei der Bildung der Revolutionsregierung eine wichtige Rolle gespielt habe und mit General Torrijos gut befreundet sei.

Um mir ein umfassenderes Bild von den politischen Zuständen in Panama machen zu können, sprach ich auch mit diversen

Leuten, die kein öffentliches Amt bekleideten, wie beispielsweise Mario Parnther, dem Leiter des linksgerichteten Schüler- und Studentenverbandes, der zirka 280 000 junge Menschen repräsentierte. Parnther stand ausländischen Investoren ablehnend gegenüber und hatte keine positive Meinung von den über achthundert multinationalen Konzernen, die in Panama vertreten waren.

»Die sind doch nur an Profit interessiert«, klagte er, »nicht daran, den Armen in Panama zu helfen. Unsere Regierung möchte unser Land mit kapitalistischen Mitteln auf die Beine bringen. Das gefällt uns nicht. Wir sehen auch in den USA jede Menge Armut und denken nicht, dass es unser Problem löst, wenn wir die amerikanische Wirtschaftspolitik nachahmen.« Trotz aller Kritik sagte Parnther, dass sein Verband geschlossen hinter General Torrijos stehe, dessen Regierung er als »die beste, die Panama je gehabt hat« bezeichnete.

Auf einer längeren Fahrt entlang des umstrittenen Panamakanals hatte ich reichlich Gelegenheit, mir von dem traurigen Vermächtnis der US-Rassenpolitik ein Bild zu machen. Die fast ein Vierteljahrhundert alte Entscheidung des Obersten Gerichts der USA, die Rassentrennung in Schulen aufzuheben, war im »amerikanischen« Schulsystem der Kanalzone noch nicht gänzlich umgesetzt worden. Bis zur Übergabe der Zone an Panama galt für die in der Zone ansässigen Panamaer das US-Recht, und wer wegen einer Straftat verurteilt wurde, konnte nur am nächst gelegenen US-Revisionsgericht, also im rund zweitausendfünfhundert Kilometer entfernten New Orleans, Berufung einlegen.

Drei Jahre später, am 11. August 1981, erreichte uns die schockierende Nachricht, dass General Torrijos während einer Truppeninspektion bei einem Flugzeugabsturz ums Leben gekommen war. Bis heute frage ich mich, ob die abgestürzte Maschine vielleicht dieselbe war, die er uns damals freundlicherweise zur Verfügung gestellt hatte, und ob sein Tod tatsächlich wie behauptet ein Unfall war.

Legendäre Lena

Die legendäre Sängerin und Schauspielerin Lena Horne hatte den Grundsatz, niemals die Presse ins Hause zu lassen. Doch in Erinnerung an ihre über dreißig Jahre alte Freundschaft mit *Ebony* machte sie 1980 eine Ausnahme und lud unseren Fotografen Moneta Sleet jr., den sie seit vielen Jahren persönlich kannte, und mich zu sich in ihr Refugium im kalifornischen Santa Barbara ein.

Im Laufe der Jahre hatte ich ihren Aufstieg zum Superstar verfolgt. Ich hatte gehört, dass sie ursprünglich gar nicht vorgehabt hatte, eine Glamourkönigin, ein Sexsymbol oder eine Streiterin für die Rechte der Schwarzen zu werden, und dass sie sich, wenn es nach ihr gegangen wäre, mit einem beschaulichen Leben als unbekannte Dozentin in irgendeiner verschlafenen College-Stadt durchaus zufrieden gegeben hätte.

Seit 1933, als sie dank ihrer ehrgeizigen Mutter, einer Schauspielerin, schon mit sechzehn als Sängerin und Tänzerin auf der Bühne des legendären Cotton Clubs in Harlem auftrat, stand die aus Brooklyn stammende Lena im Licht der Öffentlichkeit. Richtig berühmt wurde sie 1940 durch Charlie Barnet, der sie für seine Big Band, eine der größten der Swing-Ära, als Sängerin engagierte. Sie machte schon bald Schlagzeilen und erregte die Gemüter, als sie vor der Zeit der Bürgerrechtsbewegung mit zwanzig jungen weißen Männern in den USA auf Tournee ging. Schließlich entdeckte sie ein Talentsucher von MGM und schloss mit ihr einen Filmvertrag ab. Nach der Scheidung von ihrem ersten Mann, einem Schwarzen, machte sie erneut Schlagzeilen, als herauskam, dass sie heimlich ihren weißen Musikberater bei MGM, den Komponisten Lennie Hayton, geheiratet hatte, denn damals waren Ehen zwischen Schwarzen und Weißen in Kalifornien noch verboten. Die Ehe, die mit Haytons Tod im Jahre 1971 endete, erwies sich als eine der haltbarsten in Hollywood.

Während des Zweiten Weltkrieges eroberte Lena – inzwischen Hollywoods erster schwarzer Glamourstar – die Herzen von Tausenden schwarzer GIs, als sie sich weigerte, für die USO (Organisation für Truppenbetreuung) auf Tournee zu gehen, solange schwarze Soldaten sich die Shows nicht ansehen durften. Auch nach dem Krieg schloss sie nur Verträge ab, in denen Schwarzen der Zutritt zu all ihren Auftritten ausdrücklich garantiert wurde. Doch eine Hauptrolle in einem Liebesfilm mit einem weißen Filmpartner wurde ihr nie angeboten – die Vorurteile waren einfach zu ausgeprägt.

Zum Zeitpunkt, als wir die legendäre Künstlerin besuchten, teilte sie ihr Leben zwischen Beruf und Enkelkindern auf. Als Moneta ihr bei der Begrüßung ein Kompliment über ihre scheinbar unzerstörbare Schönheit machte, zuckte die stolze Großmutter, die eher wie sechsunddreißig denn wie dreiundsechzig aussah, bescheiden mit den Schultern: »Ich habe bisher einfach Glück gehabt.«

Dann führte sie uns in ihr weitläufiges, gemütliches zweigeschossiges Haus, eine umgebaute alte Olivenmühle und nach wie vor ein historisches Wahrzeichen, und sagte, wir sollten es uns bequem machen. Für einen Star ihrer Größenordnung und verglichen mit den vielen anderen Diven, die ich kennen gelernt hatte, wirkte sie ungewöhnlich bescheiden. Auf mich machte sie durchaus den Eindruck einer Frau, die über ein gesundes Selbstbewusstsein verfügte und die Kunst des kultivierten Lebens wahrhaft beherrschte. Während des ausführlichen Interviews war sie für alle Fragen offen, selbst für sehr persönliche, und wartete mit ehrlichen und häufig verblüffenden Antworten auf. Als ich sie zum Beispiel fragte, ob sie sich vorstellen könne, wieder einen weißen Mann zu heiraten, erwiderte sie: »Ich denke nicht.«

»Weil Sie sich durch die erneute Heirat mit einem Weißen die Kritik von Schwarzen einhandeln könnten, schwarze Männer seien in Ihren Augen nicht gut genug für Sie?«, hakte ich nach.

»Nein. Das wäre für mich absolut kein Grund. Sie müssen wissen, dass ich Lennie ursprünglich nicht aus Liebe geheiratet habe. Ich habe ihn respektiert, weil er viel von Musik verstand und weil ich wusste, dass ich singen lernen musste. Ich habe ganz nüchtern erkannt, dass mir allein die Verbindung mit einem weißen Mann beruflichen Erfolg bescheren würde. Ich war schließlich allein, und ich hatte zwei Kinder zu versorgen.«

»Mit anderen Worten, um es ganz unverblümt zu sagen, Sie haben ihn für Ihre weitere Karriere benutzt?«

»Ganz genau. Und ich habe ihn mit der Zeit sehr geliebt. Es wurde eine wunderbare Ehe.«

Auf meine Frage, ob sie sich vorstellen könne, einen wesentlich jüngeren Mann zu heiraten, wie einige andere weibliche Filmstars es getan hatten, sagte sie: »Nein. Ich lehne solche Ehen nicht ab, weil ich sie für falsch halte, aber ich habe mich noch nie zu sehr jungen Männern hingezogen gefühlt. In gewisser Weise bin ich noch immer auf der Suche nach meinem Vater. Ehrlich gesagt, wenn ich meinen Vater hätte heiraten können, hätte ich meinen ersten Mann nicht geheiratet. Ich mochte schon immer Männer, die älter sind als ich, Männer mit Köpfchen. Hübsche Männer lassen mich kalt. Sie sind in Ordnung, aber das Äußere hat mich noch nie angesprochen. Ein Mann muss irgendetwas Interessanteres haben, damit ich auf ihn aufmerksam werde – vor allem Verstand, denn ich bin richtig hungrig nach Leuten, die was im Kopf haben. Ich meine nicht raffinierte Männer. Ich rede von wirklich intelligenten Männern – nicht nur belesene Männer, sondern welche, die auch sensibel mit Frauen umgehen können.«

Dann wollte ich wissen, ob es stimmt, dass sie gesagt haben soll, sie wäre gern eine bessere Frau für ihren Mann Louis Jones gewesen, den Vater ihrer beiden Kinder, den sie mit neunzehn geheiratet hatte und von dem sie vier Jahre später geschieden worden war.

»Ja, das stimmt«, antwortete sie freimütig. »Ich wünschte, ich wäre damals schon reifer gewesen. Ich hatte auf der Bühne gestanden, seit ich sechzehn war. Meine Mutter hat mich von vorn bis hinten bedient, während ich gearbeitet und das Geld nach Haus gebracht habe. Ich habe geheiratet, weil ich das Showbusiness gehasst habe und davon wegkommen wollte. Mein erster Mann hatte schlimme Diskriminierungen erlebt und hat an mir seinen Frust ausgelassen. Und ich wusste nicht, wie ich damit umgehen sollte. Ich war eine schlechte Ehefrau. Genau wie meine Mutter. Auch sie konnte weder kochen noch sonst was.«

Danach las ich ihr aus einem Artikel der britischen *Daily Mail* folgendes Zitat vor: »Die Sängerin Lena Horne hat vollständig angezogen mehr Sexappeal als fünfzig nackte Frauen«, und schloss die Frage an: »Bei solch eindrucksvollen Referenzen, welche persönliche Einstellung haben Sie da zum Sex?«

»Meine Mutter, die so prüde war wie eine Frau im neunzehnten Jahrhundert, hat mir beim Thema Sex ständig Angst eingejagt, weshalb ich auch erst mit über vierzig eine sexuell befreite Frau wurde, wie man heute sagen würde. Ich denke, instinktiv wollte ich mich schon immer befreien. Aber irgendwie bin ich immer nur an Partner geraten, die genauso verklemmt waren wie ich. Seit damals habe ich gelernt, dass Sex zu den wunderbaren Seiten des Lebens zählt und richtig Spaß machen kann und dass man sich glücklich schätzen kann, wenn man einen guten Sexualpartner hat. Ich weiß, in Amerika gesteht man Frauen über sechzig kein Sexualleben mehr zu. Schon eine Frau, die mit über vierzig noch sexuell aktiv ist, wird schräg angeguckt. Aber ich habe eine ziemlich romantische Einstellung zum Sex. Ich würde mit niemandem ins Bett gehen, den ich nicht richtig gern habe. Deshalb bin ich viel allein. So habe ich nicht so oft das Bedürfnis, mir einen Mann zu suchen.«

Ich wechselte das Thema und fragte, ob der Schwergewichtschampion Joe Louis, mit dem sie vor langer Zeit mal zusammen war, nicht übertrieben hatte, als er behauptete, sie könne »fluchen wie ein Kesselflicker«. Sie gab es unumwunden zu und erklärte, sie sei mit Leuten aufgewachsen, die einen »großen Sprachschatz« hatten.

Schließlich wollte ich von ihr wissen, auf welche ihrer Erfolge sie besonders stolz sei.

»Das Tollste, was mir je passiert ist«, erwiderte sie ohne Zögern, »war der Ehrendoktor in *Humane Letters*, den mir letztes Jahr die Howard University verliehen hat. Mir sind schon früher Ehrendoktortitel angeboten worden, aber ich hab jedes Mal abgelehnt, weil ich nie ein College von innen gesehen habe. Doch als die Howard University mir die Auszeichnung anbot, da war das etwas anderes, da wusste ich, dass ich sozusagen die Schule des Lebens absolviert hatte, und ich nahm an.«

Bevor wir uns verabschiedeten, zeigte sie uns noch ihr Anwesen, auf dem sie, wie sie mit offenem Stolz erzählte, dreiundfünfzig Bäume gepflanzt hatte und hoffentlich noch viele mehr pflanzen würde. Als Erklärung für ihre Pflanz-Besessenheit sagte sie: »Irgendwann, vielleicht in fünfzig Jahren oder so, wird jemand die Bäume sehen und sagen: ›Das sind aber schöne Bäume.‹ Klingt bestimmt albern, aber darum geht's mir.«

Die sagenhafte Diana Ross

Im Herbst 1981 saß ich eines Tages in einer stillen Ecke im David K's, einem Chinarestaurant in Manhattan. Während ich mir eine scharf-saure Suppe und andere asiatische Delikatessen munden ließ, führte ich ein Interview mit der erotischsten Frau im Showgeschäft, Diana Ross. Die damals siebenunddreißigjährige Sängerin hatte erst kurz zuvor die Nabelschnur durchtrennt, die sie zwanzig Jahre lang mit Berry Gordys Plattenimperium Motown verbunden hatte, und war nun zum ersten Mal in ihrem Leben ihr eigener Boss. Für einige eingefleischte Motown-Fans kam es einer Fahnenflucht gleich, die in schwarzer Hand befindliche Schallplattenfirma zu verlassen und für angeblich zwanzig Millionen Dollar einen Sieben-Jahres-Vertrag mit RCA Records abzuschließen. Ihre zahllosen treuen Anhänger dagegen begrüßten ihre Entscheidung, das ganz große Geld zu machen, und sprachen ihr Mut zu: »Nur zu, Mädchen, du hast das Zeug dazu!«

Mein erstes Interview mit der Sängerin lag acht Jahre zurück. Damals hatte ich eine scheinbar glücklich verheiratete Diana in ihrer Villa in Beverly Hills besucht, wo sie als Mutter alle Hände voll zu tun hatte. Seitdem hatte sie sich von ihrem Mann Robert

Silberstein scheiden lassen, das Haus verkauft und war mit ihren drei Töchtern – Rhonda, zehn, Tracee, acht, und Chudney, fünf Jahre alt – nach New York gezogen, wo sie unter dem Namen »Diana Ross Enterprises« eine eigene Plattenfirma gründete.

Zurzeit lebte sie aus Sicherheitsgründen unter falschem Namen in einer schicken Hotelsuite in Manhattan, während ihr zwei Hektar großes Anwesen, das sie angeblich für über eine Million Dollar von der Tabakerbin Nancy Reynolds gekauft hatte, renoviert wurde. Um dort möglichst ungestört wohnen zu können, kaufte sie außerdem noch das angrenzende zweieinhalb Hektar große Grundstück, damit niemand dort ein Haus bauen und ihr zu dicht auf die Pelle rücken konnte.

Ich war überzeugt, dass sie mich deshalb ins Chinarestaurant statt in ihre Hotelsuite bestellt hatte, weil sie die Presse, mich eingeschlossen, auf Abstand halten wollte. Aus dem gleichen Grund hatte sie auch ihren eigenen Fotografen mitgebracht, sodass ich G. Marshall Wilson, der bei unserem ersten Interview mit Diana Ross tolle Arbeit geleistet hatte, zu Hause lassen musste.

Meine erste Frage lautete, ob sie sich im friedlichen Einvernehmen von Motown getrennt habe. »Motown«, erwiderte sie ohne Umschweife, »ist meine Familie. Und das wird immer so bleiben. An meinem Verhältnis zu den Leuten dort hat sich nichts geändert. Sie wissen alles, was bei mir so läuft, und ich weiß alles, was bei ihnen so läuft.«

Da mir klar war, dass ihre Trennung von Motown nach so vielen Jahren einen entscheidenden Wendepunkt in ihrer Karriere darstellte, schob ich die Frage nach, wie sich dieser Schritt ihrer Ansicht nach auf ihre Arbeit auswirken werde. Ob sie jetzt mehr »ihre eigene Herrin« sein könne, was Entscheidungen anging, und falls ja, was sie anders machen wolle. Mit anderen Worten, würde die Öffentlichkeit eine andere Diana Ross erleben?

Nach einer langen Pause erwiderte Diana: »Ich denke, ich nehme meine Arbeit und meine Karriere jetzt ernster als je zuvor in den zwanzig Jahren, und das nur, weil ich in jeder Hinsicht viel mehr daran beteiligt bin. Sachen, um die ich mir vorher keine

Gedanken gemacht habe, keine Gedanken machen musste, Fragen, die ich vorher vielleicht nie gestellt habe, all das muss ich jetzt berücksichtigen. Ich denke, es ist ein natürlicher Prozess, wie erwachsen werden. Ich bin da angekommen, wo ich wirklich sein sollte, wo ich die Branche ein bisschen besser im Auge behalte – wer was macht und wer wen managt. Ich hoffe, die Leute, die mich in den letzten zwanzig Jahren beobachtet haben, werden das auch in den nächsten zwanzig Jahren tun können, und ich hoffe, die Veränderungen, die ich in Zukunft durchmache, wie die in der Vergangenheit, werden positiv sein.«

Als ich wissen wollte, warum sie nach den vielen Jahren in Beverly Hills, wo sich doch einige der erfolgreichsten Unterhaltungskünstler niedergelassen hätten, das sonnenverwöhnte Kalifornien gegen die Ostküste eingetauscht habe, sagte sie: »Ich wollte leben« und fügte dann erklärend hinzu: »In Kalifornien wurde ich allmählich zur Einsiedlerin. Ich bin eine junge Frau. Und da hockte ich die ganze Zeit zu Hause vorm Fernseher. Ich guck jetzt kein Fernsehen mehr. New York inspiriert mich. Es sorgt für einen ständigen Energienachschub. Ich schaffe hier viel. Ich habe Ideen, weil ich mit kreativen Leuten zusammen bin. In dieser Stadt ist nicht alles Showbusiness, und das finde ich interessant. Es hat nach meiner Scheidung anderthalb Jahre gedauert, bis ich wieder mit Männern ausgegangen bin. Jetzt lerne ich wenigstens Männer kennen, die interessant sind, Männer, die vielleicht mit mir klarkommen.«

Ich fragte natürlich nach, ob sie denn meine, es sei schwierig, mit ihr klarzukommen. »Ich bin einfach eine Frau, die unabhängig ist«, entgegnete sie. »Ich kann für mich entscheiden. Ich brauche keinen Mann an meiner Seite. Das wäre schön, aber es ist nicht unbedingt notwendig. Ich denke, ich bin eine gute Frau. Es geht mir gar nicht schlecht.«

Auf meine Frage, wie sie und ihr Exmann Robert Silberstein es geschafft hatten, sich scheiden zu lassen, ohne schmutzige Wäsche zu waschen und sich nach wie vor gut zu verstehen, erwiderte sie: »Das Jahr direkt nach der Scheidung war für uns beide schwierig, aber dann wurde unser Verhältnis richtig stark.

Unsere Kinder haben großes Glück, einen guten Vater zu haben. Ich kenne nicht viele Männer, die sich so liebevoll um ihre Kinder kümmern. Er ist ein ganz besonderer Mensch. Anderthalb Jahre nach unserer Scheidung hat er wieder geheiratet, und seine Frau ist furchtbar nett. Die beiden sind meine besten Freunde ...«

Dianas ungewöhnliche Offenheit ermutigte mich, eine Frage zu stellen, die ich mir bis zum Schluss aufgespart hatte: »Viele Ihrer Fans, die Ihre Karriere all die Jahre verfolgt haben, haben sich immer für Sie gefreut, wenn irgendetwas über Ihre langjährige enge Beziehung zum Motown-Boss Berry Gordy publik wurde. Sie haben selbst mal gesagt, dass Sie ihm Ihren Erfolg verdanken. Bedeutet Ihr Abschied von Motown nun, dass es für die Gordy-Ross-Geschichte kein Happyend geben wird?«

Diana, der das Thema offenbar nicht unangenehm war, antwortete ohne mit der Wimper zu zucken: »Ich glaube nicht, dass die Beziehung zwischen uns jemals zu Ende geht, und ich hab ihn wirklich schrecklich gern. Er bedeutet mir mehr, als eine romantische Verbindung mir bedeuten würde. Er ist wahrscheinlich der wichtigste Mensch in meinem Leben. Ich hänge sehr an ihm. Ich denke täglich an ihn, egal was ich tue. Wenn ich Entscheidungen zu fällen habe, denke ich immer, was würde Berry machen. Ich glaube, unsere Geschichte wird nie zu Ende gehen. Dafür ist unsere Beziehung zu einmalig.«

Zum Abschluss meines Interviews erlaubte ich mir die Bemerkung: »Na, dann sorgen Sie doch für ein richtiges Happyend und heiraten den Mann.«

»Das wäre natürlich die Lösung, nicht wahr?«, erwiderte sie. »Das wäre wie im Märchen, wo Beziehungen immer einfach und wunderbar erscheinen. Aber ein Märchen ist nun mal nicht real.«

Eines der wichtigsten Anliegen von *Ebony* war der systematische Abbau von negativen Klischees, mit denen viel zu viele Weiße ihre schwarzen Mitmenschen gern charakterisierten. Ob in der weißen Presse, im Theater oder im Film, Schwarze wurden unvermeidlich als faul, unwissend und unverbesserlich dargestellt. Dieses Vorurteil wurde durch Hollywoodfilme genährt, in denen Schwarze lächerliche Witzfiguren oder dienstbare Geister wie Kofferträger, Hausmädchen oder Köche spielten. Daher wundert es auch nicht, dass der allererste Oscar, der je an eine schwarze Schauspielerin ging, für eine solche Rolle verliehen wurde, nämlich an Hattie McDaniel für ihre Leistung als Mammy in dem Bürgerkriegsdrama *Vom Winde verweht*. Dass viele dieser alten Stereotypen entweder völlig verschwunden waren oder allmählich ausstarben, war zum Teil auch das Verdienst der *Ebony*-Redaktion, die nicht müde wurde, die Leistungen von Afroamerikanern in allen denkbaren Berufsbereichen bekannt zu machen. Zu den ausgestorbenen Klischees zählte unter anderem das besonders widerliche der so genannten »Blackfaces«, die schwarz geschminkten Gesichter, mit denen weiße Schauspieler Schwarze spielten, um den gewünschten komischen Effekt zu erzielen. Die Blackface-Nummern, wie sie vor allem der weiße Entertainer Al Jolson in den zwanziger Jahren und die Fernsehserie »Amos 'n' Andy« in den Fünfziger Jahren populär machten, waren praktisch von den Showbühnen verschwunden, als ich bei *Ebony* anfing – dachte ich zumindest.

Am 20. Januar 1981, am Tag, als Ronald Reagan das Amt des US-Präsidenten in Washington, D. C., antrat, wurde ich unsanft eines Besseren belehrt. Wie es bei der Johnson Publishing Company fester Brauch geworden war, nahm Mr Johnson in Begleitung seiner Frau und seiner Tochter Linda sowie einiger leitender Mitarbeiter der *Ebony*-Redaktion an den Feierlichkeiten teil, bei denen auch solche Superstars wie Frank Sinatra auftraten. Wir saßen in einer riesigen, voll besetzten Halle direkt vor der Bühne in einer reservierten Loge, für die mein Boss ein kleines

Vermögen hingeblättert hatte. Als ich mich umsah, fiel mir auf, dass wir die einzigen Schwarzen in einem Meer aus weißen Gesichtern waren, was aber anscheinend niemanden interessierte. Als der Ansager einen besonderen Auftritt des schwarzen Sängers, Schauspielers und Tänzers Ben Vereen ankündigte, starrten alle Augen gespannt auf die Bühne. Doch als der Künstler in Sicht kam, blickten plötzlich alle auf uns, zumindest kam es mir so vor. Ich sah mir den schwarzen Star genauer an und wollte meinen Augen nicht trauen. Dort, mitten auf der Bühne, vor Tausenden von weißen Leuten, stand Ben Vereen als – nicht zu fassen – »Blackface« geschminkt, dem verhassten, schlimmsten Symbol der Verhöhnung und Missachtung von Schwarzen, einem Relikt aus längst vergangener Zeit.

Natürlich war uns klar, dass die Menschen um uns herum gespannt waren, wie wir auf diese unglaubliche Taktlosigkeit reagierten. Da wir nicht im Erdboden versinken konnten und ein demonstrativer Abgang nur die Erwartungshaltung der Leute bedient hätte, blieben wir, wo wir waren, ignorierten die Blicke so gut es ging und ließen Ben Vereens Sketche auf der Bühne über uns ergehen. Der Künstler hatte eigentlich den legendären schwarzen Komiker Bert Williams nachahmen wollen, der Anfang der zwanziger Jahre mit »Blackface« auftrat, um die Weißen zu verulken. Die Nummer misslang Vereen gründlich. Irgendwie kam die Parodie nicht beim Publikum an, und als es endlich vorbei war, gab es nur dünnen Höflichkeitsapplaus.

Obgleich Vereens misslungene Blackface-Nummer von Schwarzen und Weißen überwiegend als Beleidigung für Schwarze aufgefasst wurde, war sie in gewisser Weise ein prophetischer Anfang für einen Präsidenten, der mit seiner harten Steuerpolitik so manchem Sozialprogramm den Todesstoß versetzte und der bekannt wurde für seine Gleichgültigkeit gegenüber den Interessen mittelloser Schwarzer.

Das Jahr 1981 endete mit einem traurigen Ereignis, das ein schwerer Schicksalsschlag für die Familie Johnson war und alle Mitarbeiter im Verlag zutiefst erschütterte. Kurz vor Weihnachten, am 20. Dezember 1981, starb John Harold jr., der geliebte

Adoptivsohn unseres Chefs, mit fünfundzwanzig Jahren an den Folgen von Sichelzellenanämie, an der er lange Jahre gelitten hatte. Genau wie die meisten meiner Kollegen, die schon eine halbe Ewigkeit bei JPC beschäftigt waren, hatte ich John Harold und seine Schwester Linda praktisch heranwachsen sehen, und mir ging der Tod des jungen Mannes besonders nahe. Als Vater konnte ich die schmerzliche Trauer unseres Chefs nachempfinden, als die kurze Ansprache, die er selbst verfasst hatte, auf der Beerdigung seines Sohnes verlesen wurde. Der Verleger brachte darin zum Ausdruck, dass John Harold trotz der Sorgen und Probleme, die seine schwere Krankheit bereitet hatte, für ihn als Vater eine unermessliche Bereicherung gewesen war.

Zwar zerstörte der Tod seine Hoffnung, wenn er sie denn gehegt hatte, dass sein Sohn eines Tages die Nachfolge im Verlagsimperium antreten würde, ebnete aber den Weg für den Aufstieg seiner Tochter Linda, die zur angemessenen Zeit als Geschäftsführerin von JPC und als Verlegerin in die Fußstapfen ihres Vater treten sollte.

Jesse Jackson

Eine der erfreulichsten und dauerhaftesten Beziehungen, die ich in meiner Zeit als Journalist knüpfen konnte, war die zu dem von vielen verehrten und von vielen verleumdeten Reverend Jesse Jackson. Seit er in Chicago zum Kopf der so genannten »Operation Breadbasket« (Brotkorb) ernannt worden war – einem Arm von Martin Luther Kings gewaltfreier Organisation SCLC, der »Christlichen Leitungskonferenz der Südstaaten« –, hatte der junge Pfarrer es sich zur Gewohnheit gemacht, immer mal wieder unangekündigt in der Redaktion von *Ebony* hereinzuschauen, um uns darüber zu informieren, was er mit seiner Bewegung als Nächstes plane, um für Schwarze die wirtschaftliche Situation und die Chancen auf dem Arbeitsmarkt zu verbessern. Diese spontanen Gespräche beim Lunch boten mir reichlich Gelegenheit, nicht nur den regen Verstand des Pfarrers, seinen unwiderstehlich deftigen Humor, seine kühnen und kreativen Problemlösungsstrategien kennen und schätzen zu lernen, sondern vor allem auch seine Chuzpe im Kampf gegen rassistische Zustände.

Nach Martin Luther Kings Ermordung und dem Bruch mit dessen Nachfolger gründete Jesse die Bürgerrechtsbewegung PUSH (People United to Save Humanity) und stieg rasch in die oberste Riege schwarzer Führungspersönlichkeiten auf. Doch im Gegensatz zu seinen Anhängern, die bis heute vorbehaltlos hinter Jesse und seiner Arbeit stehen, wurden immer wieder, auch vonseiten der Medien, kritische Stimmen laut, die ihm vorwarfen, größenwahnsinnig zu werden und stärker daran interessiert zu sein, Schlagzeilen zu machen, als den Armen und Unterdrückten zu helfen. Wir bei *Ebony* wussten, dass die Kritik, mit der Jesse überhäuft wurde, größtenteils mit Vorsicht zu genießen war, denn es lag auf der Hand, dass er mit seinen unerschrockenen Boykottaufrufen und Protestmärschen dem konservativen weißen Establishment ein Dorn im Auge war. Um Jesse die Chance zu geben, auf die Kritik zu reagieren, schlug ich ein ausführliches Interview mit ihm vor, und er stimmte zu.

Als ich ihm in seinem Büro bei PUSH in Chicagos South Side gegenübersaß und meine ersten drei Fragen abschoss, sprang er sichtlich verärgert aus seinem Sessel auf. »Aber das sind ja alles feindselige Fragen«, beschwerte er sich, sodass ich schon dachte, das Interview sei damit zu Ende.

»Stimmt«, gab ich zu, »aber das sind Fragen, wie ich sie da draußen tagtäglich zu hören bekomme. Wenn Sie sich den Fragen direkt stellen und sie freimütig beantworten, haben Sie so gut wie gewonnen.«

Jesse überlegte kurz und sagte dann: »Machen wir mit dem Interview weiter.« Auf meine Frage, was er den zahlreichen Kritikern entgegenhalten würde, die seine Kompetenz anzweifelten, ein breites Spektrum von Problemen anzusprechen, erwiderte er selbstbewusst: »Wenn Präsident Reagan, der keine so gute Ausbildung hat wie ich, der weniger weltgewandt ist und weniger

Erfahrung hat als ich, zu allen Themen etwas sagen kann, dann muss eine schwarze Führungspersönlichkeit ebenso gut vorbereitet sein. Ja. Ich bin Generalist, kein Spezialist. Ich bin ein Geistlicher des christlichen Glaubens, und ich beteilige mich an der Weltgemeinschaft von einem religiösen Standpunkt aus, der größere gesellschaftliche, wirtschaftliche und politische Gerechtigkeit anstrebt. Ich möchte das allgemeine Klima beeinflussen, die öffentliche Meinung formen, vor Entwicklungen warnen, die ich erkenne, und Schwarze im Besonderen und die breitere Gesellschaft im Allgemeinen über Menschenrechte und menschliche Werte aufklären. Ich bin kein Landwirtschaftsminister, der auf Baumwolle und Textilien spezialisiert ist. Ich muss in der Lage sein, auf die vielen Probleme von Schwarzen eine Antwort zu finden.«

Das einstündige Interview, das 1981 in der Juni-Ausgabe von *Ebony* erschien und Jesse auf die Titelseite brachte, stieß allenthalben auf Lob, weil es zeigte, dass der Bürgerrechtler durchaus imstande war, seinen Kritikern Kontra zu geben und seine Anhänger von seiner Aufrichtigkeit und seinem Engagement zu überzeugen.

Im Jahre 1984 machte Jesse Jackson weltweit Schlagzeilen, als er die Freilassung des in Syrien als Geisel festgehaltenen Marinefliegers Lieutenant Robert O. Goodman erwirkte. Im selben Jahr beschloss er, sein Glück auf der politischen Bühne zu versuchen, und bewarb sich um die Nominierung als demokratischer Präsidentschaftskandidat – nach der Kongressabgeordneten Shirley Chisholm das zweite Mal, dass ein Afroamerikaner ernsthaft das höchste Amt im Staate anstrebte. Da bot sich mir die einmalige Chance, seine Frau Jacqueline Jackson kennen zu lernen, die sich freundlicherweise zu einem Interview bereit erklärt hatte. Jackie, wie ihr Mann und enge Freunde sie nannten, war eine zierliche, nicht mal ein Meter sechzig große, lebhafte Frau, die ihren dynamischen Mann in einundzwanzig Jahren Ehe überwiegend als treue Gefährtin im Hintergrund unterstützt hatte. Sie war sein größter Fan und Mutter von drei Söhnen und zwei Töchtern im Alter zwischen acht und zwanzig Jahren. Alles andere als schüchtern, hatte sie genaue Vorstellungen von ihrer Rolle als zukünftige Bewohnerin des Weißen Hauses. Die Amerikaner, so ihre feste Überzeugung, hätten nicht nur einen ganz anderen Präsidenten als den ultrakonservativen Ronald Reagan verdient, sondern auch eine ganz andere First Lady. Ungeniert bezeichnete sie sich als genau die Richtige für letztere Position.

»Ich würde eine großartige First Lady abgeben«, sagte sie ohne einen Funken falscher Bescheidenheit. »Ich verstehe Amerika von unten nach oben, was mir eine ganz andere Perspektive ermöglicht als die der meisten First Ladys in der jüngeren Geschichte, die allesamt aus der wohlhabenden Oberschicht kamen«, erklärte sie.

Sie versprach, nicht in die traditionelle, eindimensionale First-Lady-Rolle zu schlüpfen, die sich darauf beschränkt, hin und wieder ein Wohltätigkeitsprojekt zu übernehmen und »den Trend für die Garderobe auf Cocktailpartys vorzugeben«. Als einzige Ausnahme von der Regel nannte sie Eleanor Roosevelt, die sich, so Jackie, nicht bloß wohltätig engagierte, sondern wie ihr Mann mit allen Facetten des Lebens auseinander setzte.

Mit Verweis auf ihre eigene unkonventionelle Ehe sagte sie, sie stimme ganz und gar nicht mit der populären Ansicht überein, die Ehe sei ein Fifty-Fifty-Projekt, bei dem sich beide Partner die Entscheidungsgewalt gleichberechtigt teilen sollten. »Emotionen lassen sich nicht halbieren«, erklärte sie. »Manchmal beträgt das Verhältnis vierzig zu sechzig, manchmal eins zu neunundneunzig. Ich kann mir einfach nicht vorstellen, dass ich das Essen koche und er den Abwasch macht oder umgekehrt. So läuft das bei uns nicht.«

Mit offenkundiger Freude erinnerte sie sich an den Tag, als ihr als Studentin am Agricultural and Technical College in North Carolina, einer traditionell schwarzen Hochschule, zum ersten Mal das gut aussehende Football-Ass Jesse Louis Jackson auffiel. Sie war auf dem Campus unterwegs, erzählte sie, und »plötzlich ruft mir der kräftige Bursche zu: ›He, du Hübsche, ich werde dich heiraten!‹« Die dreiste Bemerkung brachte sie derart aus dem Gleichgewicht, dass sie prompt in eine schlammige Pfütze trat und sich ihre nagelneuen schwarzen Wildlederpumps ruinierte. Trotz des nicht gerade glücklichen Auftaktes traf sie sich ein paar Mal mit ihm und fand bald heraus, dass die Sportskanone auch eine sensible Seite hatte, und ehe beide wussten, wie ihnen geschah, hatten sie sich ineinander verliebt. Es dauerte nicht lange, und die scherzhaft gemeinte Eheprophezeiung des jungen Mannes wurde Wirklichkeit.

Jackie Jackson, die sich engagiert für die Gleichberechtigung von Frauen einsetzte, war ganz und gar nicht der Ansicht, dass die Frauenbewegung »eine Sache der Weißen« sei. Schwarze Frauen, so sagte sie, könnten einen raschen Wandel bewirken, indem sie die Rollen von Frauen in der Arbeitswelt erweiterten, weil »wir unser ganzes Leben lang arbeiten«.

Sie versprach hoch und heilig, dass sie es sich, falls ihr Mann gewählt werden würde, zu einer ihrer wichtigsten Aufgaben machen wolle, sowohl schwarze als auch weiße Frauen und ihren Kampf um völlige Gleichberechtigung in diesem Land zu repräsentieren.

Da nicht ihr Mann, sondern der frühere Vizepräsident Walter Mondale zum Präsidentschaftskandidaten nominiert wurde, blieb Mrs Jacksons Traum, in der amerikanischen Politik mitmischen zu können, unerfüllt. Kurz nachdem mein Interview mit ihr in *Ebony* erschienen war, bedankte sie sich mit folgendem Brief:

Sehr geehrter Mr Massaquoi,
ich möchte Ihnen aus ganzem Herzen für Ihren hervorragenden Artikel über mich danken, der in der Juli-Ausgabe von *Ebony* erschienen ist.

Die positiven Reaktionen darauf waren überwältigend, vor allem von Frauen, die mir schrieben, wie gut sie sich mit meinen Erfahrungen als Hausfrau und Mutter identifizieren konnten. Das Feature war wirklich aufschlussreich, sogar für mich, und zeugte von einer Sachkenntnis, die ich bei nur wenigen Vertretern Ihrer Zunft erlebt habe.

Sie haben wieder einmal bewiesen, was für ein überragender Journalist Sie sind und dass Sie die Ihnen weltweit gezollte Anerkennung sehr wohl verdient haben. Nochmals danke, dass Sie es mir ermöglicht haben, Ihren Leserinnen und Lesern einige Glanzpunkte aus dieser faszinierenden und spannenden Phase des Lebens zu erzählen, das mein Mann und ich führen.

Herzlichst

Mrs Jesse L. Jackson

Knapp sechs Jahre später, in denen Jesse Jackson einen noch entschlosseneren, aber erneut erfolglosen Anlauf machte, Präsidentschaftskandidat zu werden, war er mein Retter in der Not, als ich dringend einen Freund brauchte.

Es war das Jahr 1990, und Namibia, die einstige deutsche Kolonie Deutsch-Südwestafrika, stand kurz davor, endlich auch noch die letzten kolonialen Fesseln abzustreifen, die ihm das von Weißen regierte Südafrika angelegt hatte. Wie bei etlichen afrikanischen Unabhängigkeitsfeiern zuvor schickte *Ebony* ein Reporter-Fotografen-Team, diesmal Moneta Sleet und mich, nach Windhoek, Namibias Hauptstadt, um über das historische Ereignis zu berichten. Vor unserer Abreise war uns von einer namibischen Kontaktperson versichert worden, dass uns jemand von der Pressestelle am Flughafen abholen und in ein Windhoeker Hotel bringen würde, wo für uns Zimmer reserviert worden seien.

Nach einer schier endlosen Reise um den halben Erdball mit einem kurzen Zwischenstopp in Johannesburg landeten Moneta und ich mit trüben Augen und hundemüde auf dem Windhoek Airport, wo uns außer einer glühenden Mittagssonne niemand empfing. Wir ließen uns nicht entmutigen und nahmen ein Taxi ins Stadtzentrum. Dort angekommen, erfuhren wir, dass die namibische Pressestelle den Tag über geschlossen war. Was sollten wir tun? Irgendjemand informierte uns, dass ein Eisenbahnwaggon in ein Notquartier für Journalisten umfunktioniert worden sei, allerdings war der Strom noch nicht angeschlossen worden, weshalb natürlich auch die Klimaanlage nicht lief. Zunächst wollten wir unser Glück in einem der zahlreichen Hotels in der Innenstadt versuchen, mussten uns aber sagen lassen, dass es leichter wäre, Gold zu finden, als ein freies Hotelzimmer. Anlässlich des großen Ereignisses am nächsten Tag waren Tausende von Würdenträgern in die Stadt geströmt und hatten sämtliche Hotels in Beschlag genommen.

Da uns drohte, die Nacht im Freien unter dem Tropenhimmel von Windhoek verbringen zu müssen, suchte ich verzweifelt nach einem Ausweg. Plötzlich fiel mir Reverend Jackson ein. Ich wusste, dass der Pfarrer in der Stadt war, um auf der Unabhängigkeitsfeier eine Rede zu halten. Wenn ich ihn ausfindig machen könnte, dachte ich, könnte er vielleicht seinen Einfluss einsetzen, um uns bei der Zimmersuche zu helfen. Es dauerte nicht lange, und ich wusste, in welchem Hotel er wohnte. Als wir mit dem Taxi dort eintrafen, rekelte er sich gerade mit seinem Sohn Jonathan am Swimmingpool. »Keine Sorge«, sagte er zu mir, nachdem ich ihm unsere missliche Lage geschildert hatte. »Solange ich ein Zimmer habe, habt ihr auch eins. Ich habe nämlich zwei, und ihr könnt eins davon haben.«

Noch heute wird mir mulmig bei dem Gedanken, was wohl aus uns geworden wäre, wenn der Pfarrer uns nicht geholfen hätte.

In seiner Ansprache, die er im Rahmen eines ökumenischen Dankgottesdienstes hielt, gab Reverend Jackson seinen Zuhörern, unter denen sich auch der kurz zuvor aus dem Gefängnis entlassene Nelson Mandela sowie Kirchenführer aus aller Welt befanden, die Mahnung mit auf den Weg, sich durch die Unabhängigkeitseuphorie nicht von den großen Aufgaben ablenken zu lassen, die noch bevorstanden. »Namibias wahre Unabhängigkeit hängt davon ab, ob es Nelson Mandela und seinem ANC gelingt, die Apartheid in Südafrika abzuschaffen«, erklärte er. »Erst mit dem Ende der Apartheid in Südafrika wird Namibia richtig unabhängig. Mandela erfreut sich einer größeren Unterstützung innerhalb des Landes als der Präsident [Frederik W. de Klerk] und einer größeren Glaubwürdigkeit auf der Welt als die gesamte Regierung, und trotzdem wird ihm das Wahlrecht verwehrt. Er ist auf freiem Fuß, aber nicht frei, und solange Südafrika nicht frei ist, ist auch Namibia es nicht.«

Die Worte des Pfarrers gingen mir noch nach, als wir später am selben Tag, wenige Stunden vor dem offiziellen Beginn der Unabhängigkeit, Zeuge wurden, wie ein weißer namibischer Polizist seinen deutschen Schäferhund auf eine Menge friedlicher Schwarzer hetzte. Sie hatten sich vor dem Kalahari Sands Hotel in Windhoek in der Hoffnung versammelt, ein paar Prominente zu Gesicht zu bekommen. Der Vorfall rief uns in Erinnerung, dass sich alte Gewohnheiten nur schwer ablegen lassen.

Reverend Jackson bot Moneta und mir an, mit ihm in einem Privatjet direkt nach Paris zu fliegen, statt die beschwerlichere Route über Johannesburg zu nehmen, und wir griffen dankbar zu. Am Flughafen begrüßte uns der frisch vereidigte namibische Präsident Sam Nujoma, der gekommen war, um sich persönlich von prominenten Gästen zu verabschieden. Obwohl seine Zeit drängte, gewährte mir der bärtige, ehemalige Rebellenführer ein kurzes Interview, in dem er genau wie Reverend Jackson die Notwendigkeit betonte, die Apartheid in Südafrika zu beenden.

Als Sleet und ich ohne die übliche Check-in-Prozedur, Pass- oder Gepäckkontrolle an Bord der Privatmaschine gingen, die Reverend Jackson von Gott weiß wem zur Verfügung gestellt worden war, erwartete uns eine weitere Überraschung, diesmal zum Glück eine angenehme. Statt eines gewöhnlichen zweimotorigen Jets der Marke Lear, wie wir erwartet hatten, betraten wir einen viermotorigen Jumbo mit einer geräumigen, mit allen Schikanen ausgestatteten Luxuskabine. Und statt der dicht an dicht gesetzten Reihen mit engen Sitzen, die lange Flugreisen zu einer Tortur machen, die man nicht mal seinem ärgsten Feinde wünscht, erwarteten uns bequeme Sitzgruppen mit viel Beinfreiheit, einige Privatsuiten und entlang den Außenwänden Betten, auf denen man sich ausstrecken konnte. Der Gipfel der Annehmlichkeiten war aber eine vollständige Crew von Schweizer Stewardessen, deren einziges Lebensziel darin zu bestehen schien, uns jeden Wunsch von den Augen abzulesen.

Als wir nach dem wohl unvergesslichsten Flug meines Lebens

in Paris landeten, bedankten Sleet und ich uns bei Reverend Jackson für seine freundliche Einladung und gingen unsere eigenen Wege. Während ich wieder mit gewöhnlichen Sterblichen in einer langen Schlange vor dem Check-in und der Passkontrolle anstand, um dann anschließend geduldig auf den Abflug meiner Maschine nach Chicago zu warten, wurde mir bewusst, dass ich zurück in der wirklichen Welt war.

Vier Jahre nach unserem Besuch in Namibia, am 29. April 1994, ereignete sich etwas, das nur wenige Menschen je für möglich gehalten hätten. Bei der ersten Wahl in Südafrika, bei der auch Schwarze ihre Stimme abgeben durften, wurde Nelson Mandela zum ersten schwarzen Präsidenten Südafrikas gewählt. Ich hatte nicht den geringsten Zweifel, dass der Sieg von Mandela – und damit die Befreiung von Millionen unterdrückter Schwarzer – nur deshalb so rasch gelungen war, weil die weiße Apartheidsregierung unter dem harten Druck der wirtschaftlichen und politischen Sanktionen nachgab, den schwarze Sympathisanten in den USA, darunter auch *Ebony*, ausgeübt hatten.

Harold Washington, der erste schwarze Bürgermeister von Chicago

Am 20. Dezember 1976 wurden die politischen Grundfesten von Chicago so gewaltig erschüttert, dass es noch Jahre später zu spüren war. An diesem Tag starb Richard J. Daley, der Bürgermeister mit der längsten Amtszeit, plötzlich und unerwartet an einem Aneurysma. Sein jäher Tod beendete die Diktatur der »irischen Mafia«, mit der er die Stadt seit seiner Wahl im Jahre 1955 fest im Griff hatte. Seinen Platz nahm ein fader Daley-Schüler namens Michael Bilandic ein, der nach besten Kräften versuchte, die Daley-Maschinerie in Gang zu halten, aber kläglich damit scheiterte, weil er weder so gerissen noch so einflussreich war wie sein verstorbener Mentor. Als er 1979 für eine Wiederwahl kandidierte, verlor er haushoch gegen seine Rivalin, eine temperamentvolle Irin namens Jane Byrne, weil ihm Tausende empörte schwarze Menschen in Chicago ihre Stimmen verweigerten. Zu Beginn des Jahres hatte Chicago einen der schlimmsten Winter in seiner Geschichte erlebt, als Schneestürme ganze Teile der Stadt lahm legten. Der Autoverkehr kam zum Erliegen, und die Menschen waren überwiegend auf die Nahverkehrszüge angewiesen, um zur Arbeit und wieder nach Hause zu gelangen. Es kam oft vor, dass Züge in weißen Stadtrandgebieten Passagiere aufnahmen, aber dann auf dem Weg ins Zentrum an den Bahnhöfen in schwarzen Siedlungen einfach durchfuhren, sodass die auf den verschneiten Bahnsteigen wartenden Menschen frustriert und wütend zurückblieben.

Den Sturm der Entrüstung, der in der schwarzen Bevölkerung von Chicago ausbrach, nutzte Kandidatin Byrne geschickt aus, indem sie Bilandic vorwarf, im Umgang mit der Katastrophe versagt zu haben. Doch Bürgermeisterin Byrne, die erste Frau, die auf den Posten gewählt wurde, enttäuschte die Erwartungen der Schwarzen in Chicago, denn im Rathaus blieb alles beim Alten: Die Weißen genossen die Privilegien, und die Schwarzen bekamen nur lauter leere Versprechungen, dass auch für sie bald bessere Zeiten anbrechen würden. Kein Wunder also, dass die Schwarzen auch von Bürgermeisterin Byrne bald die Nase voll hatten und all ihre Hoffnungen auf den bis dahin unbekannten, ehemaligen schwarzen Kongressabgeordneten Harold Washington setzten. Washington, der aussah wie der Weihnachtsmann und ein diabolisches Zwinkern in den Augen hatte, wurde nachgesagt, ein unwiderstehlicher Charmeur zu sein. Als Richard M. Daley, der Sohn des verstorbenen Bürgermeisters, bei der nächsten Wahl gegen Bürgermeisterin Byrne antrat, spalteten die beiden die weiße Wählerschaft der schwarz-weiß polarisierten Stadt und verhalfen Washington dadurch zum Sieg.

Kurz nachdem er 1983 zum ersten schwarzen Bürgermeister von Chicago gewählt worden war, stattete Washington der Johnson Publishing Company einen Höflichkeitsbesuch ab. In dem Gespräch mit uns versicherte er, dass er sich der enormen Verantwortung seines Amtes bewusst sei, und versprach, alles in seiner Macht Stehende zu tun, um das Vertrauen nicht zu enttäuschen, das die Schwarzen Chicagos in ihn gesetzt hatten. Schon bald wurde deutlich, dass er es ernst meinte, denn es wehte ein erfrischender politischer Wind durch die Stadt, der nicht nur in der Metropole am Michigansee, sondern auch darüber hinaus zu spüren war. Wie während seines Wahlkampfs versprochen, machte der charismatische Bürgermeister Schluss mit der im Rathaus gängigen Praxis, Schwarze vom Entscheidungsprozess, vor allem in Finanzfragen, systematisch auszuschließen. So wurden zum ersten Mal in der Geschichte der Stadt politische Beschlüsse gefasst und durchgesetzt, dass auch Unternehmen der in der Minderheit befindlichen Bevölkerungsgruppen – einschließlich der Schwarzen – bei der Vergabe lukrativer städtischer Aufträge entsprechend berücksichtigt wurden. Außerdem bereitete der reformfreudige Bürgermeister der Methode ein Ende, Stadtpolitik hinter verschlossenen Türen zu betreiben, und erinnerte seine Ratsmitglieder daran, dass Bürger das Recht hatten, über alles, was im Rathaus passierte, Bescheid zu wissen. Darüber hinaus stellte er sicher, dass bis dato vernachlässigte Schwarzenviertel endlich in den Genuss der ihnen zustehenden städtischen Dienstleistungen kamen.

Trotz eines ständigen Kampfes mit dem mehrheitlich weißen Stadtrat, der sich seinen Reformen hartnäckig widersetzte, gelang es Washington nach Ablauf seiner Amtszeit, genügend vernünftig denkende Weiße für seine Wiederwahl zu gewinnen. Am 25. November 1987, als er seinen Reformen gerade den letzten Schliff geben wollte, starb der inzwischen ungemein beliebte Bürgermeister an einem Herzinfarkt und ließ eine Stadt zurück, die sich durch ihn für immer verändert hatte.

Es war zwar nur ein unbedeutender Zufall, aber für mich dennoch ein Anlass zur Genugtuung, dass Bürgermeister Washington auf dem Friedhof Oakwoods beigesetzt wurde, wo rund sechzig Jahre zuvor meine deutsche Großmutter mütterlicherseits, Martha Baetz, ihre letzte Ruhestatt gefunden hatte. Sie war während eines Besuches bei ihren ausgewanderten Kindern in Chicago, etwa zur Zeit meiner Geburt, gestorben.

Mrs Does Coup

Zu den Begegnungen, die bei mir einen bitteren Nachgeschmack hinterließen, gehörte die mit Mrs Doe. Ihr Mann, der von US-Truppen ausgebildete Feldwebel Samuel Doe, stürzte am 12. April 1980 den liberianischen Präsidenten William R. Tolbert und ließ ihn und sein Kabinett brutal ermorden. Der Putsch gipfelte in den grausigen öffentlichen Hinrichtungen von Liberias Regierungsmitgliedern. Die Nachricht von dem Massaker war für mich ein besonders schwerer Schock, da sie in mir die Angst um meine Verwandten in Liberia schürte. Unter ihnen war auch mein Bruder Morris, dessen Unfähigkeit, in bestimmten wichtigen Augenblicken den Mund zu halten, für mich schon lange Anlass zur Sorge gewesen war. Zum Glück erwiesen sich meine Befürchtungen als unbegründet, denn meinen Angehörigen war kein Haar gekrümmt worden.

Etliche Jahre später rief mich Alex Gbaye, der liberianische Konsul in Chicago und ein guter Freund von mir, in »einer dringenden Angelegenheit« an.

»Ich muss dich um einen großen Gefallen bitten«, sagte er atemlos. Er erzählte, man habe ihn soeben telefonisch aus Monrovia davon in Kenntnis gesetzt, dass Liberias First Lady, Mrs Samuel Doe, am nächsten Mittag in Chicago eintreffe und dass er für sie und ihre vierzig Personen umfassende Entourage einen VIP-Lunch arrangieren solle. Der Haken, so Alex, sei aber, dass er einfach nicht die dafür nötigen Mittel habe. »Und da bist du mir eingefallen«, sagte er. »Vielleicht kannst du Mr Johnson fragen, ob er Interesse hätte, den Lunch bei euch im Verlag auszurichten.«

Ich sagte Alex, ich würde Mr Johnson fragen und ihm Bescheid geben, sobald ich eine Antwort hätte. Ohne Zögern erklärte Mr Johnson sich einverstanden – unter einer Bedingung. Da er selbst am nächsten Tag nicht in der Stadt und Liberia nun mal das Land meines Vaters sei, so argumentierte er, wäre es nur logisch, wenn ich bei Liberias First Lady den Gastgeber spielte.

In Erinnerung an die Gräueltaten, die ihr Mann in Liberia begangen hatte, hielt sich meine Gastfreundschaft gegenüber Mrs Doe in Grenzen, aber ich machte gute Miene zum bösen Spiel. Das Gefühl beruhte anscheinend auf Gegenseitigkeit, denn ihre Exzellenz verzog kaum den Mund zu einem Lächeln, als ich sie am Haupteingang begrüßte, nachdem sie und ihr Gefolge den Limousinen entstiegen waren.

Ich eröffnete den Lunch mit der Vai-Begrüßung »Yakuneh«, das einzige Wort aus der Stammessprache meines Vaters, an das ich mich noch aus meinen zwei Jahren in Liberia erinnern konnte, und spürte förmlich, wie sich meine Gäste für mich erwärmten. Doch von da an ging es bergab. Jeder Versuch von mir, mit unserem Ehrengast ins Gespräch zu kommen, verlief im Sande, denn außer einem gelegentlichen Ja oder Nein war der Lady nichts zu entlocken. Alex Gbaye hatte mich vorgewarnt, Mrs Doe habe keine Schule besucht und sei nicht der Gesprächigsten eine, doch für eine First Lady auf Staatsbesuch, dachte ich, grenzte ihre Unfähigkeit, auch nur die geringste Freundlichkeit zum Ausdruck zu bringen, ans Absurde.

Zum Glück ging, wie die meisten Torturen, auch dieses Essen einmal zu Ende. Zum krönenden Abschluss von Mrs Does Besuch erhielten die Damen unter den Gästen in unserer *Fashion Fair*-Kosmetikabteilung eine Beratung und Schminktipps, und ein Fotograf machte Porträtaufnahmen von Mrs Doe. Nachdem sie mehrere Stunden geduldig ausgeharrt hatten, bis auch das letzte Gesicht verschönert war, zogen unsere Besucherinnen, beladen mit Geschenken von *Fashion Fair*, schließlich von dannen.

Es wunderte mich nicht, dass wir von Mrs Doe nie auch nur ein Wort des Dankes für die Gastfreundschaft erhielten, die wir ihr und ihrem Gefolge hatten zuteil werden lassen.

»Goodwill« in Moskau (1986)

Eine der bedeutenden Initiativen, die dazu beitrugen, den Kalten Krieg zu beenden, waren die so genannten »Goodwill Games«, eine internationale Sportveranstaltung, die der Medienmogul Ted Turner mit aktiver Unterstützung von Sowjetführer Michail Gorbatschow in Moskau ins Leben rief. Dank meiner Freundschaft mit Xernona Clayton Brady, Vice President von Turner Broadcasting System und Witwe meines ehemaligen Bosses beim Magazin *Jet*, erhielt ich eine Einladung zu den Spielen. Ich war Mitglied einer Delegation von Afroamerikanern, darunter auch Lawrence Douglas Wilder, Vizegouverneur (später Gouverneur) von Virginia, Diane E. Watson, Senatorin von Kalifornien, und Johnny L. Ford, Bürgermeister von Tuskegee in Alabama. Da ich nie zuvor in der Sowjetunion gewesen war, sagte ich sofort zu, froh über die Chance, meinen Horizont erweitern zu können.

Während unserer Woche in der sowjetischen Hauptstadt scheuten unsere russischen Gastgeber keine Mühe, um uns den Aufenthalt so angenehm wie möglich zu machen. Doch die allgegenwärtige Miliz und die strenge Beobachtung durch finster dreinblickende Soldaten waren eine ständige Erinnerung an Russlands jüngste totalitäre Vergangenheit. Als wir im riesigen Cosmos Hotel eincheckten, fiel mir auf, dass auf jeder Etage eine alte Frau mit mürrischer Miene und Kopftuch neben dem Aufzug saß und uns misstrauisch beäugte. Die Damen kamen mir vor wie der Hadeswächter Zerberus, obwohl mir schleierhaft war, welche Funktion sie hatten. Einer meiner Reisegefährten meinte, die Frauen sollten aufpassen, dass die Hotelgäste keinen unerlaubten Besuch mit aufs Zimmer nahmen, doch jemand vom Hotelpersonal klärte mich später auf: Die älteren »Wächterinnen« waren kein Hinweis darauf, dass das Hotel sich wegen der Moral seiner Gäste Gedanken machte, sondern stellten in erster Linie eine behördlich verordnete Arbeitsbeschaffungsmaßnahme für Leute dar, die ansonsten arbeitslos wären.

Nachdem Ted Turner uns am nächsten Morgen begrüßt hatte,

fuhr unsere Gruppe mit Bussen zum Moskauer Stadion, wo wir von unseren reservierten Plätzen aus zusahen, wie Vorsitzender Gorbatschow die Spiele mit einer kurzen Ansprache auf Russisch eröffnete. Da ich 1936 als Zehnjähriger die Olympischen Spiele in Berlin mit ihrem Aufgebot an Megastars gesehen hatte, war ich von der Qualität der Spiele nicht sonderlich beeindruckt. Umso interessanter fand ich Moskau, wo es allerhand zu sehen gab.

Bei Bummeln durch die Straßen fielen mir die finsteren Gesichter der Moskowiter auf, als wäre das Leben für sie ein großes Tal der Tränen. Doch der Eindruck wandelte sich rasch, als unsere Reisegruppe einen Ausflug in ein Restaurant auf dem Lande machte, wo die Genossen, nachdem sie offensichtlich kräftig dem Wodka zugesprochen hatten, mir vor Augen führten, dass sie auch eine ausgesprochen heitere Seite hatten, denn sie überboten sich gegenseitig mit Späßen und Witzen. Als ich auf dem Rückweg nach Moskau die freundlichen Birkenwälder sah, konnte ich mir kaum vorstellen, dass so viele von meinen deutschen Klassenkameraden, Freunden und Bekannten in diesem jetzt so friedlichen Land vor gar nicht so langer Zeit ihr Leben in dem brutalen Krieg verloren hatten, den ein Wahnsinniger vom Zaun gebrochen hatte.

Auf einer Stadtrundfahrt mit dem Bus durch Moskau sahen wir lange Warteschlangen vor Geschäften, in denen die Menschen solche Raritäten wie ein Stück Fleisch zu ergattern hofften. Statt zuzugeben, dass Lebensmittelknappheit herrschte, versuchte unsere Reiseführerin uns weiszumachen, die Leute warteten lediglich darauf, dass die Läden öffneten. So viel zum Thema *Glasnost*.

Bei der Besichtigung der berühmten Basileus-Kathedrale bestaunte ich die zahlreichen bunten Zwiebeltürme, spazierte dann über den riesigen Roten Platz, wo die Sowjets noch vor kurzem auf den mit viel Tamtam inszenierten Paraden zum ersten Mai ihre Militärmacht zur Schau gestellt hatten. Meine nächste Station war das Lenin-Mausoleum vor der Kremlmauer, wo eine endlose Touristenschlange geduldig darauf wartete, einen kurzen

Blick auf den angeblich noch gut erhaltenen einbalsamierten Leichnam des Revolutionärs zu werfen. Da ich mir nicht stundenlang die Beine in den Bauch stehen wollte, verzichtete ich auf diese einmalige Gelegenheit und schlenderte stattdessen durch den Hof des Kremls, der, wie ich erfuhr, seit dem Ende des fünfzehnten Jahrhunderts das Machtzentrum Russlands ist.

Zu den ungewöhnlichsten Stätten, die ich in Moskau sah, gehörten die Metrostationen, die im Gegensatz zu den nichts sagenden Betonröhren, die wir aus den USA und anderswo in Europa kennen, reich verzierte, mit Marmor geflieste Paläste sind. Bei ihrem Anblick fragte ich mich unwillkürlich, was die doch als genügsam geltenden Genossen sich wohl gedacht haben mochten, dass sie so eine Pracht für nötig hielten. Als ich mich verwundert über ungewöhnlich frische Luft da unten äußerte, klärte uns unser Touristenführer darüber auf, dass die Moskauer Metro dank des Einbaus eines revolutionären (soll kein Wortspiel sein) Belüftungssystems die sauberste Luft von allen U-Bahnen auf der ganzen Welt habe.

Auf einem gemeinsamen Einkaufsbummel erlebte ich, wie vor allem meine weiblichen Mitreisenden einen regelrechten Heißhunger auf Souvenirs entwickelten, der mich an die halb verhungerten, um Essen bettelnden Menschen im Nachkriegsdeutschland erinnerte. Zu den begehrtesten Dingen zählten kleine Gläschen Kaviar. Ohne sich von den horrenden Preisen abschrecken zu lassen, die für diese Miniportionen salziger Fischeier verlangt wurden, machten sich die Damen mit prallen Einkaufstüten voller Kaviar davon. Besonders beliebt bei ihnen war auch eine russische Eigentümlichkeit, nämlich die typischen Schachtelfiguren, die es in praktisch jeder Ausführung gab – Würfel, Mensch, Hund, Schwein etc. Wenn man die oberste Figur hochhob, kam ein genau gleiches, nur kleineres Exemplar zum Vorschein und so weiter, bis man sich fragte, ob das je aufhörte.

Höhepunkt der »Goodwill Games« war ein Entscheidungslauf zwischen US-Sprinter Carl Lewis und Ben Johnson aus Kanada. Als Johnson mühelos gewann, weigerte sich ein bockiger Lewis, den zweiten Platz auf dem Siegerpodest einzunehmen.

War ihm vielleicht entfallen, dass es bei der Idee der »Goodwill Games« gerade um ein friedliches Miteinander ging?

Alles in allem erwies sich mein Moskau-Besuch für mich als erfreuliche Lernerfahrung, auch wenn ich lediglich einen ersten flüchtigen Eindruck von dem gewonnen habe, was Russland wirklich ausmacht.

Ein unvergesslicher Geburtstag

Ich habe mein Lebtag schon viele Geburtstagspartys besucht, doch keine davon ist mir so im Gedächtnis geblieben wie die, zu der ich im Jahre 1989 eingeladen wurde. Im Frühling des Jahres überraschte mich das deutsche Generalkonsulat in Chicago mit der Anfrage, ob ich nicht Interesse hätte, zusammen mit einer ausgewählten Gruppe von Leuten den achthundertsten Geburtstag des Hamburger Hafens mit zu feiern. Der Hafengeburtstag, so wurde mir erklärt, war ein alljährliches Spektakel zu Ehren der seefahrerischen Tradition Hamburgs, das mit einer dreitägigen Party begangen wurde und Tausende von Zuschauern aus aller Welt anlockte. Da ich nicht zu den Leuten gehöre, die sich etwas Gutes entgehen lassen, ergriff ich die Gelegenheit beim Schopfe, meiner alten Heimatstadt mal wieder einen Besuch abzustatten.

Nachdem ich mit der Lufthansa nach Hamburg geflogen war und eine komfortable Hotelsuite nicht weit vom Stadtzentrum bezogen hatte, meldete sich eine nette Dame vom Hamburger Fremdenverkehrsbüro bei mir, die mir eröffnete, dass sie mir für den ersten Tag vor der Geburtstagsfeier als Dolmetscherin und Stadtführerin zur Verfügung stehe. Da ich noch immer einigermaßen fließend Deutsch spreche und mich in Hamburg gut auskenne, konnte ich mir nicht vorstellen, dass ich sie brauchen würde. Doch sie entpuppte sich schon bald als unentbehrlich, da sie mich zu den diversen Schauplätzen bringen konnte, wo ausländische Besucher willkommen geheißen wurden. Unsere erste

Station war der Alsterpavillon am berühmten Jungfernstieg, wo wir uns zu einer Gruppe von über zwanzig Gästen aus dem Ausland zu einem kleinen Umtrunk gesellten. Von dort ging es zum Hamburger Rathaus, wo uns ein Vertreter der Stadt offiziell mit einer kleinen Ansprache begrüßte. Ich trat auf den Balkon über dem Haupteingang, auf dem, wie ich als kleiner Junge in einer Wochenschau gesehen hatte, Adolf Hitler einem jubelnden Menschenheer zugewinkt hatte, das sich auf dem großen, damals nach ihm benannten Platz drängte. Noch immer konnte ich das Gebrüll der begeisterten Massen hören und ihre hingerissenen Gesichter sehen, obwohl der längst wieder umbenannte Rathausmarkt in Wirklichkeit ruhig und fast verlassen war. Schon allein bei dem Gedanken, an derselben Stelle zu stehen, wo nur wenige Jahrzehnte zuvor der Mann gestanden hatte, durch den Millionen ihr Leben verloren und der auch mein Leben bedroht hatte, lief mir ein kalter Schauer über den Rücken.

Nach einer kurzen Fahrt mit der Hochbahn zu den Landungsbrücken ging meine Begleiterin mit mir zu einem großen Fährboot, das am Kai lag. Sie erklärte mir, die Fähre stehe speziell uns Besuchern zur Verfügung, weil wir die für das Hafenfest geplanten Attraktionen, zum Beispiel die Parade majestätischer Segelboote, vom Wasser aus besser sehen könnten als inmitten der erwarteten Besuchermassen. Sie legte mir noch ans Herz, gut auf meinen Besucherpass Acht zu geben, und überließ mich daraufhin meinem Schicksal.

Als ich am nächsten Tag wieder zu dem Fährboot wollte, musste ich mich durch ein dichtes Menschengedränge schieben. Ganz Hamburg schien gekommen, um den achthundertsten Geburtstag seines Hafens zu feiern. Ich hatte zwar mit der ruhmreichen maritimen Vergangenheit des Hafens nur begrenzt zu tun gehabt, dennoch hatten er und die ganze Gegend drum herum in meinem Leben eine wichtige Rolle gespielt. Hier im Hafen hatte nämlich der amerikanische Frachter *Appleton Victory* gelegen, auf dem ich mich mit schwarzen amerikanischen Seeleuten anfreundete. Dieser Kontakt, aus dem sich ein lukrativer Zigarettenhandel auf dem Schwarzmarkt entwickelte, weckte schließlich in mir den fast schon besessenen Wunsch, nach Amerika zu gehen und in den Genuss der Annehmlichkeiten zu kommen, die nach meinem damaligen Verständnis den *American way of life* ausmachten: einen Jeep fahren, lässige Klamotten tragen und jede Menge zu essen und amerikanische Zigaretten zu rauchen haben. Hier im Hafen hatte ich auch meinen alten Freund »Yankee Werner« kennen gelernt, einen aus Deutschland stammenden US-Bürger, der mich unentwegt darin bestärkte, meinen amerikanischen Traum wahr werden zu lassen.

Da ich schon mal hier war, konnte ich nicht widerstehen, einen kleinen Spaziergang in die Vergangenheit zu machen, und schlenderte durch die Straßen in der Nähe, auf denen Werner und ich tagtäglich zielstrebig unseren »Geschäften« nachgegangen waren. Die Reeperbahn, die in ihrer Glanzzeit Stolz und Freude von Hamburgs Nachtschwärmern gewesen war und die Ralph Arthur Roberts mit dem von ihm komponierten Lied »Auf der Reeperbahn nachts um halb eins« unsterblich gemacht hatte, war noch weiter heruntergekommen, als ich sie aus meiner St. Pauli-Zeit in Erinnerung hatte. In dem einst ungeheuer populären Nachtclub Allotria alias Alkazar hatte ich in einer großen Tanzkapelle Altsaxophon gespielt und Gretchen, meine erste große Liebe, wiedergetroffen, die ich seit den Bombenangriffen auf Hamburg aus den Augen verloren hatte. Heute war er mit Rollläden verschlossen und offenbar dicht gemacht worden. Gleich nebenan in einem modernen Eroscenter machte eine neue Generation Frauen im ältesten Gewerbe der Welt der alteingesessenen, nur einen Block weiter liegenden Herbertstraße Konkurrenz.

Wieder zurück auf dem Deck der Fähre mischte ich mich unter die übrigen Gäste und schaute mir das beeindruckende Feuerwerk an, das den Abschluss des Hafenfestes bildete. Ein Vertreter der Stadt bedankte sich bei uns, dass wir Hamburg mit unserer Gegenwart beehrt hatten, und wünschte uns zum Abschied eine gesunde Heimreise. Bei seinen Worten musste ich innerlich schmunzeln, erinnerten sie mich doch daran, was für einen weiten Weg ich in den vier Jahrzehnten hinter mich gebracht hatte, seit ich 1948 das vom Krieg zerstörte Hamburg verlassen hatte. Der junge Bursche, der sich mit illegalen Geschäften durchs Leben schlug und stets vor der Polizei auf der Hut war, hatte sich in einen Mann verwandelt, der eingeladen wurde, um seine Heimatstadt durch seine Gegenwart zu beehren.

Die größte Kirche der Christenheit

Im September 1990 lud Charles Gomis, Botschafter der Elfenbeinküste in den USA, *Ebony* zu einer Pressereise nach Yamoussoukro, der Hauptstadt seines Landes, ein, um über ein, wie er versprach, historisches Ereignis von weltweitem Interesse zu berichten: die bevorstehende Einweihung der Basilika Notre Dame de la Paix durch Papst Johannes Paul II. Die größte Kirche der gesamten Christenheit, die gerade fertig geworden war und über einhundertfünfzig Millionen Dollar gekostet hatte, war ein persönliches Geschenk des fünfundachtzig Jahre alten Staatspräsidenten Félix Houphouët-Boigny an den Vatikan.

Mit Mr Johnsons Segen bestiegen unser Fotograf Moneta Sleet und ich das Flugzeug, das uns zusammen mit dem Botschafter und einem kleinen Kontingent amerikanischer Journalisten von New York zur Elfenbeinküste bringen sollte. Während des langen Fluges gab der nette Botschafter, der darauf bestand, dass wir alle Charles zu ihm sagten, uns ein paar Hintergrundinformationen zur Basilika. Er tat die hartnäckigen Gerüchte, der Präsident hätte den Bau der Kirche mit Regierungsgeldern und nicht, wie er behauptet hatte, aus eigener Tasche bezahlt, als blanken Unfug ab. Lange bevor er in die Politik gegangen sei, so erzählte der Botschafter, hatte Houphouët-Boigny mit dem Anbau und dem Export von Kakao, Kaffee und Ananas ein gewaltiges Vermögen gemacht. »Wenn er mit dem Geld Jagdbomber gekauft hätte«, so der Botschafter, »hätte kein Mensch was gesagt. Aber er wollte eine Kirche bauen, um sich bei Gott für all die guten Dinge zu revanchieren, die Er für ihn getan hatte. Was ist dagegen zu sagen?«

Wie dem auch sei, ich stellte rasch fest, dass die Einwohner der Elfenbeinküste bezüglich der Basilika ihres Präsidenten geteilter Meinung waren. Einige lobten sie begeistert als das schönste und dauerhafteste Liebes- und Friedenssymbol in Afrika, andere verurteilten sie als eine obszöne Geldverschwendung in einem von Armut gebeutelten Land und als den egozentrischen Versuch eines alten Mannes, sich Unsterblichkeit im Himmel und auf Erden zu erkaufen.

So umstritten die Basilika auch war, es strömten dennoch Tausende von Gläubigen in den frühen Morgenstunden aus den entlegensten Dörfern herbei, sei es mit Bussen, Pkw oder zu Fuß, um dabei zu sein, wenn der Papst dem neuen Gebäude seinen Segen erteilte. Nicht einmal die gewaltige Größe der Basilika, in der siebentausend Menschen in klimatisierter Luft bequem sitzen können, reichte aus, alle Menschen zu fassen, die gekommen waren, sodass Tausende die Feierlichkeiten draußen über Lautsprecher in dem von Säulen eingeschlossenen, riesigen Marmorhof verfolgen mussten. Im Anschluss an die Ankunft des Papstes in seinem bekannten, angeblich kugelsicheren »Papamobil« ging er nach einer längeren Ansprache auf Französisch zum Altar und las die Einweihungs-Messe. Während der Zeremonie, die ein strahlender Präsident und seine Gattin Mme Marie-Thérèse Houphouët-Boigny in der vordersten Reihe verfolgten, sorgten bunt gewandete Frauen vom Stamm der Baule für ein ausgesprochen afrikanisches Flair, indem sie um den Altar herum einen rituellen Tanz vollführten.

Allein von den Ausmaßen her stellte die neue Basilika, die der an der Elfenbeinküste geborene libanesische Architekt Pierre Fakhouri entworfen hatte, ein Ehrfurcht gebietendes Bauwerk dar. Die gigantische, fast dreihundert Tonnen schwere Kuppel schwang sich zu einer Höhe von hundertfünfzig Metern empor, gut zehn Meter höher als die Basilika des Petersdoms in Rom, und war damit die größte Kirche der Welt. In vier der zweihundertzweiundsiebzig riesigen Säulen, von denen die Kuppel getragen wurde, befanden sich futuristische Aufzüge, die zehn Personen auf einmal in Windeseile auf eine Höhe befördern konnten, von wo man einen phantastischen Blick über Yamoussoukro hatte. Während der Bau des Petersdoms, der 1615 vollendet wurde, hundertneun Jahre gedauert hatte, war die neue Basilika im Vergleich dazu »im Handumdrehen« fertig geworden. Rund fünfzehnhundert Arbeiter und Handwerker hatten drei Jahre lang rund um die Uhr in zwei Schichten geschuftet, um den vom Präsidenten gesetzten Termin – September 1990 – einzuhalten.

Aus Sicht der Einwohner der Elfenbeinküste hätte die Errichtung der neuen Basilika zu keinem ungünstigeren Zeitpunkt erfolgen können. Nach dem Absacken der Kakao- und Kaffeepreise auf dem internationalen Markt ging es mit der Wirtschaft des Landes unaufhaltsam abwärts, nachdem die Konjunktur dank der klugen Politik von Houphouët-Boigny über viele Jahre stabil gewesen war. Die Folge war ein rasanter Anstieg der Arbeitslosigkeit, der durch die Millionen Flüchtlinge noch verstärkt wurde, die aus den Nachbarländern ins Land strömten. Dort, unter anderem auch in dem vom Krieg verwüsteten Liberia, war die Lage katastrophal.

Einige Monate zuvor hatten Studenten in einer Großdemonstration gegen die Sparmaßnahmen der Regierung und gegen Präsident Houphouët-Boignys Führungsstil protestiert. Zwar erfreute er sich nach wie vor großer Beliebtheit, weil er die ehemalige französische Kolonie in einen der fortschrittlichsten und blühendsten Staaten Afrikas verwandelt hatte, doch viele seiner Landsleute fanden, dass nach dreißig Jahren Houphouët-Boigny die Zeit für einen Machtwechsel gekommen sei. Der Bau der sündhaft teuren Basilika, deren jährliche Instandhaltungskosten auf eine Million Dollar geschätzt wurden, hatte die Unzufriedenheit im Volke noch verstärkt.

Einige der Kritiker des Präsidenten, mit denen ich sprach, beteuerten, gläubige Katholiken zu sein. Einer von ihnen, ein junger Lehrer, sagte, da die meisten der zwölf Millionen Einwohner Nichtchristen seien (dreiundsechzig Prozent Animisten und fünfundzwanzig Prozent Muslime) und die Katholiken nur zehn Prozent der Bevölkerung ausmachten, sei eine so große katholische Kirche wirklich nicht erforderlich, schon gar nicht in einer

Zeit, wo eine Verbesserung der wirtschaftlichen Lage nicht in Sicht sei.

Viele seiner Landsleute, sowohl Katholiken als auch Nichtkatholiken, teilten seine Auffassung, doch genauso viele verteidigten die Kirche ihres Präsidenten. In den Augen vieler war es nichts als die altgewohnte rassistische Afrikaschelte, wenn in der europäischen und amerikanischen Presse so herablassende Kommentare wie »die Basilika im Busch« zu lesen waren.

»Alle großen Kirchen in den USA und in Europa, der Petersdom eingeschlossen, wurden erbaut, obwohl die Menschen drum herum in Armut lebten, und trotzdem wird ihnen große Bewunderung zuteil«, klagte eine Studentin, »doch wenn wir Afrikaner mal eine wunderschöne große Kirche bauen, heißt es gleich, wir sind Verschwender.«

Eine andere Frau gab zwar zu, dass es nicht gerade Houphouët-Boignys beste Idee war, die Basilika zu bauen, da er aber so viel für die Elfenbeinküste getan habe, sei sie bereit, ihm zu verzeihen, das viele Geld ausgegeben zu haben. Andere meinten, es gebe nichts zu verzeihen. Es sei sein Geld, sagten sie, und damit könne er tun und lassen, was er wolle. »Und gibt es etwas Besseres«, so fragten sie, »als das Geld für etwas auszugeben, das den Ruhm des Herrn zum Ausdruck bringt?«

Wie auch immer die Menschen an der Elfenbeinküste zu der Kirche stehen, die ihnen ihr Präsident hinterlassen hat, der drei Jahre nach der Erfüllung seines Traumes starb, die Basilika Notre Dame de la Paix ist heute nicht nur ein bedeutender Anziehungspunkt für Christen, sondern auch eine beliebte Attraktion für Touristen auf dem afrikanischen Kontinent. Somit könnte man sagen, dass Houphouët-Boignys Geld (oder das der Regierung) alles in allem doch gut angelegt war.

Reingefallen

Eine meiner weniger bekannten Tätigkeiten bei *Ebony* war meine monatliche Kummerkasten-Kolumne, in der ich ohne Namensnennung unter dem Titel »Der *Ebony*-Ratgeber« auf Leserbriefe antwortete und vernünftige Tipps zu allen möglichen Problemen gab, als da wären: Was soll die Frau tun, wenn der Ehemann sie schlägt, oder: Wie lassen sich aufsässige Kinder bändigen? Meine Antworten fußten auf gründlicher Recherche und wurden wenn nötig kompetenten Fachleuten vorgelegt. Als ich die Kolumne übernahm, trat ich damit in die Fußstapfen eines weltberühmten Mannes, nämlich Martin Luther King, der auch schon mal eine Ratgeber-Kolumne für *Ebony* geschrieben hatte.

Das folgende Beispiel ist eine typische Frage, wie sie an den *Ebony*-Ratgeber gerichtet und von mir beantwortet wurden.

Lieber Ratgeber,
kürzlich bin ich auf Hinweise gestoßen, dass ich unehelich bin. Meine Eltern wollen es nicht zugeben. Ich hab sie schon öfter darauf angesprochen, aber vergeblich. Da ich inzwischen erwachsen bin, finde ich, dass ich ein Recht auf die Wahrheit habe, wie schlimm sie auch für mich ist. Es verletzt mich sehr, dass ich nie darüber aufgeklärt wurde, und das Leben mit dieser Ungewissheit geht über meine Kraft. Bitte helfen Sie mir!

B.A.N., Baltimore, Maryland.

Liebe/Lieber B.A.N.,
leider haben Sie nicht geschrieben, warum Sie denken, dass Sie »unehelich« sind. Es wäre immerhin möglich, dass Sie entgegen Ihrer Vermutung gar nicht unehelich sind. Aber auch wenn sich Ihr Verdacht bestätigen sollte, unehelich geboren zu sein, ist es weder eine Schande noch ergeben sich daraus für Sie rechtliche Nachteile. Selbst wenn Ihre Eltern noch heute nicht verheiratet wären, müssten Sie sich keine Sorgen machen. In den meisten Staaten der

USA, einschließlich Maryland, sind alle Kinder, ob die Eltern nun verheiratet sind oder nicht, vor dem Gesetz gleich.

Doch selbst abgesehen vom rechtlichen Status Ihrer Geburt hätten Sie keinen Grund zu verzweifeln. Es gibt zahllose unehelich geborene Amerikaner, die ein ehrbares und produktives Leben führen. Letzten Endes ist nicht entscheidend, ob die Eltern einen Trauschein haben oder nicht, sondern ob sie ihren Kindern Geborgenheit und Liebe geben.

Je beliebter die Kolumne im Laufe der Jahre wurde, desto mehr Spaß bereitete es mir, hilfreiche Tipps in leicht verständlicher Sprache zu geben. Nie wäre ich auf den Gedanken gekommen, dass der Kummerkasten nicht nur Spaß machen, sondern auch gefährlich werden könnte. Die Gefahr kam in Form eines Leserbriefes mit folgendem beängstigenden Inhalt:

Lieber Ratgeber,
ich habe Aids. Niemand weiß es. Ich gehe jetzt häufiger in Nachtclubs, um neue Männer kennen zu lernen. Ich finde, ich bin ein wunderbarer Mensch, und ich kann es immer noch nicht fassen, dass ich Aids habe. Ich schlafe mit vier Männern pro Woche, manchmal noch mehr. Ich habe bisher mit achtundvierzig Männern geschlafen, darunter auch einige verheiratete. Ich finde, wenn ich schon an einer schrecklichen Krankheit sterben muss, dann nicht allein. Ich weiß, was ich da mache, ist nicht richtig. Können Sie mir sagen, was mit mir nicht stimmt? Warum habe ich keine Schuldgefühle?

C. J., Dallas, Texas

Da der Brief weder mit einem vollständigen Namen unterschrieben war noch einen Absender trug – was wir ansonsten bei allen Briefen an den Ratgeber verlangten –, war mein erster Impuls, ihn in den Papierkorb zu werfen. Doch da mich der entsetzliche Inhalt nicht mehr losließ, beschloss ich, den Brief mit der folgenden Antwort abzudrucken:

Liebe C.J.,
kein wunderbarer Mensch würde so vielen unschuldigen Menschen absichtlich Leid und schließlich Tod zufügen. Doch es wäre schon eine gründliche psychiatrische Untersuchung erforderlich, um sagen zu können, warum Sie sich wie ein Serienkiller verhalten, ohne Reue zu empfinden. Deshalb kann ich statt eines guten Rates auch nur an den letzten Rest Gutes in Ihnen appellieren, Ihre Racheaktionen auf der Stelle einzustellen und sich einer Aids-Behandlung und Psychotherapie zu unterziehen. Ich habe mich entschieden, Ihren beängstigenden Brief zu veröffentlichen, um all diejenigen, die sich noch immer gern auf ein schnelles sexuelles Abenteuer mit Unbekannten einlassen, vor Leuten wie Ihnen zu warnen, die keine Skrupel haben, andere in Todesgefahr zu bringen.

Auch wenn mir jemand mit dem Brief einen Bären aufbinden wollte, so sagte ich mir, konnte meine Antwort ja wohl keinen Schaden anrichten. Das dachte ich zumindest. Aber von wegen: Kaum war das Magazin im Handel, brach die Hölle los. Die Telefone bei *Ebony* standen nicht mehr still, denn unzählige besorgte Menschen wollten mehr über die Frau erfahren, die Aids verbreitete. Reporter von Presse, Rundfunk und Fernsehen rissen sich um ein Interview mit dem verantwortlichen Redakteur des *Ebony*-Ratgebers. Als der Trubel überhand nahm, zitierte Mr J mich in sein Büro und warf mir das Problem sozusagen vor die Füße. »Sie haben uns die Suppe eingebrockt«, sagte er, »nun löffeln Sie sie gefälligst auch aus. Von jetzt an kümmern Sie sich um alle Anrufe, die wir wegen C. J. kriegen.«

Ich war eindeutig der Gelackmeierte. Über eine Woche lang kam ich zu nichts anderem mehr, als mich mit Leuten herumzuschlagen, die wegen der »Aids-Krise von Dallas« anriefen, sodass ich schließlich den Augenblick verfluchte, in dem ich den Abdruck des Briefes von C. J. oder überhaupt Journalist zu werden beschlossen hatte.

Ganz Texas, wo sämtliche Medien über die Aids-Verbreiterin

berichteten, stand unter Schock. Aber sogar außerhalb von Texas machte die Story vom Aids-Racheengel Schlagzeilen. Die *New York Times* berichtete in ihrer Ausgabe vom 1. Oktober 1991 unter der Überschrift »Angebliche Rächerin löst Aids-Hysterie aus«, dass der Moderator einer Radio-Talkshow behauptet hatte, zwei Jahre zuvor einen identischen, mit C. J. unterschriebenen Brief erhalten zu haben, weshalb er überzeugt sei, dass der Brief gelogen sei.

Schließlich fand die Polizei von Dallas heraus, dass der bei *Ebony* eingegangene Brief aus der Feder einer fünfzehnjährigen Schülerin stammte, die die Geschichte erfunden hatte, um das Bewusstsein für die Aids-Gefahr zu schärfen, weil ein Freund ihrer Familie an der Krankheit gestorben war.

»Dass so etwas so einen Wirbel auslösen kann, hätte ich nicht für möglich gehalten … ganz Texas war in Panik«, sagte eine Mitarbeiterin vom Gesundheitsamt in Dallas.

Und Ray Hawkins, Polizeichef von Dallas County, meinte: »Eins ist jedenfalls klar geworden: Aids ist ein sehr reales Problem. Vielleicht hat die ganze Geschichte ja doch etwas Gutes bewirkt.«

George Foreman

»Ich rede nie länger als eine Stunde«, warnte Schwergewichtschampion George Foreman mich gleich, als mein Fotograf Vandell Cobb und ich im Glutsommer 1995 auf seiner über hundert Hektar großen Ranch bei Marshall, Texas, erschienen, um ein Interview mit ihm zu machen. Im Jahr zuvor hatte der fünfundvierzigjährige Hundertzwanzig-Kilo-Mann ein Wunder vollbracht: Er war in der Geschichte des Boxsports der älteste Kämpfer geworden, der sich die Schwergewichtskrone zurückholte, indem er den sechsundzwanzig Jahre alten Weltmeister Michael Moorer in der zehnten Runde mit einer krachenden Rechten außer Gefecht gesetzt hatte. Der Schlag besiegelte nicht nur Moorers Niederlage, sondern zerstörte auch die landläufige Ansicht, Boxer mittleren Alters könnten sich alle Ambitionen auf einen Weltmeistertitel im Schwergewicht abschminken und sollten lieber mit ihren Enkeln spielen oder Golf lernen.

Ebonys Interesse an Foreman war nicht nur dadurch geweckt worden, dass er sich von einem abgehalfterten Champion, der seinen Titel zwanzig Jahre zuvor an Muhammad Ali abgeben musste, urplötzlich zu einem Sportler gemausert hatte, der im Ring wieder eine führende Rolle spielte. Noch interessanter für uns war seine erstaunliche Verwandlung von einer aggressiven, durchtrainierten Kampfmaschine mit buschiger Haarpracht in einen pummeligen, knuddeligen und glatzköpfigen schwarzen »Mr. Proper«-Verschnitt, der mit Fernsehwerbung viel Geld verdiente.

Der Champion, der mit uns auf der Veranda seines Hauses saß, wischte sich den Schweiß vom glänzenden Schädel und dachte über meine Fragen nach. Was war der Grund für seinen Wandel? Nach einer langen Pause sagte er: »Meine Kinder!« Er hatte insgesamt neun aus fünf Ehen, im Alter von fünf bis zweiundzwanzig Jahren, darunter vier Jungs, die wie ihr Dad alle George Edward hießen.

»Ich musste mit gutem Beispiel vorangehen«, erklärte er. »Ich hab an die ganzen Sachen gedacht, mit denen ich mir als Jugendlicher Ärger eingehandelt habe – die Prügeleien in der Schule, dauernd versuchen, möglichst knallhart zu sein, bloß kein Bücherwurm. Und da hab ich mir überlegt, ich sorge dafür, dass meine Kinder nicht in die gleiche Falle tappen wie ich damals. Also hab ich eines Morgens zu ihnen gesagt: ›Lächelt, Kinder, denn die Welt ist nicht gegen euch.‹ Und das habe ich immer wieder gepredigt, es richtig angepriesen, und schließlich hab ich es mir selbst angewöhnt. Ich wusste, dass meine Kinder mich im Fernsehen sehen, und wenn ich da ein mürrisches oder böses Gesicht aufgesetzt hätte, hätten sie gesagt: ›Du hast gelogen, Dad.‹ Also musste ich ständig lächeln, nicht nur, weil ich es richtig fand, sondern auch für meine Kinder, die genau aufpassen, was ich mache.«

Foremans Antwort brachte mich auf den wohl verwirrendsten Aspekt seiner Vaterschaft. Wieso in aller Welt hatte er allen seinen Jungs seinen eigenen Namen gegeben? Seine ausführliche Erklärung hörte sich so ungewöhnlich an wie die Idee selbst.

»Ich wollte, dass meine Jungs etwas haben, was ihnen niemand mehr wegnehmen kann«, sagte er, »und ich dachte, gib ihnen einen Namen, der ihnen Halt geben kann, wenn sie Probleme haben oder die Orientierung verlieren, der auch noch ihren Kindeskindern Halt gibt, wenn die mal die Orientierung verlieren, auf den sie zurückgreifen können. Ich wusste nicht, wer mein richtiger Vater ist, und hab's erst 1976 erfahren«, fuhr er fort. »Nachdem ich den Titel an Muhammad verloren hatte, hab ich erfahren, dass ich noch einen anderen Vater hatte als den, den ich für meinen Vater hielt. Ich hab ihn besucht und mich gut mit ihm verstanden, bis er 1978 starb. Deshalb wollte ich meinen Jungs etwas geben, woran sie sich gegenseitig erkennen.«

Foremans fünfte Frau, die dreißigjährige, aus St. Louis stammende Mary (die er Joan nannte) unterbrach uns kurz, um ihrem Mann etwas Kaltes zu trinken zu bringen, jedoch ohne uns dieselbe Freundlichkeit zu erweisen. In seiner 2001 erschienenen Biographie *By George* bezeichnete er seine Frau, mit der er seit zehn Jahren verheiratet war, als »die Antwort auf meine Gebete. Sie kreuzte meinen Weg, als ich sie brauchte, und gab mir den schönsten Grund zu leben – und das Leben zu lieben.«

Foreman, der mittlerweile sehr religiös geworden war, erzählte mir von einem tiefgreifenden Erlebnis, das ihn 1977 veranlasste, die Boxhandschuhe an den Nagel zu hängen und damit auf die Dollar-Millionen zu verzichten, die er hätte verdienen können, und sich zu schwören, niemals wieder in den Ring zu steigen. Nachdem er im brütend heißen San Juan in Puerto Rico nach mörderischen zwölf Runden gegen Jimmy Young nach Punkten verloren hatte, sei er, so erklärte er, »in der Umkleidekabine gestorben«, aber wieder zum Leben erwacht, nachdem er – ein erklärter Atheist – sich zu Gott bekannte. Er hatte bei dem Kampf keine Blessuren davongetragen, und dennoch, so sagte er, sei ihm Blut aus Stirn, Händen und Füßen gesickert. »Jesus ist in mir lebendig geworden«, habe er dann geschrien und sei dem Ruf Gottes gefolgt und gläubiger Christ geworden. Er wurde Prediger, gründete in einem armen Stadtteil von Houston die nicht konfessionsgebundene »Kirche des Herrn Jesus Christus« und reiste als Evangelist durchs Land, um das »Wort des Herrn zu verbreiten«.

Da er nur noch Gott dienen wollte, so sagte Foreman, änderte er sein aufwendiges Leben auf der Überholspur und trennte sich von seiner Flotte Luxuskarossen, seinen diversen Häusern, dem Tiger und dem Löwen, die er als Haustiere hielt, und einer ganzen Reihe Groupies. Er flog auch nicht mehr erster Klasse. »Wieso soll ich erster Klasse fliegen, wenn ich für vierhundert Dollar weniger mit derselben Maschine in derselben Zeit ans Ziel komme?«, argumentierte er.

Foremans Entscheidung, zehn Jahre später wieder in den Ring zu steigen, hatte einen entschieden prosaischeren Grund als bei seinem Abschied vom Boxen. Er sagte, ihm sei einfach das Geld ausgegangen, um weiter das »George Foreman Youth and Community Development Center« zu finanzieren, ein von ihm in Houston gegründetes Jugendzentrum mit Sporthallen für Basketball, Gewichtheben und Boxen sowie einer Bibliothek, mit dem er Jugendliche von der Straße holen wollte. Da er das viele Geld, das zur Erhaltung der Einrichtung erforderlich war, nur mit Boxen verdienen konnte, sagte er, habe er sich zu dem schweren Schritt durchgerungen, denn er wollte die Kids auf keinen Fall im Stich lassen.

Bevor wir uns von dem Champion verabschiedeten, führte Foreman uns noch seine Reitkünste vor, indem er im Sattel eines Pferdes seine aus hundert Tieren bestehende Rinderherde zusammentrieb – für uns Beweis genug, dass wir von diesem erstaunlichen, vielseitigen Mann noch einiges hören würden.

Ihre Exzellenz Frau Botschafterin

Im Mai 1995 schrieb Lindiwe Mabuza Geschichte, als sie Südafrikas erste schwarze Botschafterin in Deutschland wurde und damit auch als erste Frau diesen Posten bekleidete. Ihre Ernennung in das hohe diplomatische Amt bildete den krönenden Höhepunkt eines nahezu zwanzig Jahre währenden, selbst auferlegten Exils als Hauptrepräsentantin des inzwischen regierenden »Afrikanischen Nationalkongresses« (ANC), zuerst in Schweden, dann in den USA. Während ihrer langen Zeit im Ausland setzte sie sich entschlossen dafür ein, die Apartheid in Südafrika in die Knie zu zwingen, indem sie gegen jegliche Form von Handelsbeziehungen mit dem Regime vehementen Widerstand organisierte.

Ich hatte mir unter der Botschafterin, deren Ruf als ehemalige ANC-Aktivistin allgemein bekannt war, eine knallharte, sachlich-kühle Frau vorgestellt. Doch die Dame, die meinen Fotografen Moneta Sleet jr. und mich im Frühjahr 1996 in ihrem geräumigen Büro in der südafrikanischen Botschaft in Bonn begrüßte, war überraschend sanft, freundlich und charmant.

Dass Botschafterin Mabuza, was ihre Ziele anging, weder sanft noch zurückhaltend war, bestätigten mir später die Leute, die tagtäglich mit ihr zusammenarbeiteten. Von ihnen erfuhr ich, dass sich hinter ihrem freundlichen Auftreten eine eigenwillige Frau verbarg, die nicht nur genau wusste, was sie wollte, sondern auch, wie sie es bekam. Im Augenblick, so erzählte sie mir, wollte sie vor allen Dingen, dass Deutschland Südafrika die Beachtung zukommen ließ, die ihre Heimat verdiente. Deutschland sei zwar bereits der zweitgrößte Handelspartner Südafrikas (nach den USA), doch sie sei überzeugt, dass es noch erheblich mehr Spielraum für Handel und Investitionen gebe. Um dieses Ziel zu erreichen, war sie ständig per Dienstwagen, Zug oder Flugzeug quer durch Deutschland unterwegs, um im Interesse ihres Heimatlandes Freunde und einflussreiche Partner zu gewinnen.

Ihre Bemühungen trugen bereits erste Früchte. Sechs Monate zuvor war ihr ein diplomatischer Schachzug gelungen, als sie

Bundeskanzler Helmut Kohl, der selten ins Ausland reiste, auf einer wichtigen Handelsmission nach Südafrika begleitete. In den wenigen Monaten, die sie im Amt war, so gestand die Botschafterin, habe sie Deutschland und seine Menschen schon richtig ins Herz geschlossen. Bisher hatte sie alle Gespräche mit Deutschen auf Englisch geführt, doch die sprachbegabte Mabuza, die obendrein Zulu, Afrikaans und Schwedisch sprach, hatte sich fest vorgenommen, auch noch einen Intensivkurs in Deutsch zu absolvieren.

»Egal wo auf der Welt ich eingesetzt werde, es ist immer eine große Ehre für mich, ein Vertrauensvotum meines Landes«, sagte sie, »aber was für ein Glück ich mit meinem Beruf habe, habe ich erst gemerkt, als ich an den Rhein kam, mit Bonn, wo Beethoven geboren wurde, mit seinen Legenden, seiner romantischen Landschaft und den freundlichen Menschen.«

Soweit ich das beobachten konnte, beruhten die positiven Gefühle auf Gegenseitigkeit. Die zwanglose und herzliche Art, mit der die Botschafterin auf Menschen zuging, die sie häufig spontan umarmte, statt ihnen förmlich die Hand zu schütteln, machte sie rasch zum Liebling in den diplomatischen Kreisen Bonns und auch darüber hinaus.

»Was für eine charmante und intelligente Frau!«, hörte ich einen deutschen Beamten nach einem von zahlreichen Empfängen flüstern, die zu Ehren der Botschafterin stattfanden. Der Anlass war ein Empfang im Karlsruher Rathaus, wo sie sich ins Goldene Buch eintrug, eine Ehre, die für gewöhnlich Staatsoberhäuptern und anderen Prominenten vorbehalten war. Den Mann, dem das Lob entfahren war, hatte die improvisierte Rede beeindruckt, in der die Botschafterin versiert auf die besondere Bedeutung einging, die Karlsruhe als Sitz des Bundesverfassungsgerichts zukommt. Sie sagte, das Gericht, das ein wichtiges Instrument bei Deutschlands Umwandlung von einer Diktatur in eine Demokratie war, könnte Südafrika auf seinem Weg in den Rechtsstaat Nützliches lehren.

Die Botschafterin war sich schmerzlich bewusst, dass die lediglich zwei Schwarzen in ihrem Personal, das sich aus fünfundzwanzig Südafrikanern und zusätzlich fünfunddreißig Deutschen zusammensetzte, nicht gerade repräsentativ waren für ein Land, in dem die schwarze Mehrheitsregierung endlich Wirklichkeit geworden war. Doch daran, so erklärte sie, sei aufgrund bestehender Arbeitsverträge zumindest fürs Erste nichts zu ändern. Nichtsdestoweniger konnte die nicht gerade dezente Symbolik einer schwarzen Afrikanerin, die sich in farbenfroher afrikanischer Kleidung von einem weißen Chauffeur in einem dicken Mercedes mit der deutlich sichtbaren südafrikanischen Flagge durch Bonn kutschieren ließ, den Deutschen kaum entgangen sein. Als ich die Botschafterin daran erinnerte, wie grotesk es doch sei, dass sie, eine schwarze Frau, jetzt ausgerechnet in einem Land, das noch vor kaum mehr als fünfzig Jahren der Nährboden des Nazirassismus war, der das brutale Apartheidsystem inspirierte, ein Mensch mit hohem Prestige und Ansehen sei, meinte sie trocken, das sei »ausgleichende Gerechtigkeit«.

Der erste schwarze Vier-Sterne-Admiral

Im Dezember 1996 wurde J. Paul Reason durch seine Beförderung zum Vier-Sterne-Admiral der höchstrangige afroamerikanische Marineoffizier in der Geschichte der USA. Damit holte die US-Navy endlich die Air Force ein, die schon 1975 ihren ersten schwarzen Vier-Sterne-General hervorgebracht hatte, sowie die Army, die das 1982 getan hatte. Admiral Reason übernahm das Kommando über die Atlantikflotte – etwa die Hälfte der US-Navy –, also alles in allem 124 000 Männer und Frauen von Navy und Marine Corps, 26 Admirale, 195 Kriegsschiffe und 1357 Flugzeuge auf 18 größeren Stützpunkten an der Küste. Als CINCLANTFLT (Navy-Jargon für »Commander in chief, Atlantic Fleet«) verwaltete der Admiral einen Jahresetat von 19,5 Milliarden Dollar und war verantwortlich für sämtliche Flottenaktivitäten vom Nordpol bis zum Südpol, in der Karibik und den Gewässern um Mittel- und Südamerika, im Norwegischen Meer, dem Grönlandmeer, der Barentsee und den Meeren um Afrika bis zum Kap der Guten Hoffnung.

1998 besuchte ich den Admiral, einen Riesen von ein Meter fünfundneunzig, in seinem Flottenhauptquartier in Norfolk, Virginia. Eine Armada von atomgetriebenen Flugzeugträgern, Kreuzern, Amphibienschiffen und Unterseebooten demonstrierte beeindruckend, was mit den Dollars der amerikanischen Steuerzahler gemacht wird, doch zeigte sich ausgerechnet der Admiral selbst von diesem Arsenal am wenigsten beeindruckt. Als ausgebildeter Atomingenieur und vehementer Befürworter der Verjüngung und Modernisierung von Ausrüstung und Abläufen der Navy hielt er nicht nur das Arsenal für veraltet, sondern auch die Arbeitsweisen.

»Ich denke, die Navy muss sich gewaltig umstellen, wenn sie auf das nächste Jahrhundert vorbereitet sein will, denn nicht nur unsere Ausrüstung für den Seekrieg, auch unsere Taktiken stammen zum großen Teil noch aus dem Zweiten Weltkrieg«, erläuterte er. »Die Schiffe unterscheiden sich kaum von den Schiffen, die wir vor fünfzig Jahren hatten. Die meisten sind zwar neu, aber wir müssen sie anders einsetzen. Wir müssen unsere Leute an moderner Ausrüstung ausbilden. Wir installieren Computer auf den Schiffen, aber die Schiffe wurden nicht für den Einsatz von Computern gebaut. Also müssen wir eine Umgebung schaffen, wo wir mit weniger Leuten auskommen. Ein Flugzeugträger mit einer Besatzung von sechstausend Männern und Frauen kostet den Steuerzahler eine gewaltige Stange Geld, aber durch weniger Personal und mehr Technologie können wir die Kosten verringern.«

Auf meine Frage, wie es um das Verhältnis von Schwarz und Weiß unter seinem Kommando bestellt sei, erwiderte er: »Ziemlich genau so wie überall im Land. Die Atlantikflotte ist bloß ein Mikrokosmos des gesamten Spektrums unseres Landes. Leichter wäre die Frage: Was tue ich für die Chancengleichheit? Und die Antwort darauf lautet: Alles, was mir das Gesetz erlaubt! Bei mir hat jeder befehlshabende Offizier die Verantwortung für die Stimmung der Leute unter seinem Kommando. Und die jeweiligen Vorgesetzten der diensthabenden Offiziere müssen unter anderem bewerten, wie gut diese die Chancengleichheit umsetzen.«

Als ich von dem Admiral Näheres über die Diskriminierungen wissen wollte, die er angeblich auf der Marineakademie in Annapolis erlitten hatte, wo er 1965 seinen Abschluss machte, wurde er verschlossen. »Als Schwarzer kommt man nicht durchs Leben, ohne Opfer von Diskriminierung zu werden«, sagte er knapp, »aber solche Vorfälle müssen nicht unbedingt schlimme Erfahrungen sein. Ich bin nie körperlich verletzt worden. Ich habe keine Situation erlebt, die ich nicht bewältigen konnte.«

Dann wurde der Admiral wieder gesprächiger und gab ein paar lustige Anekdoten zum Besten, die er mit seinem Mentor erlebt hatte, Admiral Hyman G. Rickover, dem so genannten »Vater des Atom-U-Bootes« und dem ersten Juden, der es in der Navy zum Admiral brachte. Er erzählte mir auch von den zwei Jahren, die er, damals noch Korvettenkapitän, im Weißen Haus unter Präsident Carter Marineattaché war. Jimmy Carter war selbst ehemaliger Marineoffizier und Experte für Atom-U-Boote. Präsident Bill Clinton schlug schließlich seine Beförderung zum Vier-Sterne-Admiral vor. Der Admiral berichtete, dass er seit dreiunddreißig Jahren glücklich verheiratet und stolzer Vater eines Sohnes und einer Tochter sei. Dann fügte er hinzu, dass sein Sohn, genau wie er Absolvent der Navy-Akademie in Annapolis, in seine Fußstapfen getreten sei und derzeit als Marineleutnant diene.

Bei meinem Abschied gab mir Admiral Reason noch einen aufschlussreichen Rat für junge Leute, die zur Navy wollten, mit auf den Weg. Er unterstrich, wie wichtig es sei, Mathematik und Naturwissenschaften zu lernen, die Grundbausteine, wie er es nannte, um die bei der Navy verwendete Technologie zu begreifen, denn »die Navy besteht aus Maschinen, Flugzeugen, U-Booten und Schiffen und Pumpen und Generatoren und Turbinen«. Außerdem, so fügte er hinzu, sollten junge Leute ihre Kommunikationsfähigkeiten trainieren.

»Lernt gutes Lesen, lernt, mit Computern umzugehen, lernt,

eure Gedanken klar und deutlich zu vermitteln«, lautete sein Rat. Gute Kenntnisse in Mathematik und Naturwissenschaften und die Fähigkeit, effektiv zu kommunizieren, sagte er abschließend, »sind der Schlüssel zu einer steilen Karriere als Marineoffizier«.

Was Hänschen nicht lernt …

Das alte Sprichwort: »Was Hänschen nicht lernt, lernt Hans nimmermehr« mag ja durchaus seine Richtigkeit haben. Auf mich trifft es jedoch nicht zu, auch wenn ich Hans heiße. Im reifen Alter von sechzig Lenzen lernte ich, die Komplexität eines Computers zu beherrschen – eine Leistung, die mich selbst am meisten verblüffte.

Seit Jahren beobachtete ich mit Ehrfurcht und einem gehörigen Maß an Desinteresse das Heraufziehen des Computerzeitalters. Computer, so meine Meinung, waren etwas für ein Team von Fachleuten bei uns im Verlag, die unsere Abonnenten verwalteten, oder für verschrobene Wissenschaftler, die in ihrer eigenen Cyberwelt lebten – jedenfalls nichts für Journalisten, die mit beiden Beinen mitten im Leben standen.

Ich klammerte mich an diese Überzeugung, bis die Führungsetage uns davon in Kenntnis setzte, dass die gesamte Redaktion an mehreren Seminaren teilzunehmen habe, um den Umgang mit einem IBM-Computer zu erlernen, damit wir für die geplante Umstellung von elektrischen Schreibmaschinen auf Computer gerüstet seien. Ziel der Maßnahme war die Rationalisierung und Beschleunigung des Schreib- und Bearbeitungsprozesses und damit die Senkung der Produktionskosten. Das hieß nichts anderes, als dass Journalisten fortan ihre Artikel am Computer zu schreiben hatten. Mit anderen Worten, ob es mir passte oder nicht, das Computerzeitalter hatte mich endlich eingeholt und klopfte an meine Tür, um mich ins zwanzigste Jahrhundert zu zerren, so heftig ich mich auch mit Händen und

Füßen wehrte. Meine erste Reaktion war Panik, denn jetzt würde ich zugeben müssen, dass es da etwas gab, dem ich einfach nicht gewachsen war. Auch nach einigen Computerkursen bei einem IBM-Spezialisten war ich mehr denn je überzeugt, dass ich es nie schaffen würde, einen Artikel am Computerbildschirm zu schreiben statt wie gehabt auf der Schreibmaschine. Dennoch machte ich mir Unmengen Notizen für den Fall, dass vielleicht doch noch ein Wunder geschah und ich den Dreh rauskriegen würde.

Eines Morgens, als ich ins Büro kam, stand ein nagelneuer Computer, fertig angeschlossen und einsatzbereit, auf meinem Schreibtisch. Als ein Mitarbeiter aus der Versandabteilung kam, um meine nicht mehr angeschlossene und angeblich veraltete elektrische Schreibmaschine abzuholen, sagte ich: »Nicht so schnell! Lassen Sie sie hier, bis ich mich an das Ding da gewöhnt habe.«

Das »Ding da« war natürlich mein neuer Computer. Doch trotz aller Befürchtungen gelang es mir schon nach ein paar Wochen Herumprobiererei, mit meinem neuen Spielzeug Artikel am Computerbildschirm zu schreiben und druckfertig zu machen. Schon bald fühlte ich mich im Umgang mit meinem elektronischen Gerät sicher genug, um mich für immer von meiner treuen alten IBM Selectric zu trennen. Seitdem frage ich mich häufig, wie ich – sowohl beruflich als auch privat – je ohne Computer klargekommen bin.

Vom Regen in die Traufe

Als meine Jahre bei Johnson Publishing Company die dreißiger Marke überschritten hatten, wuchs in mir die Sehnsucht nach einem beschaulichen Leben im Ruhestand. Ich stellte es mir schön vor, selbst über meine Zeit bestimmen zu können, nichts Besonderes zu tun außer hin und wieder mit Katharine in irgendein exotisches Land zu reisen, alte Freunde in Deutschland zu besuchen, mit unseren beiden Welsh Terriern Quixote und Sancho eine Runde um den Block spazieren zu gehen und vielleicht meine Memoiren zu schreiben. Aber aus irgendeinem Grund schob ich es immer wieder hinaus.

Schließlich, im Januar 1997, nach über neununddreißig Jahren im täglichen Einsatz für die Johnson Publishing Company, dankte ich Mr J für seine unentwegte Unterstützung und die zahlreichen Möglichkeiten, die er mir während meiner langen Laufbahn als Journalist eröffnet hatte. Ich reichte meine Kündigung ein und nahm zwei Monate später zum Abschied eine goldene Uhr mit eingravierter Widmung entgegen, fest entschlossen, meinen Traum von einem Leben in Muße wahr werden zu lassen. Seitdem – und viel zu spät – habe ich die ernüchternde Feststellung gemacht, dass das Schreiben eines Buches jede Hoffnung auf einen beschaulichen Lebensabend zunichte machen kann.

Als mein Abschied von *Ebony* unwiderrufliche Wirklichkeit geworden war, sah ich mich plötzlich der bequemen Ausrede beraubt, die mir jahrzehntelang so gute Dienste geleistet hatte, nämlich dass ich vor lauter Arbeit einfach nicht ernsthaft daran denken könnte, meine Autobiographie zu schreiben. Doch unter dem anhaltenden Druck wohlmeinender Freunde, die mir seit Jahren in den Ohren lagen, endlich mit meinem Buch anzufangen, und dem noch stärkeren Druck meines eigenen Gewissens, das mich ständig bedrängte, es endlich zu tun oder mich endgültig von dem Gedanken zu verabschieden, gab ich schließlich nach. Ich tat, was ich vermutlich schon vor Jahren hätte tun sollen und was mir, wie ich rasch feststellte, ganz leicht fiel – nämlich mein Buch zu schreiben.

Doch bevor ich mich tatsächlich hinsetzte, tat ich zwei andere Dinge, die ich mir geschworen hatte nie wieder zu tun: 1) ein zweites Mal heiraten (die große Liebe meines Lebens, Katharine, die wunderbare und geduldige Frau, meine Stütze, meine beste Freundin und treue Gefährtin), und 2) von Chicago wegziehen und im Süden leben (New Orleans, Louisiana). In beiden Fällen musste ich lang gehegte, tief verwurzelte Vorurteile überwinden, die ich einer unangenehmen Scheidung nach vierzehn Jahren Ehe und den zwei Jahren bei der Army im rassistischen, lynchfreudigen Süden verdankte.

Nachdem wir schon zwei Jahrzehnte zusammenlebten, kam mir unsere Hochzeitsfeier in einer kleinen katholischen Kirche etwas übertrieben vor. Aber als Katholikin hatte Katharine darauf bestanden, es »richtig« zu machen, wie sie sagte, und ich hatte mich gerne gefügt. Als der Priester uns im Beisein von Katharines Familie und meinen Söhnen zu Mann und Frau erklärte und mich aufforderte, die Braut zu küssen, fühlte ich mich wie jeder verlegene Bräutigam, der in ein neues und aufregendes Leben aufbricht.

Dass wir nach New Orleans zogen, hatte für uns damals einen scheinbar logischen Grund. Wir fühlten uns zwar beide in Chicago sehr wohl, aber die schier endlosen und bitterkalten Winter nagten immer mehr an mir, sodass ich mich schon länger nach einem Leben in einem freundlicheren Klima sehnte. Nachdem wir kreuz und quer durch die Staaten gereist waren, um uns eine Gegend mit idealen Wetterbedingungen zu suchen, schlossen wir Kalifornien wegen der großen Entfernung zu meinen Söhnen aus und entschieden uns schließlich für New Orleans, Katharines Heimatstadt, wo ihre Mutter lebte und wo wir am malerischen Bayou St. John ein Haus fanden, das alles hatte, was wir brauchten und das unseren Geldbeutel nicht überstrapazierte.

Beim Schreiben meines Buches erlebte ich einen ziemlich schwierigen Start am Computer, denn die Suche nach den richtigen Worten, um meine häufig sehr persönlichen Erlebnisse wiederzugeben, gestaltete sich äußerst zäh. Dann tröpfelte es zunächst und strömte schließlich nur so aus mir heraus, als die Flut von Erinnerungen – dank meiner umfangreichen Notizsammlung – zurückkam. Fast über Nacht wurde ich süchtig nach dem Schreiben meiner Memoiren und – um eine häufige Leserreaktion auf das fertige Projekt zu zitieren – ich konnte einfach nicht mehr aufhören. Bevor ich wusste, wie mir geschah, hatte ich ein siebenhundert Seiten dickes Manuskript. Etwa zur selben Zeit rief mich mein deutscher Freund, der Autor Ralph Giordano, an und erzählte mir, er habe demnächst ein Gespräch mit einem bedeutenden Hamburger Verleger. Wenn ich ihm mein Manuskript rasch zuschicken würde, könne er dafür sorgen, dass es gelesen werde. Einige Tage nach Erhalt meines Manuskriptes teilte mir der Verleger mit, er sei interessiert an den deutschsprachigen Veröffentlichungsrechten und würde sich freuen, wenn ich den beiliegenden Vertrag unterschriebe.

Inzwischen hatte ich eine Literaturagentin, Sarah Lazin aus New York, damit beauftragt, sich um die Veröffentlichung meines Buches in den USA zu kümmern. Als sie hörte, dass ich vorhatte, einen Vertrag für die deutschsprachige Ausgabe meiner Autobiographie zu unterschreiben, riet sie mir, nicht so voreilig zu sein.

»Unterschreiben Sie niemals beim erstbesten Verleger, es könnte sich immer noch ein besseres Geschäft ergeben«, sagte sie und empfahl mir, meine Interessen in Deutschland von ihrem deutschen Subagenten vertreten zu lassen. Ich stimmte zu, und kurz darauf erfuhr ich von dem Subagenten, dass er einen weiteren Verlag gefunden habe, den Scherz Verlag im schweizerischen Bern, der mir ein erheblich lukrativeres Angebot machte. Als Profischreiber hatte ich meine Lebensgeschichte natürlich nicht nur aus rein altruistischen Gründen zu Papier gebracht. Ich hatte dabei auch im Auge, mir ein finanzielles Polster zu verschaffen, das es mir ermöglichte, auch in Zukunft auf gewisse lieb gewonnene Gewohnheiten nicht verzichten zu müssen: Ich wollte weiterhin drei Mahlzeiten am Tag essen, in einem Bett schlafen, ein Dach über dem Kopf haben, Auto fahren und mir so manch andere Annehmlichkeit gönnen können, die mir mit den Jahren wichtig geworden war. Also beschloss ich, dem Höchstbietenden den Zuschlag zu geben. Ich gab dem Hamburger Verlag noch eine Chance, mit dem Angebot vom Scherz Verlag gleichzuziehen, doch der Verleger war nicht dazu bereit, was ich nur so deuten konnte, dass er nicht davon überzeugt war, mit meinem Buch seine Investition wieder hereinzuholen. Ich entschied mich also für Scherz, wo man diesbezüglich keine Bedenken gezeigt hatte.

Im Gegenteil. Der Verleger von Scherz, Peter Lohmann, war so begeistert, dass er persönlich nach New Orleans kam, um mit mir die Einzelheiten des Projektes zu besprechen. Wir mussten uns vor allen Dingen einen Titel einfallen lassen, der in Deutschland funktionieren würde. Stundenlang zermarterten wir uns das Hirn, bis Lohmann schließlich vorschlug, mein Buch *Neger, Neger, Schornsteinfeger!* zu nennen, was mir in der Kindheit andere Kinder oft hinterher gerufen hatten. Zuerst war ich entsetzt. Das Wort »Neger« weckte in mir eine Fülle schmerzhafter Erinnerungen, und auch sein englisches Pendant *Negro* war bei Afroamerikanern in den USA genauso unbeliebt. Doch Lohmann meinte, wenn der Titel mit Anführungsstrichen als Zitat kenntlich gemacht würde, wäre er nicht beleidigend, er würde sogar noch stärker veranschaulichen, was ich als Kind durchgemacht hatte. Da ich keine bessere Idee hatte, erklärte ich mich zögerlich einverstanden.

Am 1. Oktober 1999 kam *Neger, Neger, Schornsteinfeger!* – mit dem Untertitel: *Meine Kindheit in Deutschland* – auf den deutschen Markt, und, wie es so schön heißt, der Rest ist Geschichte. Der Erfolg übertraf alle meine Erwartungen, denn binnen kurzem war das Buch auf der Bestsellerliste verschiedener Magazine, so vor allem auf der des *Spiegel.* Von heute auf morgen geriet mein Leben völlig aus den Fugen. Ständig wollten deutsche Medienvertreter in den USA ein Interview mit mir, darunter auch Korrespondenten der wichtigsten Radio- und Fernsehsender sowie Zeitschriften und Zeitungen. *Der Spiegel* schickte meinen alten Freund Helmut Sorge. Der Journalist John Kantara kam mit einem Kamerateam, um eine Dokumentation über mein Leben zu machen: »Und wir waren Deutsche – vom Überleben des Hans Jürgen Massaquoi und Ralph Giordano«. Die Dreharbeiten erstreckten sich über etliche Wochen und bescherten mir ein Wiedersehen mit meinem von seiner Krankheit gezeichneten Freund Muhammad Ali in seinem Haus in Michigan und mit Ralph Giordano, mit dem ich seit meiner Hamburger Zeit befreundet bin.

Auf Einladung des Scherz Verlages reiste ich mit Katharine zweimal nach Deutschland, um eine längere Buchtournee zu machen, die uns nach Hamburg, Berlin, München und Köln führte, wo ich Radio- und Fernsehinterviews gab, Bücher signierte und in Fernsehsendungen wie »B. trifft« und »Boulevard Bio« auftrat. In meiner Heimatstadt Hamburg nahm ich an einer gut besuchten Präsentation meines Buches im »Museum der Arbeit« in Barmbek teil. Zu meiner großen Überraschung befand sich das Museum in einem umgebauten Teil der ehemaligen New York Hamburger Gummiwarenfabrik, wo meine Mutter während des Krieges gearbeitet hatte. Ich selbst war zur selben Zeit in der Harburger Zweigstelle der Firma beschäftigt. Die alte, seltsam vertraute Umgebung nach so vielen Jahren wiederzusehen war ein emotional aufwühlendes Erlebnis, das ich nur schwer verkraften konnte.

Destined to Witness, die amerikanische Originalfassung meines Buches, erschien im Monat darauf. Im Jahre 2000 folgte erneut eine Tournee mit Lesungen, Talkshows, Büchersignieren und Interviews, denn ohne Publicity lassen sich Bücher nun mal nicht so gut verkaufen. Wie schon in Deutschland wurden Katharine und ich wieder zu Nomaden, die durch die USA reisten, um mein Buch bei möglichst vielen Menschen bekannt zu machen. Stationen unserer Reise waren Bryant Gumbles *Early Show* bei CBS in New York, die Harvard University Foundation in Cambridge, Massachusetts, das Holocaust Museum und die Library of Congress in Washington, D. C., das Museum of Tolerance in Los Angeles, das Anne Frank Project in Albuquerque, New Mexico, und in Albany, New York, die University of Illinois in Chicago, das Mount Holyoke College und das Holy Cross College in Massachusetts, die Florida International University in Miami und die Holocaust Center in Houston und in Atlanta.

Das Ergebnis meiner Werbebemühungen konnte sich durchaus sehen lassen, war aber kein Vergleich zu den Verkaufszahlen in Deutschland, wo der Erfolg von *Neger, Neger, Schornsteinfeger!* alle meine Erwartungen überstieg und das Buch drei Jahre lang auf verschiedenen Bestsellerlisten stand.

Eine der häufigsten Fragen, die mir in Interviews und nach Lesungen aus meinem Buch gestellt wurden, lautete: »Wie haben Sie es geschafft, die für Sie schwere Zeit damals in Deutschland nicht einfach nur zu überstehen, sondern auch an ihr zu wachsen?« Für mich liegt die Antwort auf der Hand: Mein Überleben verdanke ich in erster Linie meiner Mutter. Ohne ihre bedingungslose, unerschütterliche Liebe und Fürsorge, ohne das Klima der Geborgenheit, das sie für mich geschaffen hatte, wäre ich an dem Gift des Rassenhasses zugrunde gegangen, mit dem das ganze Dritte Reich durchdrungen war. Mein Überleben verdanke ich aber auch zum großen Teil dem Glück – dem schlichten, unverfälschten, unerklärlichen und häufig unverdienten Glück. Ohne dieses Glück hätten mich auch alle Überlebensinstinkte meinerseits nicht vor Hitlers Gaskammern oder dem Tod durch alliierte Bomben bewahren können, denen 41 000 meiner Hamburger Mitbürger zum Opfer fielen. Und es war pures Glück, dass die Front der Alliierten gegen Kriegsende so schnell vorrückte, dass Hitlers Gestapo, die kurz davor gestanden hatte, die »Endlösung« zum Abschluss zu bringen, plötzlich mit der eigenen Rettung beschäftigt war und ich praktisch unversehrt durch die Maschen im Netz der Geschichte fallen konnte. Nach dem Glück sollte ich vielleicht auch noch meinem Talent danken, aus jeder schlimmen Lage das Beste zu machen – wenn mir das Leben eine Zitrone reichte, machte ich Limonade daraus.

Irgendwie gelang es es mir immer, mich in den Menschen zu verwandeln, der gebraucht wurde und für den es eine Zukunft gab. So konnte ich in eine ganze Reihe von Rollen schlüpfen: Schlosser, Tourneemusiker, Zigarettenschmuggler und Schwarzmarkthändler, der sich als Amerikaner ausgab, Fallschirmjäger, Student, Journalist, Chefredakteur und schließlich Bestsellerautor. Ich glaube, diese etwas opportunistische Lebenseinstellung funktioniert bei mir deshalb, weil ich in jeder Phase meines Lebens – ob wichtig oder unwichtig – bei allem, was ich zu bewältigen hatte, immer mein Bestes gegeben habe.

Hinrich Wriede »kehrt zurück«

Die vielleicht unerwartetste Reaktion auf mein Buch kam in Form einer Postsendung, die fotokopierte Seiten aus der Zeitschrift *Quickborn* enthielt, die vom Hamburger »Verein für niederdeutsche Sprache und Literatur« herausgegeben wird. Zu meinem Erstaunen handelte es sich bei den siebeneinhalb Seiten um einen Nachdruck eines Kapitels meines Buches. In dem Kapitel schilderte ich, wie ich als Schüler der Käthnerkampschule in Barmbek von meinem Schulleiter, einem strammen Nazi namens Hinrich Wriede, schikaniert wurde. Wriede, so schrieb ich, war ein Vetter des bekannten norddeutschen Schriftstellers Gorch Fock (eigentlich Johann Kinau) und hatte sich selbst als Autor, vor allem in norddeutschen literarischen Kreisen, einen Namen gemacht.

Schulleiter Wriede machte keinen Hehl daraus, dass er meinen Anblick nicht ertragen konnte, denn meine Gegenwart war ein unübersehbarer »Schönheitsfleck« in seiner ansonsten rein arischen Schülerschaft, und so ließ er keine Gelegenheit ungenutzt, mir das Leben an der Käthnerkampschule schwer zu machen. Eine seiner zahlreichen rassistischen Schikanen gegen mich war zum Beispiel, dass er mir verbieten wollte, ein bestimmtes khakifarbenes Hemd zur Schule anzuziehen, weil es, wie er sagte, einem Hemd der Hiterjugend ähnelte, und wenn ich es trug, wäre das eine Verspottung der Naziuniform. Meine wehrhafte Mutter ließ sich allerdings durch das Verbot nicht beeindrucken, und ich durfte das Hemd so oft zur Schule anziehen, wie ich wollte.

Den mir zugesandten Auszügen aus meinem Buch ging ein plattdeutscher Artikel mit der Überschrift »Vergahn un vergeten?« (Vergangen und vergessen?) voraus, der mit den Initialen »bb« unterzeichnet war. Hier nun der Artikel im Original mit nachfolgender Übersetzung ins Hochdeutsche:

Af un an leest du Böker, de di nich loslaat. So is mi dat gahn mit dat Book *Neger, Neger, Schornsteinfeger!* von Hans Jürgen Massaquoi. De Autor is as Enkel von den liberianischen Konsul in Hamborg op de Welt kamen, leevt toerst in de vörnehme börgerliche Klass, finnt sick denn aver unvermodens mit sien Mudder mank de Barmbecker Arbeiter wedder. Dat is al leeg noog; man dat weer in de dörtiger Johren un de Nazis harrn dat Seggen un disse Hans Jürgen mit de dunkle Huut mank de düütschen »Arier» nix to lachen.

Dat ick över dit Book hier wat segg, hangt nich dormit tohoop, dat dor ok wat över Platt binnen steiht, man dormit, dat dor en Mann vörkummt, de in de Geschicht von uns Vereen en wichtige Rull speelt hett. Un he kummt hier vör as dat, wat he woll ok ween is: as Rassist, as Schoolmester, de en lütten Jung schikaneert, bloß dorüm, dat den sien Huut wat dunkler is.

Wo gaht wi mit so wat um? Verdrängt wi dat? Seggt wi, dat is lang vergahn un vergeeten? För de Opfer is dat nich vörbi un nich vergeeten. För mi is dat en Bispill, wo licht sick de Lev to Mudderspraak un Heimat ideologisch verbiestert un unminschlich ward. Un dat geiht uns sünnerlich vondaag wat an. Dorüm druck ick hier wat af ut dat Book *Neger, Neger, Schornsteinfeger!*.

bb

Hin und wieder liest man Bücher, die man nicht aus der Hand legen kann. So ist es mir bei dem Buch *Neger, Neger, Schornsteinfeger!* von Hans Jürgen Massaquoi ergangen. Der Autor wurde als Enkel des liberianischen Konsuls in Hamburg geboren und lebte zunächst im vornehmen Bürgertum, um bald darauf mit seiner Mutter im Arbeiterviertel Barmbek zu landen. Zu allem Übel spielte sich das in den Dreißigerjahren ab, als die Nazis an die Macht kamen, und unser Hans Jürgen hatte es mit seiner dunklen Haut unter den deutschen »Ariern« nicht leicht.

Aber dass ich hier über das Buch spreche, hat nichts damit zu tun, dass da etwas über Plattdeutsch drin steht, sondern dass darin auch ein Mann erwähnt wird, der in der Geschichte unseres Vereins eine wichtige Rolle gespielt hat. Und er wird als das dargestellt, was er vermutlich auch war: ein Rassist, der als Schulleiter einen kleinen Jungen piesackt, nur weil dessen Haut dunkler ist.

Wie gehen wir mit so etwas um? Verdrängen wir es? Sagen wir, das ist längst vergangen und vergessen? Für die Opfer ist es nicht vergangen und vergessen. Für mich ist es ein Beispiel dafür, wie leicht die Liebe zur Muttersprache und Heimat ideologisch fanatisch und unmenschlich werden kann. Und darüber müssen wir uns nach wie vor Gedanken machen. Deshalb drucke ich hier einen längeren Auszug aus dem Buch *Neger, Neger, Schornsteinfeger!* ab.

bb

Danke, »bb«, dass Sie einen »Pädagogen« entlarvt haben, der aus blindem rassistischen Fanatismus heraus einem wehrlosen Kind, nur weil dessen Haut ein paar Schattierungen dunkler war als die seiner Schulkameraden, schweres emotionales Leid zufügte.

Wriede, so erfuhr ich, war 1958 in Hamburg gestorben, als viel gepriesener Verfasser von plattdeutschen Theaterstücken, ohne dass ihm sein niederträchtiges Verhalten während der Nazizeit zum Nachteil wurde.

Nach der Veröffentlichung meines Buches erhielt ich aus New York einen Anruf von einer Frau, die sich als Enkelin von Hinrich Wriede vorstellte. Zunächst dachte ich, sie wolle mir wegen meiner nicht gerade schmeichelhaften Beschreibung ihres Großvaters Vorhaltungen machen, und wappnete mich innerlich gegen eine verbale Attacke, doch ich täuschte mich. Sie rufe lediglich an, so erklärte sie, um mir zu sagen, dass sie und ihre Familie von Wriedes Nazivergangenheit und seinem unsäglichen Verhalten gewusst hätten und dass sie sich alle entschieden davon distanzierten.

Fanpost

Eine sehr erfreuliche Begleiterscheinung meines Buches sind die vielen Glückwunschbriefe von Lesern in den USA, Deutschland und Großbritannien (wo mein Buch 2001 bei Fusion Press erschien, einem Ableger von Satin Publications Ltd.). Die Briefeflut nimmt kein Ende und wird mir wohl bis ans Ende meiner Tage ein schlechtes Gewissen bereiten, weil ich nicht jeden einzelnen persönlich beantworten kann. Dennoch ist es für mich nicht nur eine große Freude, es stellt mich auch vor ein Rätsel, dass mein Buch auf ganz unterschiedlichen Ebenen bei Leserinnen und Lesern Anklang findet, die unterschiedlichen Gesellschaftsschichten, ethnischen Gruppen, Generationen und Religionen angehören.

Die folgenden Briefe sind nur eine winzige Kostprobe von typischen Zuschriften, die ich bislang erhalten habe.

Sehr geehrter Herr Massaquoi,
ich bin 15 Jahre alt und gehe in die 9. Klasse des Siebengebirgsgymnasiums in Bad Honnef. Im Moment lesen wir im Deutschunterricht Ihr Buch *Neger, Neger, Schornsteinfeger!*, das mich sehr beeindruckt hat.

Schon immer habe ich mich sehr für das Dritte Reich interessiert und auch schon viele verschiedene Bücher, meistens Romane, aber auch Sachbücher zu dem Thema gelesen. Doch bisher wusste ich nur etwas über das Schicksal der Juden und vielleicht auch noch ein wenig über das der Sinti und Roma. Von Schwarzen in Nazideutschland hatte ich noch nie gehört, denn wenn es in den Nachrichten z. B. um die Entschädigung der von Hitler verfolgten Juden ging, wurde nur von Juden, Zwangsarbeitern und KZ-Insassen gesprochen, niemals von Schwarzen.

Gespannt begann ich also das Buch zu lesen. Zuerst habe ich gedacht: »Ob der Roman (sic!) wohl gut ist, interessant ganz sicher, aber wird er nicht vielleicht langweilig sein?« Schließlich fing ich einfach an zu lesen, und ich war so gefesselt, dass ich es erst wieder aus der Hand legte, als ich die letzte Seite gelesen hatte. Meine Bedenken waren völlig unbegründet gewesen. Ich hatte so viel Neues erfahren, dass ich es kaum verarbeiten konnte.

Trotz des langen Zeitraums, den das Buch behandelt, kann ich mich noch an fast alle Situationen erinnern. Das liegt wohl auch an den kurzen Kapiteln und an Ihrem Erzählstil. Obwohl ich zwischendurch Probleme mit den Zeitsprüngen hatte, war ich fasziniert von Ihrer Kindheit in Hamburg. Ich verstand plötzlich, wie es damals für ein Kind gewesen sein muss, das »Nicht-Arier« war.

Begriffe wie Rassentrennung oder HJ erklären Sie gut, sodass sie auch Jugendliche verstehen, obwohl der Text viele Fremdwörter enthält. Selbst Menschen, die noch kein Wissen über Hitler und seine Diktatur haben, können das Leben zur damaligen Zeit gut nachvollziehen.

Anders als manche andere Autobiographen zeigen Sie nicht nur die fanatischen Nazis, sondern auch solche, die trotz Hitler so genannte »Nicht-Arier« fair und tolerant behandelten wie z. B. Herr Morell oder Ihr Tanzlehrer Herr Lucas. Sie berichten nicht nur von den schlimmeren Erlebnissen, sondern auch von den schönen Momenten, die Sie z. B. mit Gretchen oder Ihren Freunden verbrachten. Ihr Buch hat mein Bild vom Dritten Reich verändert und erweitert. Mich hat besonders die Schilderung Ihrer Schulzeit angesprochen. Diese Diskriminierung durch Lehrer wie Herrn Wriede hätte ich sicher nicht ausgehalten. Und auch diese unglaubliche Macht Hitlers, die schon die Kleinen, die Kinder, zu fanatischen Nazis machte, war bisher ein Rätsel für mich. Aber besonders das Kapitel über die HJ hat mir Erklärungen geliefert.

Außerdem interessierten mich die Bombennächte. Meine Oma hat den Krieg auch erlebt und erzählte mir manchmal davon, aber ich wollte mehr wissen. Ihre Schilderung der Luftangriffe auf Hamburg ist sehr ausführlich, und jetzt kann ich verstehen, warum sie nicht gerne darüber sprach.

Es hat mich gefreut, mit Ihnen Kontakt aufnehmen zu können.

Mit freundlichen Grüßen

Leonie Sterk

Bad Honnef

Sehr geehrter Herr Massaquoi,
nachdem ich Ihr Buch *Neger, Neger, Schornsteinfeger!* bereits zum zweiten Mal las, hatte ich das Bedürfnis, Ihnen zu schreiben.

Ich möchte Ihnen danken, dass Sie dieses Buch geschrieben haben. Es ist ohne Übertreibung das Beste, was ich je gelesen habe! Viele Schauplätze in Hamburg sind mir persönlich bekannt. Ich wünschte, Ihr Buch würde zur Pflichtlektüre an unseren Schulen, denn es ist zugleich unterhaltsam, spannend und vor allem lehrreich. Man kann gar nicht oft genug betonen, wie wichtig es ist, die Erinnerung an dieses dunkle Kapitel der deutschen Geschichte wach zu halten. Auf gar keinen Fall dürfen meine Generation (ich bin 37 Jahre alt) und die nachfolgenden diese Zeit verdrängen oder gar vergessen.

In diesem Sinne erziehe ich auch meine jetzt 7-jährige Tochter Marilena. Sie fragte mich kürzlich, was das denn für ein Buch sei, das ich gerade lese, und ich erklärte es ihr kindgerecht. Einige Tage später sonnte sie sich mit ein paar Freundinnen in unserem Garten, worauf eines der Kinder zu ihr sagte: »Du bist schon so braun wie ein Neger.« Meine Tochter antwortete darauf wortwörtlich: »Das ist kein schönes Wort für dunkle Menschen. Meine Mutter hat ein Buch, das heißt *Neger, Neger, Schornsteinfeger!,* und da kannst du mal nachlesen, was dem armen Jungen alles passiert ist!«

Ich bin froh, zwischen den Zeilen Ihres Buches herauszulesen, dass Sie trotz allem, was Ihnen hier in Deutschland widerfahren ist, nicht verbittert sind. Das und vieles andere beeindruckt mich sehr. Vor allem bewundere ich aber auch den Mut und die Tapferkeit Ihrer Frau Mutter.

Ich wünsche Ihnen und Ihrer Familie Gesundheit, Glück
und Zufriedenheit!
Herzliche Grüße aus Deutschland!
Ihre Anja Majewski-Holtz
Norderstedt bei Hamburg

Sehr geehrter Herr Massaquoi,
als Kind kannte ich Sie persönlich, da Sie oft bei Ihrer Cousine Trudchen Baetz in Salza in Urlaub waren. Sie waren auch »der

Hamburger«, der nach dem Tode meines Vaters seine Klarinette bekam.

Ich höre ihre Klänge noch heute. Sie hat mich meine ganze Kinderzeit und Jugend begleitet. Für meinen Vater, ein großer Musikliebhaber – er war zuletzt Dirigent im Volkschor Salza – war sie immer sein »Klarinettchen«.

Jetzt freut es mich sehr – ich habe Ihr Buch *Neger, Neger, Schornsteinfeger!* mit Begeisterung gelesen –, dass Vaters Klarinette Ihnen so viel Gutes gebracht hat, um auch die schwerste Zeit nach dem Krieg zu überstehen.

Danke – so verbindet uns etwas Persönliches – Vaters Klarinette!

Ich habe bis 1989 in Salza gewohnt – bin der Freiheit wegen mit 70 Jahren noch nach dem Westen ausgereist, habe hier zwei wunderbare Söhne und lebe hier bei einem Sohn.

Ihnen und Ihrer Familie alles Gute.

Ihre Anni Eiteljorge

Alfeld an der Leine

Sehr geehrter Herr Massaquoi,

Ihr Buch *Neger, Neger, Schornsteinfeger!* habe ich mit großem Interesse, aber auch mit emotionaler Bewegung gelesen, sodass ich Ihnen auf diesem Wege einige meiner Gedanken dazu mitteilen möchte.

Das Buch hat mich nicht nur wegen seiner Offenheit und Ehrlichkeit beeindruckt, sondern auch deshalb, weil es einen hohen moralischen Anspruch verkörpert und ein Plädoyer für Toleranz und Menschlichkeit ist, aber auch weil es in mir zahlreiche Erinnerungen an Orte und Begebenheiten meiner eigenen Kindheit und Jugend geweckt hat. Jedenfalls hat es mich so sehr in seinen Bann gezogen, dass ich es kaum noch aus der Hand legen konnte, nachdem ich die ersten Seiten gelesen hatte.

Ich stamme nämlich ebenfalls aus Hamburg, genauer gesagt, aus dem Stadtteil Bergedorf, der am östlichen Rand von Hamburg liegt. Die von Ihnen kurz erwähnten Boberger Sanddünen kenne ich auch. Als Kinder haben wir dort regelmäßig Indianer- und Cowboyspiele veranstaltet.

Zwar bin ich erst nach dem Krieg (1950) geboren worden, aber die Nachwirkungen der nationalsozialistischen Diktatur haben auch meine Kindheit und Jugend beeinflusst.

Ihre Schilderungen des Naziterrors und der Kriegsereignisse kommen mir seltsam vertraut vor, denn sie sind weitgehend identisch mit dem, was mir meine Eltern und Großeltern erzählt haben.

Mein Vater wurde 1944 mit siebzehn Jahren in eine Uniform gesteckt und an die Front geschickt. Als er kurz vor Kriegsende die Aussichtslosigkeit der Lage erkannte und keine Lust verspürte, noch sinnlos geopfert zu werden, desertierte er von der Truppe, worauf er in Abwesenheit zum Tode verurteilt wurde. Glücklicherweise konnte er sich bis nach der Kapitulation versteckt halten und entging so der Hinrichtung.

Ich selbst habe dann als Schüler noch das geistige Erbe der Nazis zu spüren bekommen. Sie schreiben in Ihrem Buch, dass Sie bei einem Deutschland-Besuch in den sechziger Jahren ein gänzlich anderes Deutschland vorfanden. Dieses mag für einen Besucher auch so ausgesehen haben, aber in manchen Köpfen spukte immer noch, zumindest in Teilen, die Ideologie der Nazis herum, und mir sind Leute begegnet, die es auch zwanzig Jahre nach Kriegsende noch nicht geschafft hatten, sich von ihrer braunen Vergangenheit zu lösen, falls sie es denn überhaupt wollten.

Normalisiert hat sich die Gemütsverfassung der Deutschen meiner Meinung nach erst mit dem Ende der Ära Adenauer, in der die Nazivergangenheit mehr verdrängt als aufgearbeitet worden war, und das moderne Deutschland begann im Grunde erst mit der sozialliberalen Koalition und der Kanzlerschaft Willy Brandts.

Ich hoffe, dass Ihr Buch gerade in Deutschland viele Leser findet, denn hierzulande wächst heutzutage eine Generation der Ahnungslosen heran, die von diesen Dingen im wahrsten Sinne des Wortes keine Ahnung mehr haben. Nichts wäre schlimmer, als wenn die damaligen Ereignisse in Vergessenheit gerieten.

Mit freundlichen Grüßen,
Dr. Henning Umland
Buchholz

Sehr geehrter Herr Massaquoi,
mit Ihrem Buch *Neger, Neger, Schornsteinfeger!* haben Sie mir und etlichen alten Barmbekern, die ich gesprochen habe, eine ganz große Freude bereitet.

Durch einen langjährigen Freund, der, wie Sie, einige Jahre seiner Kinderzeit in der Stuckenstraße verbrachte, wurde ich auf die fortlaufende Serie im *Hamburger Abendblatt* aufmerksam gemacht. Sonst lese ich nie Fortsetzungsromane! Aber Ihre Autobiographie hat mich so neugierig gemacht, dass ich mir das Buch sofort kaufte, als es angeboten wurde.

Ich habe es dann – fast in einem Zuge – mit großem Interesse gelesen. Dabei wurde meine Kinderzeit wieder lebendig. Wie viele Wege, die Sie beschreiben, konnte ich in Gedanken mitgehen: Zanoletti, der Europa-Palast, der Stadtpark und vieles andere, waren sofort wieder gegenwärtig. Als ich dann die Namen Ihrer Lehrer von der Schule Käthnerkamp las, kam mir sofort der Gedanke, dass Sie mit meinem Bruder, Ernst-Günther Schramm, in einer Klasse gewesen sein mussten. Das bestätigte sich dann, als mir meine Schwester ein Klassenbild (von meinem Bruder) zeigte. Sie tragen eine Schülermütze, die Sie vielleicht sogar im Geschäft meines Vaters »Schramm – Pelze – Hüte – Mützen« am Barmbeker Markt gekauft haben.

Als mein Bruder in die Schule Käthnerkamp kam, lebten wir in der Reesestraße. Auch wir verloren in den Bombennächten alles, die Wohnung und auch das Geschäft. Mein Bruder wurde im Herbst 1943 eingezogen und kam im Frühjahr 1944 an die Ostfront. Im Sommer bekamen wir die traurige Nachricht, dass er von einem Feindeinsatz nicht zurückgekehrt ist und als vermisst galt. Viele Jahre haben wir gehofft, dass er noch am Leben ist, bis uns Anfang der fünfziger Jahre ein früherer Kamerad schrieb. Er war mit ihm in Gefangenschaft geraten. Mein Bruder war schwer verletzt. Als die Gefangenen weitertransportiert wurden, hörten sie einige Schüsse und wussten, dass man mit den Verwundeten kurzen Prozess gemacht hatte.

Wie vielen Ihrer Klassenkameraden wird es ähnlich ergangen sein? Um so erfreulicher war es, Ihre erstaunliche Lebensgeschichte zu erfahren. Ich – und mit mir sicher viele alte Barmbeker

– sind Ihnen sehr dankbar, dass Sie uns dieses Buch geschenkt haben; auch, um nicht zu vergessen, was damals geschah!

Für die kommenden Jahre wünsche ich Ihnen Gesundheit und Zufriedenheit und grüße Sie freundlich aus Ihrer alten Heimat.

Irmgard Vogt, geb. Schramm

Ahrensburg

Sehr geehrter Herr Massaquoi,

Neger, Neger, Schornsteinfeger!, Ihr Buch, schenkte mir meine Tochter eingedenk der Tatsache, dass ich mit meinem Geburtsjahr 1934 durchaus noch eine Beziehung hatte zu den ganz besonders für Sie bösen Jahren zwischen ca. 1930 und 1950.

Obwohl ich nicht zu den Intensivlesern gehöre, hat mich Ihr Buch doch ganz und gar gefesselt und mir gezeigt, dass ich doch eigentlich Zeit zum Lesen hätte. Aber um Haus und Hof (wir leben hier weit außerhalb der Stadt Schleswig) gibt es immer praktische Dinge zu tun, die mir sonst so wichtig erscheinen.

Sie dürfen sich also freuen, dass Ihr Buch mich so fesselte, dass ich darüber manch anderes einfach liegen ließ. Ebenso habe ich Ihr Buch nochmals gekauft und einem gleichaltrigen Freund als Mitbringsel anlässlich eines Besuches geschenkt.

Ein Glücksfall in meiner Kindheit bewahrte mich davor, den Bombenkrieg in Hamburg miterleben zu müssen, weil mein Vater als Zivil-Seemann zum Seenotdienst der Luftwaffe nach Kiel versetzt wurde, wo wir in einem außerhalb von Kiel liegenden Vorort die böse Zeit schadlos überstehen konnten.

Mir ging ganz besonders Ihre Beschreibung der Hamburger Örtlichkeiten Ihrer Kindheit nahe, auch weil meine Eltern in Falkenried 1934 eine Wohnung fanden. Geboren wurde ich im Eppendorfer Krankenhaus.

Beruflich zog es mich 1956 nach Hamburg, wo ich bis 1993 blieb und in der Zeit Hamburg sehr gründlich kennen lernen konnte. Damit konnte ich mich sehr gut in die Schauplätze Ihrer Hamburger Kindheit versetzen.

Diese Zeilen habe ich nun verfasst, um Ihnen meine große Anerkennung für Ihre Dokumentation zu zollen. Mehrere andere Bücher über das »1000-jährige Reich« haben mir die Unfassbarkeit der Geschehnisse dieser Jahre vermittelt. Ich darf mich vom Schicksal begünstigt fühlen, Eltern gehabt zu haben, die durch die weltweiten Seereisen meines Vaters keine Vorbehalte gegen fremde Menschen empfanden, und dass mein Vater während der Kriegsjahre sich durch die Seenotrettungstätigkeit für Freund und Feind nicht mit menschlicher Schuld beladen musste. Meine aus dem Elternhaus heraus gewachsene Offenheit gegenüber allen Menschen verstärkte sich dann in meinen Berufsjahren durch Tätigkeiten für die internationale Seeschifffahrt und später über neun Jahre in einem internationalen Mineralölunternehmen.

Leider müssen wir immer wieder feststellen, dass der Mensch wohl doch nur zum kleinsten Nenner lernfähig ist. Warum gibt es immer noch Rassenprobleme in den USA, Balkan-Krieg, Hutu-Tutsi-Krieg, Tschetschenien, Ost-Timor, Diskriminierung der Indianer oder Aborigines und so weiter und so weiter?

Sehr geehrter Herr Massaquoi, ich wünsche, dass Ihnen ein erträglicher, möglichst schöner Lebensabend vergönnt sein möge.

Mit freundlichen Grüßen

Ihr Hans-Jürgen Vogt

Tolk bei Schleswig

Sehr geehrter Herr Massaquoi,

ich habe den Rassismus, wenn auch sozusagen zweitrangig, selbst erfahren. Ich bin von meinem siebten Lebensjahr an lange Zeit mit einem so genannten »Besatzungskind« befreundet gewesen. Als ich später erwachsen war, habe ich mir zusätzlich zu meinem eigenen weißen Sohn den Jungen aus einer schwarzamerikanisch-deutschen Beziehung angenommen. Damals wollte ich zunächst nicht wahrhaben, dass es noch in den siebziger Jahren regelrechte Diskriminierungen gab. Doch dann habe ich selber noch ein eigenes Kind von einem Afrikaner bekommen, und immer wieder erlebte ich Vorurteile und Schwierigkeiten. Leider konnten auch meine schwarzen Söhne sich nicht viel an schwarzer Gemeinsamkeit geben, da der Altersunterschied relativ groß war und zudem der ältere der beiden früh fortgezogen ist.

Ihr interessantes Buch, lieber Herr Massaquoi, wird allerdings sehr vielen weißen deutschen Lesern wohl trotzdem nicht recht klar werden lassen, wie hart die psychische Seite Ihres Lebens hier verlief. Denn die Hauptschwierigkeit Ihres Lebens bestand gewiss in der Vereinzelung. Zum Glück hatten Sie eine liebevolle, verständnisvolle Mutter und auch einige gute Freunde. Aber dennoch war Ihr Dasein auf einer weiten Strecke von innerer Einsamkeit umgeben, die besonders die Seele eines jungen Menschen negativ prägt, da sie nur schwer zu ertragen ist.

Ich fürchte, dass viele Leser in Ihrer Geschichte mehr ein abenteuerliches Schicksal sehen, das mit einem Happyend ausgeht. Zunächst begreift man immer wieder voller Staunen Ihr wiederholtes Glück für Leib und Leben in all diesem Schlamassel, obwohl Sie viele Vorurteile und manche negativen Gefühle erwähnen, die sich daraus für Sie ergeben haben.

Überwiegend werden nur schwarze Menschen das ganze Ausmaß Ihrer besonderen seelischen Probleme zwischen Ihren Zeilen erkennen, verstehen und vor allem nachfühlen können. Doch gewiss werden auch diese Menschen, welche mit Verstand und Herz denken, sowie jene, die gute und enge Beziehungen zu Schwarzen haben, Ihre psychischen Belastungen, besonders in der Nazizeit, wie leider eben auch zu anderen Zeiten, relativ gut verstehen können.

Jedenfalls freue ich mich sehr für Sie, Herr Massaquoi, dass Ihr Leben in den USA nach Ihrer Militärzeit eine gute Wende erhalten hat. Ihr Buch hat mir noch einmal klargemacht, wie wichtig eine schwarze *Community* ist, die ich für meine Söhne sehr vermisst habe, weil ich ihnen kein schwarzes Bewusstsein und die damit verbundene nötige innere Stärke vermitteln konnte.

Sicher, wir haben inzwischen viele schwarze (deutsche) Menschen in Deutschland, doch sie sind noch immer deutlich in der Minderheit. Viele Afrodeutsche konnten sich auch nicht unbedingt mit der ISD (Initiative Schwarze Menschen in Deutschland) identifizieren, so auch meine schwarzen Söhne nicht. Leider sinkt derzeit in Berlin das Engagement dieser Initiative, weil es – wie so oft auch bei anderen Interessengruppen – zu wenig Aktive gibt, welche die Programme am Leben erhalten.

Nun möchte ich Ihnen, lieber Herr Massaquoi, von Herzen weiterhin alles Gute wünschen und dass Sie Ihr Leben noch lange bei Gesundheit, in Frieden und in der wärmenden Geborgenheit Ihrer Familie genießen können.

Mit den allerbesten Grüßen

Ihre Renate Oertel

Berlin

Sehr geehrter Herr Massaquoi,
heute habe ich Ihr Buch zugeklappt, nach aufregendem Lesen und großer und sehr wacher Teilnahme. Ich bin sozusagen mit Ihnen durch die Jahre gegangen, in manchen Augenblicken mit dem Wunsch, den kleinen dunklen Hans Jürgen an die Hand zu nehmen und ihm zu sagen, was für ein prächtiger Junge er doch war.

Wir hätten uns in Hamburg begegnen können, vielleicht im Winter vor meiner Schulzeit, wenn ich mit meiner Großmutter die Verwandten in Barmbek besuchen durfte. Mein Onkel war Lehrer in der Realschule am Osterbekkanal, wohnte in der Brahmfelder Straße, später bis zur Ausbombung in der Uferstraße. Ich kann mich an einige Plätze Ihrer Kindertage gut erinnern und bin dadurch wohl auch in meine Zeit zurückversetzt worden. Sie müssen ein unglaublich gutes Gedächtnis haben, um die Orte der lange zurückliegenden Begebenheiten so zu beschreiben, dass beim Lesen klare Erinnerungsbilder entstehen. Mir ist es jedenfalls so ergangen, und ich bin Ihnen für diesen Rückblick in das verloren gegangene Hamburg der dreißiger Jahre sehr dankbar.

Ihre weitere Geschichte habe ich mit großem Interesse gelesen, und ich finde es wunderbar, dass Sie das aufgeschrieben haben. Gruß an die Personen, die Sie dazu angeregt und vielleicht auch dazu gedrängt haben. Ihr Lebensweg ist so außergewöhnlich, dass er unbedingt erzählenswert ist, spannend wie ein Roman und darüber hinaus ein Zeitdokument ganz besonderer Art.

Die Bombennacht im Bunker mit Ihrer geliebten Mutter in fast aussichtsloser Lage beschreiben Sie so deutlich nacherlebt, dass nichts von dem Schrecken und der Angst verloren gegangen ist. Diese Angst in der Zeit der furchtbaren Angriffe, die wir miterleben mussten, hat uns geprägt und uns sensibel gemacht für die entsetzlichen Leiden, die Menschen in den heutigen Kriegsgebieten erdulden müssen.

Ich wünsche mir von Herzen, dass Ihr viel gelesenes Buch zum Nachdenken darüber anregt, dass alle schlimmen Dinge wie Rassenhass und Kriege von Menschen gegen Menschen geschehen und wir alle im Kleinen ein wenig zum Besseren beitragen sollten.

Ich wünsche sehr, dass Ihr Buch immer mehr Leser finden wird. Was an mir liegt, ich werde es in meiner Familie rundherum weiterreichen, meinen Enkelkindern Passagen daraus vorlesen und es an nette Leute verschenken.

Alles Liebe für Sie und Ihre Familie im fernen Amerika.

Mit Grüßen und herzlichem Dank!

Gerda Heinritz

Baden-Baden

Lieber Herr Massaquoi,

mit größtem Interesse habe ich Ihr Buch *Neger, Neger, Schornsteinfeger!* gelesen. Ich bin in Hamburg geboren, im Dezember 1945 – also ist mir das von Ihnen beschriebene Geschehen sowohl zeitlich als auch räumlich sehr nahe. Gerade Ihre sehr persönlichen Erfahrungen vor, während und nach der Nazizeit empfand ich als sehr anschaulich und aufschlussreich. Ihre Alltagserlebnisse beweisen einmal mehr, dass mangelnde Zivilcourage eine der Ursachen für die Katastrophe war. Eine andere Ursache ist aber gewiss auch heimliches Einverständnis mit der Diskriminierung von »Nicht-Ariern«. Ein Volk, das dem tatenlos zusieht, macht millionenfache Morde möglich – das wird mich mein Leben lang auf Distanz zum deutschen Volk halten, obwohl ich selbst Deutscher bin!

Für Ihr Buch möchte ich Ihnen aufrichtig danken, hat es doch meinen Wissensstand über meine Heimatstadt im finstersten Kapitel deutscher Geschichte erheblich erweitert!

Sollten Sie wieder einmal in Ihrer Geburtsstadt Hamburg sein, so würden meine Frau, unser vierbeiniger Sohn »Whysky« (Westhighland) und ich uns sehr freuen, Sie zum Essen einladen zu dürfen und Sie persönlich kennen zu lernen.

Herzliche Grüße
Ihr Hartmut Ludwig
Hamburg

Sehr geehrter Hans Jürgen Massaquoi,
es gibt keine Biographie, die mich, meinen Mann, meine Geschwister und Eltern in den vergangenen Jahren mehr bewegt hätte als Ihre. Und ich möchte die Gelegenheit wahrnehmen, Ihnen als Hamburgerin, als Frau eines Eritreers, als Mutter eines »Mischlingsjungen« (dreieinhalb Jahre alt), als Mitglied eines sehr offenen weißen und ebenso offenen schwarzen Familienclans, als Schwester eines Mannes, der in erster Ehe mit einer Liberianerin verheiratet war und in zweiter Ehe mit einer Kamerunerin verheiratet ist, als Tante eines liberianisch-türkischen Jungen und eines kamerunisch-deutschen Mädchens ganz herzlich zu danken für diesen eindrucksvollen Lebensbericht. (Bei der ersten Hochzeit meines Bruders war ein Massaquoi anwesend; wie er wohl mit Ihnen verwandt ist, fragen wir uns im Nachhinein.)

Ich bin froh und dankbar, Ihr Buch und damit Ihr Leben kennen gelernt zu haben, denn wir Eltern einer neuen, sehr vermischten Generation, wir Bewohner eines Deutschland, dessen gesellschaftliches Leben ohne Ausländer absolut sofort zusammenbrechen würde (ob im sozialen oder im Dienstleistungsbereich), suchen natürlich nach Orientierungen für unsere Kinder, für die wir uns bezüglich ihrer »Gemischtrassigkeit« ein einfacheres Leben erhoffen, als Sie es beschreiben.

Ihre Beobachtungsgabe, Ihre Offenheit und Ihre Schreibfreude sind absolut überzeugend und machen Ihr Buch so mitreißend. Auch meine Eltern, nur um wenige Jahre jünger als Sie, fanden ihre Empfindungen bezüglich der Atmosphäre in der Nazizeit absolut wieder. Da ich auch *Die Bertinis* schon mit großer Betroffenheit gelesen hatte, empfand ich Ihr Buch als überraschende und aufklärerische Lektüre.

Ich möchte Ihnen danken, dass Sie sich, selbst doch schon im fortgeschrittenen Alter, der Mühe dieser sicher nicht schmerzfreien Rückschau unterzogen haben und uns Lesende daran teilhaben lassen.

Ihre nachdenklichen Zeilen am Ende des Buches haben mich natürlich ins Herz getroffen. Ich möchte Ihrer Mutter zurufen: Wir sind so unendlich viel mehr Mütter geworden mit »karierten« Kindern, dass ich natürlich zutiefst hoffe, dass trotz der rechtsradikalen Ausschreitungen die »andere Entwicklung« schon viel zu weit vorangeschritten ist. Die Kraft Ihrer Mutter ist überragend und vorbildhaft für mich.

Ich wünsche Ihnen von ganzem Herzen alles Gute.

Ihnen und Ihrer Familie die besten Grüße.

Gesine Keller, Jahrgang 1959, Schauspielerin

Stuttgart

Sehr geehrter Herr Massaquoi,

erlauben Sie mir bitte, dass ich Ihre Privatsphäre mit der ungebetenen Fanpost einer Unbekannten durchdringe, aber nachdem ich in den letzten vier Tagen Ihr wundervolles Buch *Neger, Neger, Schornsteinfeger!* gelesen habe, muss ich Ihnen schreiben, um Ihnen zu sagen, wie sehr Ihre Geschichte es mir angetan hat.

Ich habe schon seit den ersten Seiten Sie und Ihre geliebte Mutter Bertha und auch all die lieben Menschen, die Sie in Ihrer Laufbahn in Deutschland, Liberia, Nigeria und in den Vereinigten Staaten begleitet haben, in mein Herz geschlossen, und während ich Ihr Buch fast ohne Unterbrechung las, hatte ich stets das Gefühl, dabei mit Ihnen in Hamburg und überall gewesen zu sein, und war und bin sehr beeindruckt, wie Sie all die schlechten Erfahrungen als junger Mensch in sehr schweren Zeiten gemeistert haben.

Ich kann nur jedem empfehlen, Ihr Buch zu lesen. Ihre Geschichte und Ihre Erfahrungen, die guten und die schlechten, sind eine Lektion für uns alle, Weiße und Schwarze, die auch in diesen Zeiten immer noch mit Intoleranz und Rassismus leben müssen.

Mit freundlichen Grüßen und alles Liebe und Gute.

Maria Vatanzadeh

Wien

Lieber Mr Massaquoi,
ich habe soeben ihr Buch *Destined to Witness (Neger, Neger, Schornsteinfeger!)* gelesen und möchte Ihnen dafür danken, dass Sie es geschrieben haben. Abgesehen davon, dass es eine unterhaltsame und kurzweilige Lektüre war, ist Ihr Leben das wohl interessanteste, über das ich je gelesen habe, und ich lese viele Biographien und Autobiographien. Ihr Buch ist überdies, und das soll wirklich nicht gönnerhaft klingen, sehr gut geschrieben, was umso bemerkenswerter ist, da Englisch nicht Ihre Muttersprache ist.

Auch wenn Sie es nicht explizit sagen, habe ich den Eindruck, dass Sie kein großer Freund der Briten sind, und eingedenk dessen, was die Royal Air Force im Sommer 1943 Ihrer Heimatstadt angetan hat, ist das wohl kaum verwunderlich. Im Krieg gegen die Nazis haben beide Seiten sehr grausame Dinge getan, und wir Briten können uns da nicht ausnehmen.

In den Jahren nach dem Krieg war ich in der Zeit von 1949 bis 1954 als Soldat der Royal Air Force überwiegend in Deutschland und habe viel Sympathie und großen Respekt für die Menschen dort entwickelt. In Hamburg war ich zwar nur einige Tage, aber ich kann gut verstehen, dass Ihnen Ihre Heimatstadt so sehr am Herzen liegt.

Ich bin gespannt auf ein weiteres Buch von Ihnen und danke nochmals für das Lesevergnügen, das mir Ihre Geschichte bereitet hat.

Alles Gute für die Zukunft,
Ihr George F. Young
Derby, Großbritannien

Lieber Mr Massaquoi,
ich habe soeben Ihr ausgezeichnetes Buch *Destined to Witness* ausgelesen. Es war unglaublich interessant, leidenschaftlich, aufrichtig und manchmal sehr traurig.

Ihr Leben ist einfach außergewöhnlich. Ich habe richtig mitgelitten, als ich las, wie Sie als Kind von den Nazis behandelt wurden. Ihre Mutter war ein ganz besonderer Mensch, so liebevoll und fürsorglich und so unglaublich tapfer. Ich denke, Sie haben es ausschließlich ihr zu verdanken, dass Sie den Naziterror überlebt haben.

Danke für Ihre Lebensgeschichte. Ich werde Yankee Werner, Gretchen, Morris und all die anderen, die in Ihrem Leben eine wichtige Rolle gespielt haben, nie vergessen.

Herzliche Grüße
Connie Wilson
Philadelphia, Pennsylvania

Lieber Mr Massaquoi,
nach der Lektüre von *Destined to Witness* muss ich Ihnen einfach schreiben, wie begeistert ich von Ihrem Buch bin. Ich belege gerade hier in Bellevue, wo ich wohne, einen Kurs für kreatives Schreiben, und meine Dozentin hat mir Ihr Buch empfohlen, weil ich ebenfalls in der turbulenten Zeit in Deutschland aufgewachsen bin, wenn auch als »weiße« Deutsche.

Ich wurde in Danzig (heute Gdansk) geboren, bin aber in Leipzig aufgewachsen. 1942 sind wir nach Graudenz gezogen, das heute zu Polen gehört. Mein Vater war Architekt, und natürlich ist während des Krieges niemand auf die Idee gekommen, ein Haus zu bauen. Die Ostgebiete wurden aufgebaut, und viele Deutsche zogen dorthin. 1945 wurden wir »Flüchtlinge«, weil wir vor den anrückenden russischen Truppen flohen, die nicht gerade für ihre menschliche Behandlung von Gefangenen bekannt waren. Wir flohen nur mit einigen wenigen Koffern und sollten nie zurückkehren.

Wir suchten Zuflucht bei Verwandten meines Vaters in Itzehoe bei Hamburg. Dort sah ich zum ersten Mal in meinem Leben schwarze Menschen, als die Alliierten einmarschierten. Da sie aber alle Amerikaner waren, fanden wir das ganz normal.

Es ist schwer vorstellbar, wie es für Sie gewesen sein muss, als Schwarzer zur damaligen Zeit in Deutschland aufzuwachsen, aber das positive Selbstbewusstsein, das Ihre liebe Mutter und Ihre Familie Ihnen eingeflößt haben, ist Ihnen dabei offensichtlich sehr zugute gekommen. Sehr nahe sind mir auch die Passagen in Ihrem Buch gegangen, wo Sie schildern, wie enttäuscht Sie gleich nach

Ihrer Ankunft in diesem Land über die Behandlung von schwarzen Amerikanern waren.

Noch einmal möchte ich Ihnen sagen, wie viel mir Ihr glänzendes Buch gegeben hat. Ich konnte es kaum aus der Hand legen. Es hat so unglaublich viele Erinnerungen aus meiner Kindheit geweckt. Danke, dass Sie mir und all den anderen Leserinnen und Lesern uns diesen wichtigen Teil Ihres Lebens offenbart haben.

Ihre Jutta Kurtak
Bellevue, Washington

Lieber Mr Massaquoi,
in den letzten vierzig Jahren habe ich pro Woche im Schnitt zwei Bücher gelesen, die mit dem Holocaust zu tun hatten. Aus Angst, mir könnte der Lesestoff ausgehen, stapeln sich bei mir immer an die zehn bis zwölf ungelesene Bücher gleichzeitig.

Diese Woche war *Destined to Witness* an der Reihe.

Da ich inzwischen alles über die Konzentrationslager gelesen habe, konzentriere ich mich auf die Geschichten von Menschen und ihr Leben während dieser Zeit.

Als ich nun mit Ihrem Buch angefangen hatte, konnte ich gar nicht mehr aufhören. Es ist so packend geschrieben, dass man jede Seite geradezu verschlingt.

Gefallen hat mir Ihr detailgenauer Stil. Ihr Buch erzählt eine Liebesgeschichte zwischen einer Mutter und ihrem Sohn, handelt aber auch von Diskriminierung, Ehrgeiz, Sehnsucht und Lebenslust, die am Ende obsiegt.

Ihr Buch ist großartig. Ihre Lebensgeschichte ist großartig. Sie schreiben großartig, und vor allem gratuliere ich Ihnen zu Ihrem Erfolg in diesem Land. Im Grunde sind es Menschen wie Sie, die Amerika zu dem gemacht haben, was es ist.

Weiter so.
Ihr Dr. Ben Nachman, Zahnarzt
Omaha, Nebraska

Lieber Hans Jürgen,
verzeihen Sie die vertrauliche Anrede, aber als ich Ihr Buch gelesen habe, sind Sie und Ihre Mutti mir richtig ans Herz gewachsen. Es hat bei mir so viel Schmerzhaftes, das ich in mir trug, wieder lebendig gemacht und mich wohl auch an viele Handlungen erinnert, die das Leben eines Menschen bestimmen.

Ich kann alles, worüber Sie schreiben, gut verstehen, jede Emotion, jedes Gefühl. Und als ich das Buch durchhatte, gab ich es meinem Sohn, der von Beruf Richter ist, und ihm ging es ähnlich wie mir.

Ich bin zwei Jahre älter als Sie und stamme aus Königsberg in Ostpreußen. Meine Eltern waren liberale, nicht praktizierende Juden. Ich war blond und blauäugig, und somit wusste keiner, dass ich Jüdin bin, bis zu dem schicksalhaften Tag im Jahre 1933, als Hitler an die Macht kam und sich alles veränderte. 1938 wurden die Juden vom Schulbesuch ausgeschlossen, daher brachte meine Großmutter mir Kochen bei, was mir noch heute sehr zugute kommt. In der so genannten »Kristallnacht« wurden alle jüdischen Männer, auch mein Vater, meine Onkel und mein Großvater, für sechs Wochen ins Gefängnis gesperrt.

Zum Glück hatten meine Eltern 1939 die Ausreise nach Australien beantragt und bewilligt bekommen, und während wir auf dem Schiff waren, brach der Krieg aus. Wir sind also dem Konzentrationslager nur mit knapper Not entronnen. In Australien wurden wir als »feindliche Ausländer« eingestuft, erhielten aber eine Arbeitserlaubnis. Ich ging ein Jahr zur Schule und lernte dann Steno und Schreibmaschine.

Was mir bei der Lektüre wieder schmerzhaft bewusst wurde, war das Gefühl, dass wir nicht so gut waren wie all die anderen. Ich habe mit dem Gefühl sehr, sehr lange zu kämpfen gehabt, und ich habe es erst jetzt, in meinem fortgeschrittenen Alter endlich überwunden. Ich weiß, es war eine Lektion, die wir alle lernen mussten, zu erkennen, dass wir Individuen sind. Es war mir ein dringendes Bedürfnis, Ihnen zu schreiben, ich weiß, ich bin nicht die Einzige, die diese wertvolle Erkenntnis aus Ihrem Buch gewonnen hat. Vielen, vielen Dank.

Ich wünsche Ihnen alles Gute, und machen Sie das Beste aus jedem Tag, der Ihnen in unserer unsicheren Welt geschenkt wird.

Mit herzlichen Grüßen

Ilse North

Warrandyte, Victoria, Australien

11. September 2001 – Synonym für Wahnsinn und Terror

Ich sollte zwei Tage später zu einer weiteren Buchtournee durch Deutschland starten. Dann erfuhr ich durch das Fernsehen von den entsetzlichen Anschlägen auf das World Trade Center und das Pentagon. Die nächsten Tage lebten Katharine und ich praktisch vor dem Fernsehapparat, weil wir einfach begreifen wollten, was für Menschen und Motive hinter den grässlichen Taten steckten. Fassungslos sahen wir die immer und immer wieder ausgestrahlten furchtbaren Bilder, wie sich zwei Passagierflugzeuge in die Zwillingstürme bohrten und explodierten, bis die beiden Giganten schließlich in einer Wolke aus Rauch und Staub in sich zusammensackten und über dreitausend unschuldige Menschen in einen grauenhaften Tod rissen. Aufgrund der anschließenden Unsicherheit und massiven Störung des Flugverkehrs verschob ich unsere Buchtournee-Pläne. Wie die meisten Amerikaner empfanden wir maßlose Trauer, obwohl von unseren Angehörigen und Verwandten niemand unter den Opfern war. Irgendwie spürten wir, dass sich ein historischer Abschied vom Status quo vollzogen hatte, dass fortan nichts mehr so sein würde wie bisher und dass der lang gehegte Glaube, Amerikas viel gerühmte militärische Übermacht könne uns Sicherheit garantieren, auf unbestimmte Zeit als Illusion entlarvt worden war. Eine Gruppe Fanatiker, die von einem unauslöschlichen Hass auf uns Amerikaner und unseren *way of life* getrieben wurde, hatte sämtliche amerikanischen Sicherheitsbehörden wie FBI, CIA, Pentagon, Küstenwache, Einwanderungs- und Zollbehörde und so weiter überlistet und unserem Land an der Stelle einen Schlag versetzt, wo es am meisten wehtat. Die Hauptsymbole der amerikanischen Militär- und Wirtschaftsmacht waren getroffen worden und somit der amerikanische Stolz.

Unmittelbar nach dem 11. September sind die Amerikaner mit außergewöhnlichem Patriotismus enger zusammengerückt, sie empfanden eine Solidarität, die über die Grenzen von Hautfarbe, ethnischer Herkunft, Religion und politischer Überzeugung hinausging. Ich hoffe von ganzem Herzen, dass sich diese Entwicklung fortsetzt und uns der Geist von Brüder- und Schwesterlichkeit weiterhin trägt. Ich hoffe auch, dass wir das Ziel Freiheit und Gerechtigkeit für alle nicht aus den Augen verlieren und es entschlossen gegen alle Personen oder Gruppen verteidigen, die uns und unsere demokratische Gesellschaft zerstören wollen. Gleichzeitig dürfen wir nicht zulassen, dass die abscheulichen Verbrechen, die von einer fanatischen Minderheit begangen wurden, als Vorwand für die Ablehnung und Diskriminierung von gesetzestreuen und loyalen arabisch-amerikanischen und muslimischen Mitbürgern benutzt werden. Das furchtbare Verbrechen des blonden und »arischen« Timothy McVeigh, der mit dem Bombenanschlag auf das Regierungsgebäude in Oklahoma fast im Alleingang Hunderte Männer, Frauen und Kinder tötete, sollte uns daran erinnern, dass nicht alle Terroristen Araber sind oder zu Allah beten. So schwierig es auch mitunter ist, Klischeedenken zu vermeiden, das zu Rassendiskriminierungen führt, wir müssen uns bewusst davor hüten, alle Menschen zu verurteilen, die der vagen Beschreibung irgendeiner bestimmten Gruppierung entsprechen. Schließlich hat uns die Geschichte schon genügend Beweise dafür geliefert, dass das Böse – ebenso wie das Gute – viele Farben und Nationalitäten haben kann.

Nicht minder beunruhigend als die Anschläge vom 11. September war Präsident George W. Bushs praktisch unilateraler Präventivkrieg gegen den Irak, angeblich um zu verhindern, dass der irakische Diktator Saddam Hussein die Sicherheit der USA und der übrigen Welt mit seinem vermeintlichen Arsenal von

Massenvernichtungswaffen bedrohte. Als ein Mensch, für den Hitlers Rassenwahn eine ernsthafte Gefahr darstellte, habe ich gemischte Gefühle, was Präventivkriege angeht. Einerseits hätte ich mich gefreut, wenn die Alliierten mit einem frühzeitigen Präventivschlag verhindert hätten, dass Hitler seinen Marsch zur Weltherrschaft überhaupt antreten und seine ethnischen Säuberungspläne ausführen konnte. Andererseits, so meine Überzeugung, muss ein Land, das in ein anderes Land einmarschiert, eindeutige, unwiderlegbare Beweise dafür haben, dass es selbst und andere friedliebende Nationen ansonsten einer großen Gefahr ausgesetzt wären. Selbst Hitler hatte für seinen Überfall auf Polen im September 1939 einen besseren Vorwand, als er die Drangsalierung der in Polen lebenden Volksdeutschen durch die polnische Bevölkerung vorschob. Ohne eine im Irak lebende schikanierte Minderheit von Amerikanern, ohne Belege für die viel beschworenen Massenvernichtungswaffen und ohne einen stichhaltigen Beweis dafür, dass der inzwischen gefangen genommene Saddam Hussein hinter den Terroranschlägen auf die USA steckt, entbehrt Bushs Behauptung, der Präventivkrieg diene in erster Linie der Sicherheit seiner Landsleute, jeder Grundlage.

Wer um die weltweit bestehende gegenseitige Abhängigkeit weiß, wer ein gesundes Gespür für Gerechtigkeit und Fairplay hat und wer sich halbwegs darüber im Klaren ist, dass Kampfhandlungen weitreichende Folgen haben, der muss kein außenpolitischer Experte sein, um zu erkennen, dass Bushs Präventivschlag die USA teuer zu stehen kommt durch die Verschwendung von Menschenleben, Geld und nicht zuletzt internationaler Anerkennung. Jeder vernünftig denkende Mensch weiß, dass es ein sinnloses Unterfangen ist, gesichtslosen, anonymen Gruppen von Terroristen, die den Hass gegen Amerika mit der Muttermilch eingesogen haben, den Krieg zu erklären. Diese religiösen Fanatiker lassen sich letztlich nur dann besiegen, wenn der Kreislauf des Hasses durchbrochen wird und es uns gelingt, die Massen auf unsere Seite zu ziehen, und zwar durch faire und menschliche Behandlung, die sich in unserer Außen- und

Wirtschaftpolitik niederschlägt. Wenn wir konsequent zeigen, dass wir uns – und das ist das Wichtigste überhaupt – gegenüber dem Rest der unterentwickelten Welt und den Benachteiligten innerhalb unserer eigenen Grenzen fair verhalten, nehmen wir den fanatischen Randgruppen von Amerikahassern die Unterstützung im Volk. Nur dann können wir sicher sein, dass wir nicht dazu beitragen, neue Generationen von Terroristen heranzuzüchten.

Ich habe in meinen neununddreißig Jahren als Journalist allerhand von der Welt gesehen und bin zu der Überzeugung gelangt, dass wir den Krieg gegen den Terrorismus nur gewinnen können, wenn wir gleichzeitig auch gegen die Armut, gegen Ignoranz, gegen Rassismus, gegen Sexismus und gegen religiösen Fanatismus ankämpfen.

Jetzt jedoch, wo wir so tief im Irak drin stecken – obwohl über die Hälfte der amerikanischen Bevölkerung das für falsch hält –, können wir unseren tapferen Soldaten, deren undankbare Aufgabe es ist, einem Land die Demokratie zu bringen, das gar nicht um Hilfe gebeten hatte, nur unsere moralische und materielle Unterstützung geben. Bislang sind, wie von vielen Leuten außerhalb der Bush-Regierung vorhergesagt, im Irak noch keine Massenvernichtungswaffen gefunden worden, obwohl die Waffeninspektoren und »Koalitionstruppen« – also vor allem unsere eigenen Truppen und die unserer britischen Verbündeten – jeden Stein umgedreht haben. Und während Bushs Präventivkrieg sich immer weiter hinzieht, steigt die Zahl der GIs, die in dem vom Krieg zerstörten Land ihr Leben lassen mussten, von Tag zu Tag an, ohne dass ein Ende in Sicht wäre.

Wie geht's weiter?

Zu Katharines und meiner Enttäuschung erwies sich New Orleans zum Wohnen für uns als doch nicht so ideal, wie wir gehofft hatten. Aber statt uns damit abzufinden, beschlossen wir, unsere

Zelte erneut abzubrechen und unser Glück woanders zu versuchen. Wieder suchten wir eingehend nach einem geeigneten Fleckchen Erde für uns und wurden im Norden Floridas im wunderschönen Ponte Vedra Beach fündig, nur einen Steinwurf von der Atlantikküste entfernt. Ich hoffe, auch weiterhin viel Zeit zum Schreiben zu finden, und Katharine und ich möchten gemeinsam auf Reisen gehen, da es auf der Welt noch so einiges gibt, das wir erkunden wollen.

Die vielen Leserinnen und Leser, die an meinem ersten Buch Gefallen gefunden und seinen Erfolg erst möglich gemacht haben, wird es vielleicht interessieren, dass sowohl in den USA als auch in Deutschland unabhängig voneinander Bestrebungen laufen, *Destined to Witness* bzw. *Neger, Neger, Schornsteinfeger!* auf die Kinoleinwand und den Fernsehbildschirm zu bringen. In Deutschland erwarb Markus Trebitsch, Chef der Firma ASPEKT Telefilm-Produktion mit Sitz in Hamburg, die Rechte an dem Stoff und plant einen Zweiteiler à neunzig Minuten fürs Fernsehen, der schon in Arbeit sein soll. Dass Trebitsch der Richtige ist, um meine Lebensgeschichte zu verfilmen, davon hat mich der engagierte Produzent während eines persönlichen Besuches bei mir zu Hause in New Orleans selbst überzeugt. Für Trebitsch sprach überdies – zumindest in meinen Augen –, dass sein Vater Gyula Trebitsch Jahrzehnte zuvor die hoch gelobte Fernsehserie *Die Bertinis* produziert hat, eine Verfilmung des zur Nazizeit spielenden gleichnamigen Familienepos aus der Feder meines alten Freundes Ralph Giordano. Gut möglich, so dachte ich mir, dass der Apfel nicht weit vom Stamm gefallen ist.

In den USA fing alles mit einem überraschenden Anruf an. »Hier spricht Whoopi Goldberg«, sagte die Anruferin mit ihrer unverkennbaren rauen Stimme. »Ich habe gerade Ihr Buch gelesen, und es hat mich so fasziniert, dass ich unbedingt einen Film draus machen muss.«

Whoopi erzählte mir dann, dass sie eine Filmproduktionsfirma namens Whoop Inc. leite und Interesse an den englischsprachigen Filmrechten habe. Als eingefleischter Whoopi-Fan ließ ich mich nicht zweimal bitten und sagte zu.

Wenn alles planmäßig verläuft, kann ich mir vielleicht demnächst auf beiden Seiten des Atlantiks anschauen, wie Schauspieler einige der Höhen und Tiefen meines ereignisreichen Lebens darstellen. Ich hoffe nur, dass die Filmfassungen genauso deutlich rüberbringen, was ich in meinem Buch vermitteln wollte: dass nämlich kein Land ein Monopol auf Rassismus hat, dass Rassismus eine höchst ansteckende, häufig tödliche Krankheit ist, die sich, wenn sie nicht rechtzeitig eingedämmt wird, zu einer Epidemie ausbreiten kann und wird. Die Ausbreitung dieser gefährlichen Krankheit lässt sich meiner Meinung nach nur dann wirkungsvoll verhindern, wenn aufrichtige, vernünftige Menschen unentwegt Augen und Ohren offenhalten und wenn gegen intolerante Äußerungen und Handlungen konsequent vorgegangen wird. Unser Überleben auf diesem kleiner werdenden Erdball als zivilisierte Weltgemeinschaft hängt entscheidend davon ab, dass jeder Mensch gleich welcher Hautfarbe, ethnischer Herkunft, Geschlechtszugehörigkeit oder religiöser Überzeugung mit Respekt und Würde als wertvolles Mitglied der menschlichen Spezies behandelt wird. Wie Martin Luther King es einst prophezeite: »Entweder wir lernen, als Brüder und Schwestern zusammenzuleben, oder wir sterben getrennt als Dummköpfe.«

Wenn ich etwas gelernt habe aus meinen achtundsiebzig Jahren auf diesem Planeten, Jahre, in denen ich mächtigen Regierungschefs, sagenhaft reichen Unterhaltungskünstlern und Sportlern, normal arbeitenden Durchschnittsmenschen und einigen der Ärmsten der Armen begegnet bin, dann Folgendes: Materieller Reichtum und Macht sind kein Garant für ein glückliches Leben. Die wirklich glücklichen Menschen, die ich kennen gelernt habe – ob reich oder arm –, waren immer diejenigen, die ein sinnvolles und authentisches Leben führten. Und genau das wünsche ich meinen beiden Söhnen und allen, die dieses Buch lesen.

Bildnachweis

Abbildungen im sechzehnseitigen Bildteil

Mit freundlicher Genehmigung der Johnson Publishing Co:

S. 4 links, S. 6, S. 8 unten, S. 9 Mitte, S. 10 links, S. 11 oben, S. 12 oben, S. 13 Mitte, S. 15 rechts oben, S. 16 Mitte
Vandell Cobb: S. 11 unten, S. 13 oben, S. 16 oben
Ozier Muhammad: S. 8 oben
Moneta Sleet jr: S 10 oben
Isaac Sutton: S. 5, S. 7 oben und unten, S. 10 unten
G. Marshall Wilson: S. 7 Mitte, S. 12 unten, S. 15 unten

Mit freundlicher Genehmigung der *Aktuellen Schaubude:*
S. 9 unten

Privatarchiv Hans J. Massaquoi: S. 1, S. 2/3, S. 4 oben und rechts, S. 8 Mitte, S. 9 oben, S. 13 unten, S. 14, S. 15 oben, S. 16 unten

Inhalt